# 全球化与
# 中国形象传播研究

史冬冬 等 著

厦门大学出版社
国家一级出版社
全国百佳图书出版单位

图书在版编目（CIP）数据

全球化与中国形象传播研究 / 史冬冬等著. -- 厦门：厦门大学出版社，2025.8. -- ISBN 978-7-5615-9779-8

Ⅰ.D6；G206

中国国家版本馆CIP数据核字第2025K82Q60号

责任编辑　刘　璐
封面设计　蔡炜荣
美术编辑　张雨秋
技术编辑　朱　楷

出版发行　厦门大学出版社
社　　址　厦门市软件园二期望海路39号
邮政编码　361008
总　　机　0592-2181111　0592-2181406（传真）
营销中心　0592-2184458　0592-2181365
网　　址　http：//www.xmupress.com
邮　　箱　xmup@xmupress.com
印　　刷　厦门集大印刷有限公司

开本　720 mm×970 mm　1/16
印张　12.5
字数　225千字
版次　2025年8月第1版
印次　2025年8月第1次印刷
定价　62.00元

本书如有印装质量问题请直接寄承印厂调换

厦门大学出版社
微信二维码

厦门大学出版社
微博二维码

# 前 言

当代中国国家形象及其变迁作为社会历史的一种外部表征,是以中国不断追求现代转型的社会进程为其内在之道。中国自改革开放以来,经过40多年的发展,直至当下进入新时代,这意味着中国社会内部正在发生现代转型以来最重大的结构性变革;不仅如此,内部的发展同时也在不断带动外部的拓展,中国应时之需提出"一带一路"倡议,积极倡导构建人类命运共同体,并赢得世界诸多国家的认同和参与,中国积极深度参与国际事务标志着中国从受惠于全球化到参与推动全球化,最终倡导共同体发展、再造全球化的本质性转变;而不能忽视的另一边则是传统的英美等欧美强国,官方和民间先后出现了单边主义举措和逆全球化的声音。这些内外语境的复杂性变化,也即世界出现"百年未有之大变局",深刻影响着中国的对外传播,包括中国国家形象的国际建构,并对此提出新的要求和命题,因此有必要对此进行与时俱进式的创新研究。

2020年初,新冠疫情大规模暴发并在全球蔓延,世界政治经济形势由此发生新变局,按意识形态划分的"他性政治"成为国际主流舆论方向,疫情中西方社会不断向外转化内部难解的结构性矛盾,这些都阻碍了构建人类命运共同体的全球治理体系,对讲好中国故事提出了空前挑战。在全球治理进入新时代的同时,讲好中国故事的外部视阈和内部叙事也亟待转型升级。首先,人类命运共同体的全球价值观,代表了一种以共商共建共享为理念的"新世界主义"治理范式,在此视阈下,"中国故事"在认识论层面应从本土故事升级至全球故事,即中国与世界共生交往的关系型元叙事。其次,移动新媒体倒逼媒介叙事的理论重构,从现代主义"宏叙事"全面转向后现代"微叙事"范式,"如何讲好"中国故事在方法论层面务必契合新媒体微叙事的范式转型。唯有如此,讲好中国故事才能积极应对西方敌对性舆论,保持与国际舆论新生代的良性互动。

讲好中国故事的本质是国家叙事,作为叙事内容的"中国故事"研究,和叙事形式的"如何讲好"研究,构成学术史的两大分支,相应的故事模型和叙事策略,是研究动态的两大路径。首先,在叙事内容维度,以中国故事体系的宏观建构为主,媒介故事案例的微观分析为次。从历时角度,主要是以传统中国、现代中国和全球中国为叙事主题,衍生出传统中国文化故事、现代中国发展故事和全球中国开放故事的三大体系;从共时角度,中国故事重在对中国道路的阐释,诸如讲好中国共产党治国理政的故事,讲好人民奋斗圆梦的故事,讲好中国和平发展合作共赢的故事。案例研究则围绕传统的电影电视作品、各类有关中国的纪录片、新兴的短视频等相关媒介文本,分析总结中国好故事的内容特征。概言之,这类研究的实质,是向世界解释中国是什么的认识论问题。其次,在叙事形式维度,学界一方面从宏观层面探讨提出讲好中国故事的叙事范式、媒体战略、问题困境,另一方面又以微观的案例研究,从叙事的主体、符号、语境、受众等角度,分析总结多种媒介讲述中国故事的技巧策略。概言之,这类研究的实质,是中国如何向世界讲述的方法论问题。

当前面临全球化的再造和国际化、跨文化叙事的双重转型,因此也要与时俱进不断完善讲好中国故事的认识论和方法论研究。其原因主要有三:第一,"中国故事"与新世界主义视阈关联不足。

倡导和构建人类命运共同体代表的是一种基于"百年未有之大变局"的新世界主义治理范式，蕴含着超狭隘单边国族主义的新世界主义视阈，后者以"共商共建共享"为全球交往的理念，从道义观、异同观、交往观等维度包含与传统全球化截然不同的内涵与表征。这是我国建构全球话语的顶层语境，决定着中国故事的视阈高度及元叙事，但两者之间的逻辑关系、作用机制等关联，虽有所论及但缺乏充分研究。在认识论层面，新世界主义视阈向中国故事赋能赋意赋权的机制需要系统研究。第二，新媒体叙事视角下"如何讲好"中国故事的理论性、系统性研究不足。当前讲好中国故事的理论缺位，主要以零散的案例分析为主，高质量研究和理论突破较少。在方法论层面，对讲好中国故事的新媒体"微叙事"范式转型进行理论探索，辅之以自建案例库的实证研究支持，具有纵深发掘的空间。第三，宏观研究与微观研究之间关联不足。既有研究主要存在宏观和微观层面，承上启下的中观研究相对不足，本书从新世界主义视阈下新媒体叙事转型这一中观层面，兼顾理论建构和经验分析，打通国家宏大叙事与经验策略的关联。

通过对讲好中国故事的认识论和方法论的进一步探讨，从理论层面看，以新世界主义视阈升级讲好中国故事的元叙事，从新媒体视角也能够丰富叙事概念与范式。传统国家叙事的国族主义立场，已难以积极应对构建人类命运共同体的全球传播语境。而以新世界主义理论研究，诠释"全球中国故事"这一元叙事，能够创新中国故事的内涵及话语。元叙事是针对事物具有合法化功能的总体叙事。既有讲好中国故事的元叙事着重于故事内涵与体系的本土化建构，缺乏在全球交往语境下对故事中全球共生性价值的发掘阐发。全球中国故事这一元叙事强调，在新型全球治理范式下中国故事在价值观与传播观上的本土全球化导向，在现有故事体系研究的基础上，进一步凸显其中有益于全球治理的利他性要素和价值。另外，基于文字和大众传媒的传统叙事理论也无法充分解释新媒体的诸多实践，新媒体的社会化和全球化应用，产生不同于传统媒介的话语现象和理论因子，意味着一种媒介叙事的范式转型，这包括媒介叙事在主体、内容、情境、媒介、逻辑等诸多维度的新型变化和表征。通过叙事理论的探讨和案例研究，阐述"微叙事"的范式转型，以新概念、新范式也能够丰富新媒体和后现代主义叙事理论。

从社会的层面，以新世界主义视阈提升讲好中国故事的全球站位，并优化媒体资源配置及叙事策略，有利于在他性政治的国际舆论战中捍卫我国话语主动权，助力传播人类命运共同体理念，对我国参与构建全球治理体系具有政治战略意义。

最后，国际舆论复杂多变，及时研究讲好中国故事的内外部转型，探索契合性的精准叙事策略，有利于创造中国故事的新内涵新话语，在国际舆论中保持与青年新生力量的积极互动，为全球治理新时代讲好中国故事调整话语战略、合理配置新媒体资源提供参考。

史冬冬

# 目　录

穿越古今的"一带一路"与全球化……………………………… 史冬冬 / 001

媒介中心主义视角的国家形象研究…………………………… 史冬冬 / 004

全球化语境下西方媒体中的中国形象传播：问题与反思……… 史冬冬 / 022

中国国家形象的自塑与他塑：基于《中国日报》与《纽约时报》

　　中美贸易摩擦报道研究………………………… 倪　洋　史冬冬 / 046

微纪录片对城市形象的拼图式建构……………………… 张琴娅　史冬冬 / 107

想象的国家与可见的认同：基于中国国家主席新年贺词

　　(1991—2021)的研究…………………………… 刘方洁　史冬冬 / 138

后　记 ……………………………………………………………………… / 191

# 穿越古今的"一带一路"与全球化

◎ 史冬冬

"丝绸之路",自我国远古时期的"北方草原之路"和"绿洲之路/玉石之路"[①]作为其前身和雏形,历经夏商周,直到西汉张骞连通西域,正式开启丝绸之路经济贸易带的陆地交通,从长安往西直通中亚、西亚直到欧洲,贯穿欧亚大陆,连接起东方与西方诸多帝国、部族和地区,至今已有几千年的历史。

这条连接东西方的通道在其存在之日并没有一个专门的名字。1877年,德国著名地理学家李希霍芬(F. von Richthofen)在其《中国》这部改变西方对中国认知的巨著中,把古代中国通往中亚及其以西地区的这条商贸通道称为"丝绸之路"。此后另一位德国历史学家赫尔曼(A. Herrmann)根据新发现的文物考古资料,把丝绸之路的西端延伸到地中海西岸和小亚细亚,进一步完善了这一概念的所指范畴。随着此后考古发现和学术研究的发展,丝绸之路的范围包含了古代中国与西方以丝绸为代表的贸易和文化交流所达到的地区,使得"丝绸之路"这一概念承载的内涵更加丰富。

古代丝绸之路是一条贯穿欧亚大陆的贸易繁盛、物流充盈之路。例如先秦时期通过"玉石之路"从新疆和田输入内地的商周玉器,包括"完璧归赵"的那块和氏璧,还有西域的"吉祥三宝":代马(即西方的马,如汗血马、赤兔马、昭陵六骏)、胡犬(西方的狗)和昆仑之玉,还有罗马人制作的玻璃器、玻璃珠,皆经陆地丝绸之路东传至新疆和中原内地。到了唐宋之后,大量的香药从大秦、波斯、天竺、阿拉伯等地经由海陆丝路贸易进口到中国。而通过丝绸之路源源不断输出西域的则包括中国的手工业品、农产品,尤其是唐宋之后闻名西方的丝绸、茶叶和瓷器,从而形成瓷器西去、香药东来的商品交流盛景。直到15世纪明朝初期,三保太监郑和下西洋,成为古代中国海上丝路贸易的绝响。

古代丝绸之路还是一条熙来攘往的人流迁徙之路。在汉唐时期,无论是由战争、商业还是留学,带来的来华移民熙熙攘攘。于中土而言,前有张骞两

---

① 张国刚.胡天汉月映西洋:丝路沧桑三千年[M].北京:生活·读书·新知三联书店,2019:31-33.

次出使西域,后有甘英出使东罗马帝国。十六国时期高僧法显西巡佛国天竺求法,去回途经陆地与海上,是西行求法的伟大开创者。大唐玄奘沿丝绸之路将西行求法发扬光大,将佛法带回中土翻译和传播。于西域而言,同样有像鸠摩罗什这样以佛法流行东土为己任的文化传播者,但更为热络的是往返于丝绸之路上的诸如大秦、波斯等中外各国使节,和一队队商胡贩客"日奔塞下",这些人"乐中国土风因而宅者,不可胜数。是以附化之民,万有余家。门巷修整,阗阓填列。青槐荫陌,绿树垂庭。天下难得之货,咸悉在焉"①。例如电视剧《长安十二时辰》中,长安城靖安司的一位吏员自报家门:"安柱国,粟特人,年三十九,靖安吏",即是来自中亚的粟特人。而唐朝时期的海上丝绸之路则从广州连通至西亚的阿拉伯世界,广州不仅成为当时往来于中国与波斯湾的海丝贸易的中心,而且聚集着大量的大食人、波斯人、犹太人等胡商旅客。13、14世纪蒙古人的元代帝国造就了欧亚大陆直接交通的便利条件,欧洲人开始设法进入中国。此时东游中国的欧洲人中最著名的莫过于意大利人马可·波罗(1254—1324),17岁的他随父亲和叔父来中国经商,从中亚陆路途经新疆、敦煌到达元朝大都北京;在中国生活多年之后,又从当时著名的港口城市泉州出发离开中国,随船经海上丝绸之路回到家乡威尼斯。马可·波罗可谓完整地行走了海陆两条丝绸之路。之后自15世纪后期到19世纪初叶,随着欧洲新航路的开辟和地理大发现——这当中即有马可·波罗的功劳,哥伦布在寻找前往远东中国的海洋之路时即拿着《马可·波罗游记》做参考,达·伽马在率领葡萄牙船队出发绕过好望角到达印度洋之前,也曾仔细阅读了《马可·波罗游记》——使得中国在与亚洲国家保持频繁的交通往来之外,也开辟了中国与欧洲直接交往的海上通道,开始与欧洲人形成更为频繁和直面的交往,不仅将中国的商品直接输入欧洲大陆和英伦三岛,而且此后来自欧洲的数以百计的来华传教士,以及旅行家、探险家、各国使节等,频频由海路造访明清时期的中国。

  古代丝绸之路还是在胡风汉月的碰撞交融中形成的中西文明交流之路。如在汉唐时代,西域的佛教传入中土并与中国传统的社会文化尤其是儒道思想发生碰撞与磨合,"敦煌壁画中美丽灵动的飞天形象,就是丝绸之路上,印度佛教文明与中国道教文化,乃至希腊文化元素,交互碰撞所激起的一朵绚丽的浪花"②,此外还有作为基督教一支的景教,也随着丝绸之路上的西域商人兼

---

① 杨衒之撰,周祖谟校释.洛阳伽蓝记校释·卷三·城南[M].北京:中华书局,1963:132.
② 张国刚.胡天汉月映西洋:丝路沧桑三千年[M].北京:生活·读书·新知三联书店,2019:108.

景教徒进入内地,唐玄宗改其名为"大秦教"。还有诸如箜篌、胡笛、琵琶等胡人乐器从西域传入中原内地,不仅导致"胡乐"的流行,而且逐渐深入宫廷音乐,《旧唐书·音乐志》载南北朝的雅乐是"陈、梁旧乐,杂用吴楚之音;周、齐旧乐,多涉胡戎之伎",可见作为西域异族或少数民族的胡乐,对当时中原的雅乐和俗乐都产生了广泛的影响。而养蚕和丝绸制造技术、纸张等中国发明则在此时期从中原传播到了包括中亚、南亚和西亚的西域地区直到东罗马。再如宋元时代伊斯兰文化传入中国并对文化艺术产生影响,中国内地也从西域经陆海两道学习了棉花种植等生产技术,而中国的雕版印刷术和火药等发明此时也经过阿拉伯人传到了西方。直到近代早期,欧洲的基督教随着耶稣会士等传教士入华,对中国人的社会日常生活与观念产生广泛而深入的影响。

古代的陆地与海上丝绸之路,将中国文明与南亚文明、西欧亚地中海世界,乃至濒临地中海的北部非洲地区从地理上建立起联系,在此基础上形成了物资流动、人口迁徙和文明融合,"'丝绸之路'把东西方的物质世界连接了起来;同时也传播着东西方的精神文明"①,这其中不仅包含了欧亚大陆在政治、经济、文化、社会等方面的平等对话与共赢发展,而且实际上已经构成了一个古代世界的"地球村"和"世界岛"。这个古代地球村得以形成,得益于贯穿欧亚非大陆的海陆地理交通要道(transportation),后者正是所谓"传播"(communication)概念最原始的含义之一,换言之,"丝绸之路"就是一种传播内容与形式。

现今由"丝绸之路经济带"和"21世纪海上丝绸之路"构成的"一带一路",无疑是古代丝绸之路的当代延续,是在当代世界在面临"人类命运共同体"这新一轮全球化的大背景下,在国际经贸与文化交往等领域,对古代丝绸之路内涵与精神的进一步发扬与拓展。它同样构建起了一个世界范围内的"地球村"和"世界岛",所不同的是,连接这个现代"地球村"的不仅是贯穿亚非欧大陆的现代化的地理交通要道(transportation),其发达程度比之古代而言不仅仅是数量和远近的问题,而且还借助电子信息和互联网技术这一更加强大的信息交通要道(media),后者正是"传播"一词最为现代化的含义。

无论古代"丝绸之路",还是现代的"一带一路",实质上都是传播形式与传播内容的聚合,而其传播的过程又都离不开时代技术的驱动和媒介载体,这或者是地理化的传播,或者是电子化的传播,又或者兼而有之。因此从这个意义上来看,"丝绸之路"和"一带一路"都是时代化的社会历史文化传播。

---

① 张国刚.胡天汉月映西洋:丝路沧桑三千年[M].北京:生活·读书·新知三联书店,2019:261.

# 媒介中心主义视角的国家形象研究

◎ 史冬冬

在国内学界,国家形象研究最初源自比较文学的形象学研究,至20世纪90年代受西方文化理论的影响,文学研究开始向文化研究转向,国家形象研究的路径从比较文学扩展至文化研究,形成跨文化的形象学研究。同时在全球化背景下,我国提出要加强和维护社会主义中国的国际形象,国家形象因此也成为新闻传播学、国际关系、政治学等领域的学术课题。迄今为止,围绕国家形象形成了"比较文学形象学""跨文化形象学""信念体系和形象政治研究"[①]三种谱系与路径的学术研究。本文主要考察国内第三种路径新闻传播学视域下的国家形象研究,意在通过历史性地梳理和论述其主要成果与观点,勾勒一幅有关国家形象研究的学术地图及其脉络特征,并进而反思该论域迄今在整体上的研究局限,探讨在新的传播情境下推动突破与创新研究的可能路径,为后续研究奠定基础。

## 一、百家争鸣:国家形象的概念与定位

### (一)国家形象的概念辨析

20世纪90年代末,管文虎在《国家形象论》一书中对国家形象的概念进行了界定,指出"国家形象是一个综合体,它是国家的外部公众和内部公众对国家本身、国家行为、国家的各项活动及其成果所给予的总的评价和认定"[②],该界定在区分了内部与外部公众的同时,尚未注意到两者对国家形象的判断

---

① 董军.国家形象研究的学术谱系与中国路径[J].新闻与传播评论,2018(6):106-121.
② 管文虎.国家形象论[M].成都:电子科技大学出版社,1999:23.

会有很大差异。因此有学者补充指出国家形象是一国内部公众和外部公众对该国政治、经济、社会、文化与地理方面状况的认识与评价,并细分为"国内形象"与"国际形象"。① 此后的研究基本采纳了这一二元划分,如国家形象可以是一个国家留给本国公众的总体印象和评价,即自我本位的"国家形象",还可理解为其他国家公众对本国总体特征的感知,即他者本位的"他我形象"。② 这种划分还可体现为一种关系性内涵:在全球化语境下,自我本位和他者本位的国家形象之间指向一种对话性,只有进入"我—你"对话关系之中,国家形象才能体现人的交流需要。③

在此二元划分中,有学者强调国家形象的国际化内涵,认为它是"一个主权国家和民族在世界舞台上所展示的形状相貌及国际环境中的舆论反映"④,是"国际社会公众对一国相对稳定的总体评价"⑤,也即国家形象主要来自外部评价和认知,因此主要由国际社会的"他者"来完成构建。也有学者在此二元基础上做出补充,提出国家形象包含三个层面:我形象、他形象和错位形象:其中错位形象是前两者的断裂而介于之间的表现形态;⑥也有基于认知互动论的视角提出国家形象的四维互动模型:自我认知形象、他者认知形象、自我期待形象和他者期待形象。⑦

此外,对国家形象概念的讨论还包含其他几个视角:第一,从构成要素上,指出国家形象包括政治、经济、军事、外交、文化、自然、社会、教育、科技、体育、国民等维度,⑧张昆将其简化为物质要素、制度要素和精神要素,⑨吴飞、陈艳则分为物化层面和符号层面。⑩ 第二,强调其新闻媒介学的属性,认为它是一

---

① 孙有中.解码中国形象[M].北京:世界知识出版社,2009.
② 张昆.当前中国国家形象建构的误区与问题[J].中州学刊,2013(7):168-171.
③ 单波.论国家形象跨文化转向的可能性[J].兰州大学学报(社会科学版),2017(5):38-42.
④ 李寿源.国家关系与中国外交[M].北京:北京广播学院出版社,1999:305.
⑤ 杨伟芬.渗透与互动:广播电视与国际关系[M].北京:北京广播学院出版社,2000:25.
⑥ 李正国.国家形象构建[M].北京:中国传媒大学出版社,2006:30-32.
⑦ 张昆,王创业.时空维度下的国家形象模型探析:基于认知互动的视角[J].新闻界,2017(5):49-55.
⑧ 刘小燕.关于传媒塑造国家形象的思考[J].国际新闻界,2002(2):61-66;刘继南,何辉.镜像中国:世界主流媒体中的中国形象[M].北京:中国传媒大学出版社,2006:12.
⑨ 张昆.国家形象传播[M].上海:复旦大学出版社,2005:182-186,200,201-208.
⑩ 吴飞,陈艳.中国国家形象研究述评[J].当代传播,2013(1):8-11.

国在国际新闻媒介的新闻报道中呈现的形象,①是一个主权国家系统运动过程中发出的信息通过特定媒介的输出。② 这当中又会突显舆论学视角,认定它是"国家的客观状态在公众舆论中的投影"③,是国际舆论对特定国家及其成果的总体评价和认定。④ 第三,从功能角度,强调国家形象"是国家力量和民族精神的表现与象征,是主权国家最重要的无形资产,是综合国力的集中体现"⑤。受全球化和约瑟夫·奈提出"软实力"⑥概念的影响,国家形象又被提升至文化战略的高度,被视为一种国家软实力。⑦

这些关于国家形象概念的主要观点,在各有侧重的同时也出现矛盾之处。有些将国家形象视为国家综合实力的外在映像,另一些则将其视为软实力的内在构成,由此引起学界对该问题的争论,如刘康提出:"形象"是否可以打造?形象(外在)与实力(内在)的关系是什么?如果国家形象是一国综合实力的反映,那么其本身又如何构成综合国力?如果它仅是客观被动的反映,又如何解释将其视为软实力,且在学界中探讨如何积极塑造国家形象的问题?⑧ 实际上,它们体现了两种不同的思维路径:反映论和建构论。一方面,"评价""反映""呈现"等界定遵循反映论的思路,认为国家形象"是国家文化软实力、社会价值观、历史传承、意识形态的综合反映,是国家在政治、经济、社会、文化各方面的整体呈现"⑨,它重在国家内部要素对外在形象的决定性作用,体现了由内而外的路径;另一方面,从建构论的思路,"形象是一种社会认知和话语的建构过程,而无论是认知还是建构都必然投射着观察者主观意向"⑩。因此国家形象又是在多种合力下的主观建构,体现了由外而内的路径。两种思路决定了

---

① 徐小鸽.国际新闻传播中的国家形象问题[J].新闻与传播研究,1996(2):36-46;张昆,徐琼.国家形象刍议[J].国际新闻界,2007(3):11-16.
② 张毓强.国家形象刍议[J].现代传播,2002(2):27-31.
③ 刘小燕.关于传媒塑造国家形象的思考[J].国际新闻界,2002(2):61-66.
④ 张昆,徐琼.国家形象刍议[J].国际新闻界,2007(3):11-16.
⑤ 管文虎.关于研究中国国际形象问题的几点思考[J].国际论坛,2007(5):1-6.
⑥ J. S. Nye.Soft Power[J].Foreign Policy,1990(80):153-171.
⑦ 张昆,刘旭彬.中国国家形象传播的思考[J].理论月刊,2008(9):95-99.孟建.国家形象的传播力瓶颈[J].国际公关,2009(2):39-40.刘少华,唐洁琼.中国国家形象:问题与思考[J].湖南师范大学社会科学学报,2010(4):39-43.
⑧ 刘康.全球传媒与中国国家形象[J].新闻与传播研究,2009(6):7-10.
⑨ 刘康.全球传媒与中国国家形象[J].新闻与传播研究,2009(6):7-10.
⑩ 吴飞,陈艳.中国国家形象研究述评[J].当代传播,2013(1):8-11.

国家形象是一个兼顾内因和外因的互动系统,在客观反映的基础上又为主观建构提供了空间。基于这种主客融合,有观点将国家形象视为由形而下的"客体形象"、形而中的"媒体形象"和形而上的"认同形象"构建的系统有机体。①

## (二)国家形象的定位

国家形象概念之后的首要问题是国家形象定位,它是反映和建构国家形象的出发点和归宿,也是"国家形象战略规划中的首要步骤"②。

对此较早做出论述的刘继南认为,综合国力是国家形象定位最直接、最根本的依据,此外还要基于国际舆论环境和基本国情。③ 范红的观点与此一脉相承:国家形象要从国家的整体发展战略出发,根据时代特征和国际环境的变化进行重新定位。④ 鉴于中国处于社会主义初级阶段的基本国情,以及"中国威胁论""中国崩溃论"等国际声音,早期研究认为宜将中国形象定为"一个历史悠久、不断进步、爱好和平的发展中国家"⑤,遵循与时俱进的原则,后来的研究主张我国要树立"和平、民主、文明、进步、富强、正义、负责、合作"的负责任的社会主义大国形象。⑥

针对我国形象定位的研究还存在另外一条脉络:刘继南、何辉在其后续的研究中认为,在多维度综合定位的同时,可以经济要素作为中国形象定位的核心;⑦而此后冯惠玲、胡百精的实证调查发现,海外意见领袖的文化期待和我国经济议题优先形成了显在断裂,"文化中国"应替代近30年来的"经济中国"作为形象战略的目标导向;⑧与此同时陈先红也论述了公众外交在塑造"文化

---

① 陈蓉.新媒体视阈中的中国国家形象建构[J].现代传播,2011(11):167-168.
② 范红.国家形象的多维塑造与传播策略[J].清华大学学报(哲学社会科学版),2013(2):141-152.
③ 刘继南.国际传播与国家形象[M].北京:北京广播学院出版社,2002:388.
④ 范红.国家形象的多维塑造与传播策略[J].清华大学学报(哲学社会科学版),2013(2):141-152.
⑤ 刘继南.国际传播与国家形象[M].北京:北京广播学院出版社,2002:388.
⑥ 刘少华,唐洁琼.中国国家形象:问题与思考[J].湖南师范大学社会科学学报,2010(4):39-43;陈正辉.新全球化视野下中国国家形象的传播思考[J].现代传播,2017(8):29-34.
⑦ 刘继南,何辉.中国形象:中国国家形象的国际传播现状与对策[M].北京:中国传媒大学出版社,2006:271-294.
⑧ 冯惠玲,胡百精.北京奥运会与文化中国国家形象构建[J].中国人民大学学报,2008(4):16-25.

中国"形象中的作用和策略；①陈林侠则从影视媒介角度认为，在构建中国形象时必须确立文化优先权，在全球多元文化竞争中展示中国文化的魅力；②而"文化中国"在程曼丽那里还有另一种含义：中国形象要在传统文化基础上，融入现代化、国际化的元素，将古老、现代与未来的中国三者结合在一起。③

## 二、中国形象的"媒介性"战略与策略研究

在围绕我国国家形象展开的新闻传播研究中，媒介成为众多研究的主要视角和路径，强调传媒和舆论对国家形象的重要性。如对中国形象的认知主要依靠传媒，因此通过传播可以影响舆论，④在国际社会中的国家形象，必须借助以大众传媒为代表的国际传播力，⑤同时新媒体也发挥着独特的优势，⑥因此孟建指出媒体传播力日益成为制约中国形象的瓶颈，⑦陈林侠主张要从单纯的新闻类媒体扩展到"大众叙事媒介"⑧，即以虚构性和叙事性为特征的大众媒介，如电影、电视、网络剧、微电影等。因此，传媒视角形成了国家形象的一大特征：媒介性，即国家形象通过媒介信息反映和建构，从而形成以传媒为核心的国家形象战略与策略研究。作为顶层设计，它不仅构成了国内新闻传播学界国家形象研究这幅学术地图的主体脉络，而且决定了该地图中各研究支流的视角、对象、思路，此处主要包含宏观和中观两个层面。

第一，在宏观层面，首先提出了中国形象的整合传播战略，⑨即中国形象

---

① 陈先红.运用公众外交塑造"文化中国"国家形象：以"过春节，吃饺子，庆团圆"为例[J].国际新闻界，2008(11)：52-57.
② 陈林侠."文化天下"与大众叙事媒介构建国家形象的另一种可能[J].人文杂志，2013(5)：50-56.
③ 程曼丽.大众传播与国家形象塑造[J].国际新闻界，2007(3)：5-10.
④ 刘小燕.关于传媒塑造国家形象的思考[J].国际新闻界，2002(2)：61-66；程曼丽.大众传播与国家形象塑造[J].国际新闻界，2007(3)：5-10.
⑤ 张昆.国家形象传播[M].上海：复旦大学出版社，2005：200.
⑥ 范红.国家形象的多维塑造与传播策略[J].清华大学学报(哲学社会科学版)，2013(2)：141-152.
⑦ 孟建.国家形象的传播力瓶颈[J].国际公关，2009(2)：39-40.
⑧ 陈林侠.论大众叙事媒介中的国家形象特征[J].现代传播，2013(5)：41-45.
⑨ 刘继南，何辉.中国形象：中国国家形象的国际传播现状与对策[M].北京：中国传媒大学出版社，2006：271-294.

通过传统媒体、网络新媒体、大型活动、民间交流等渠道,利用文化交流、媒体沟通、国际营销、公关、广告等形式的整合进行传播建构。此外还有学者强调几个要点作为我国形象战略的关键环节,包括转变新闻传播理念、改革新闻传播体制、加快建立"第四媒体"互联网、争取"传媒战场"主动权、推动建立国际传播新秩序等。① 程曼丽则给出两方面的建议:一是在现有媒体生态的基础上进一步整合资源,形成权威性传播机构,全面提升对国际舆论的影响力,二是借助西方主流媒体或国际化媒体反向进行二次传播。② 其次,关于媒体塑造国家形象的基本理念,即媒体塑造国家形象时具有意识形态倾向的世界观与价值观,既包括媒体的职业规范和新闻价值观(低层次),也包括媒体作为社会国家的子系统与其他系统持有的共同社会价值观(高层次),两者的一致或冲突就会产生不同的国家形象。③ 基于此,有学者指出中国传媒在国际传播中采纳的单向自我中心的传播理念,难以适应当前价值多元化和传播渠道的迅速发展。④ 再次,从战略上将媒介塑造国家形象分为本国传媒塑造本国形象("自塑")、外国传媒塑造别国形象("他塑")、本国和国际传媒共同塑造一国形象("合塑")。⑤

第二,在中观层面,一些研究围绕新闻传媒构建国家形象的策略而展开。如提出利用"媒介事件"、通过塑造特殊人物形象等来建构国家形象,先发制人引导舆论等策略;⑥ 又有规划中国争取国际话语权的路径图,包括创建世界一流媒体、抢占舆论制高点、介入国际焦点议题、增强议题设置能力等。⑦ 自从2013年我国提出"一带一路"倡议以来,一些研究在"一带一路"语境下讨论中国形象的塑造策略,基本不出上述观点的范围。

---

① 韩源.全球化背景下的中国国家形象战略框架[J].当代世界与社会主义,2006(01):99-104.
② 程曼丽.大众传播与国家形象塑造[J].国际新闻界,2007(03):5-10.
③ 刘小燕.关于传媒塑造国家形象的思考[J].国际新闻界,2002(02):61-66.
④ 刘康.全球传媒与中国国家形象[J].新闻与传播研究,2009(06):7-10.
⑤ 刘小燕.关于传媒塑造国家形象的思考[J].国际新闻界,2002(02):61-66.
⑥ 张昆.国家形象传播[M].上海:复旦大学出版社,2005:201-208.
⑦ 严文斌,陈瑶.突破国际话语弱势还原中国国家形象[J].中国记者,2009(08):21-24.

## 三、自塑与他塑：多元媒介话语中的中国形象研究

以传媒为核心的中国形象塑造作为该学术地图的主体脉络，在呈现上述宏观与中观层面的抽象论述之外，更多的是在微观层面结合多元的媒介文本，研究后者对中国形象的自塑与他塑，由此形成了四项主要的研究议题及其脉络。

### (一) 新闻媒体中的中国形象塑造

早在20世纪90年代大陆新闻学界开始研究国家形象时，李希光、刘康等所著的《妖魔化中国的背后》就提出西方媒体"妖魔化"中国形象的观点。之后又有文章指出西方新闻界普遍妖魔化改革开放的中国，给西方公众造成失实的中国假象，[1]由此形成了有关中西方新闻媒体如何自塑和他塑中国形象的研究。

第一，以西方新闻的他塑研究占据了该议题的大多数。较早者如徐小鸽对中美主要报纸新闻报道中的国家形象进行比较研究，分析影响中美新闻中对方国家形象的主要因素。[2] 21世纪后，一些学者进一步以国际传播的视野分析冷战后美国媒体的涉华报道。[3] 这些研究推动了该议题的扩展，如中国传媒大学"中国国家形象国际传播现状及对策研究"课题组，对《纽约时报》《泰晤士报》等8份世界主流报纸和杂志报道中国的文章展开研究；[4]此后的研究还包括，对1993—2002年间《纽约时报》《泰晤士报》有关中国报道的实证分析，呈现两报描绘的中国形象，揭示报道的内在逻辑和原因；[5]对1979—2008年间美国四家报纸有关"中国制造"的新闻报道进行内容分析，发现美国媒体

---

[1] 黄庆.对外宣传中的国际意识与国家形象[J].中国记者,1998(9):54.
[2] 徐小鸽.国际新闻传播中的国家形象问题[J].新闻与传播研究,1996(2):36-46.
[3] 刘继南.国际传播与国家形象[M].北京:北京广播学院出版社,2002:388.
[4] 刘继南,何辉.镜像中国:世界主流媒体中的中国形象[M].北京:中国传媒大学出版社,2006:12.
[5] 管文虎.国家形象论[M].成都:电子科技大学出版社,1999:23.

呈现的中国产品形象与中国国家形象彼此影响;①对 2010 年国外主流媒体的研究发现,其涉华报道在数量增多、篇幅加长、平衡报道方面有所进步之外,负面报道依然盛行;②2015 年《纽约时报》有关"中美关系"的新闻报道,对中国的态度是否定中穿插肯定、诋毁中偶尔赞扬,塑造了"霸权的"、"威胁的"与"合作的"中国形象;③而 BBC 的新闻报道也将"一带一路"倡议描绘成中国称霸全球的战略计划,并将中国塑造成干涉他国内政和损害别国利益的形象。④

第二,他塑研究的另一个视角与内容,是西方媒体关于中国的影像表征。如郑保卫、赵丽君研究西方发达国家主流杂志从 1972 年至 2011 年以中国为报道主题的 100 幅封面图片,发现负面形象占主导,中国被塑造成一个正在崛起因而是世界秩序的"破坏者"形象。⑤ 徐剑、刘康等以实证方式研究美国民众对中国的态度,发现电视媒介的接触频率会对美国民众的中国评价产生影响,提出中国应加强多元化、事实性的信息在美国影像媒体的发布。⑥

上述研究在时间轴上形成了一个基本的结论:虽然改革开放使中国逐渐形成了一个开放、富强、多元的国家形象,但中国在西方主流新闻媒体报道中的形象仍以负面为主,后者更注重中国存在的问题而不是进步。究其原因,刘康的观点具有参考性:由于意识形态偏见和国家利益因素,西方新闻传媒在中国报道上突出的是"共产党国家"和"神秘"两个特点。⑦ 此外刘涛的研究从西方数据新闻涉华报道的可视化切入,以数据、关系、时间、空间、交互五个修辞实践建立视觉修辞框架,探讨西方数据新闻话语中"中国图景"的构建机制。⑧

第三,相较于他塑性研究,有关我国新闻媒体对国家形象的自塑研究比较

---

① 王秀丽,韩纲."中国制造"与国家形象传播——美国主流媒体报道 30 年内容分析[J].国际新闻界,2010(9):49-55.
② 马凌,康皎.中国国家形象与国际舆论引导策略[J].当代传播,2011(2):41-43.
③ 常珊珊."多面中国":中国国家形象的"他塑"研究[J].新闻大学,2017(3):138-145,153.
④ 谢未来.从 BBC 对"一带一路"的新闻报道看中国国家形象的塑造[J].新闻传播,2018(15):18-20.
⑤ 郑保卫,赵丽君.视觉符号视角下的中国国家形象:基于西方国家主流杂志封面图片的研究[J].国际新闻界,2012(12):53-60.
⑥ 徐剑,刘康.媒介接触下的国家形象构建:基于美国人对华态度的实证调研分析[J].新闻与传播研究,2011(6):17-24.
⑦ 刘康.如何打造丰富多彩的中国国家形象?[J].新闻大学,2008(3):1-6.
⑧ 刘涛.西方数据新闻中的中国:一个视觉修辞分析框架[J].新闻与传播研究,2016(2):5-28.

少见。有代表性者如以 1951 年《光明日报》的国庆征文为例,研究新中国初期报纸副刊对国家形象的塑造,揭示其中的"人民性"内涵。① 新媒体研究主要基于对 2017 年 CGTN 海外社交媒体上的中国报道分析,考察社交媒体时代对外传播的中国形象,发现新媒体报道减少了政治化的硬传播,增加了社会类的主题,强化文化和自然类的中国形象;② 而基于外交部官方微博的案例分析表明,"外交小灵通"想要通过新媒体平台塑造有亲和力负责任的大国形象,但在意图转变形象的过程中能力表现不足。③

第四,针对新闻传媒塑造和提升中国形象的策略研究。在国内新闻报道上,乔木主张通过议题设计展示中国新形象,强调对问题的揭示分析、全面平衡的报道比正面消息更能塑造国家的真实形象;④张昆也认为,新闻在呈现中国现实时首先必须坚持真实性原则,不回避问题与瑕疵。⑤ 在引导国际舆论上,不应过高依赖单一的"软实力",而应重视苏珊·斯特兰奇所谓"结构性权力"所包含的四种结构的相互作用,要避免"自说自话"的宣传报道方式。⑥ 在新媒体策略上,应注意到新媒体使国家的"媒体形象"作用机理发生巨大变化,因此要转变塑造思路,探索新媒体对国家形象的认知和认同带来的巨大影响。⑦ 在视觉符号传播上,应加强中国传统文化符号的形象传播,同时进一步挖掘现代中国具有广泛影响力的视觉符号。⑧

## (二)中国国家形象片的自塑

2009 年 11 月,一则以"中国制造,世界合作"为题的国家形象广告在美国电视有线新闻网播出。2011 年 1 月,中国形象片《人物篇》和《角度篇》先后在美国纽约时报广场和中国驻外使领馆播出。2017 年 10 月,最新的国家形象

---

① 阳海燕.新中国初期报纸副刊中的国家形象塑造:以 1951 年《光明日报》的国庆征文为例[J].当代传播,2008(6):108-110.
② 韦笑,潘攀.社交媒体时代中国国家形象的对外传播策略[J].传媒,2018(19):79-81.
③ 那朝英.新媒体时代我国的公共外交和国家形象建构:基于新浪微博"外交小灵通"的案例分析[J].公共外交季刊,2017(2):145-151,188.
④ 乔木."形象塑造"与中国国家形象展示[N].中国社会科学报,2009-7-2.
⑤ 张昆.中国究竟需要树立什么样的国家形象[J].中州学刊,2014(11):5-9.
⑥ 马凌,康皎.中国国家形象与国际舆论引导策略[J].当代传播,2011(2):41-43.
⑦ 陈蓉.新媒体视阈中的中国国家形象建构[J].现代传播,2011(11):167-168.
⑧ 郑保卫,赵丽君.视觉符号视角下的中国国家形象:基于西方国家主流杂志封面图片的研究[J].国际新闻界,2012(12):53-60.

片《中国进入新时代》发布。此外还有北京申奥片、上海申博片、城市宣传片等同样塑造有关中国形象的影像文本,它们成为新闻传播学界关注的对象,从而在国家形象研究中衍生出一个专门的议题脉络,主要从三个维度展开:

第一,研究国家形象片的内容意义和话语形式,并从中总结我国形象的自塑策略,这成为该议题的主要研究模式。有代表性者如对于《角度篇》,相关研究运用叙事学理论分析该片的叙事策略,[1]在内容上认为它采用对立统一原则,融合都市与乡村、沿海与内地等对立元素,展示了丰富多彩、充满生机的中国形象。[2] 对于《人物篇》,有学者借鉴拉斯韦尔5W的传播模式,对其进行传播主体等五个方面的优劣评析;[3]或从视觉设计语法角度,认为它作为多模态的传播话语成功建构了乐观向上、积极开放的国家形象。[4] 也有研究从整体上解读这两部形象片所包含的形象亲和力、价值向心力、文化影响力和国家软实力,[5]指出它们对自由、民主、多元文化等概念的运用,试图打造现代化、民主化的中国形象。[6] 对《中国进入新时代》的研究还比较少,主要基于多模态理论,以多模态隐喻和转喻的认知机制,探析新时代中国形象的建构过程和意义生成。[7]

第二,对国家形象片的自塑效果进行研究。虽然这些形象片改善了我国此前外宣的一些问题,但有研究指出,这对于改善外国人眼中的中国形象作用是有限的,[8]史安斌指出"它与准确而清晰地讲好一个让人一听就懂、过耳难

---

[1] 赵艳.《中国国家形象片——角度篇》的叙事策略分析[J].现代传播,2011(8):165-166.
[2] 王庆福.国家形象的深度——评纽约时报广场纪录片《中国形象》(角度篇)[J].中国电视,2011(6):12-16.
[3] 檀有志.公共外交中的国家形象建构:以中国国家形象宣传片为例[J].现代国际关系,2012(03):54-60.
[4] 潘章仙.电视传播中的视觉设计语法:评中国国家形象宣传片的意义构建[J].中国广播电视学刊,2012(10):33-35.
[5] 汤天甜.论中国国家形象宣传片的文化公关与价值输出[J].南京社会科学,2011(3):113-117.
[6] 王丹娜.国家形象传播的动因与效果:从中国国家形象宣传片看国家形象的传播效应[J].现代传播,2012(9):147-148.
[7] 黄绿蓝.多模态视域下国家形象的建构:以《中国进入新时代》为例[J].新闻世界,2018(1):73-78.
[8] 洪长晖.国家形象片的政治传播话语效度研究[J].阅江学刊,2011(6):81-84.

忘的'中国故事'还是有一段距离"①,后来的实证调查也表明,上述两部中国形象片在影响北京留学生对中国形象认知方面的作用微乎其微。②究其原因,国家形象片中的意义"编码"与"解码"并未达成一致,这种隔阂不是源于拍摄和技术问题,而是文化和审美问题。③

不难发现,在研究维度一和二之间存在某种矛盾,这实际上表明了中国在"国内形象"与"国际形象"间的差异,也是自塑与他者效果之间的错位。就国家形象片的本质与目的而言,即"国家形象的传播或建构基本上是一种跨文化传播行为"④,第一维度的自塑研究或许存在一些不足:在我国形象的内涵阐释和策略总结上的自我本位,忽略了跨文化语境下他者解码可能带来的误读。因此就产生了该议题的第三个研究维度:反思国家形象片在自我塑造时的对外策略。如史安斌强调,当前我国对外传播存在内容、信道和受众短板,需要提升叙事技巧,注重全媒体战略和受众竞争;⑤另有研究也针对单向宣传的色彩过于浓厚、概念先行、情景化的叙事结构缺乏、信息形式不当、受众定位模糊等问题,提出"官—民"组合的主体、有的放矢的受众细分、多元化的主题、多层次的媒介组合、因时制宜的时间投放等。⑥ 这些问题与策略实际上包含了塑造主体、内容、媒介、受众等环节,相关研究基本也是在这些环节上的延伸与细化:在塑造主体上,摒弃自上而下式的自我宣传观;⑦在创作内容上,影像叙事应从表现蒙太奇策略转向以讲故事为核心的叙事蒙太奇,从诉诸理性转变为诉诸感性,建构普通民众话语,以考虑传受双方的相关性与认同性;⑧在媒介渠道上,融合发挥大众媒体和社交媒体的优势互补;⑨在受众上,探讨国

---

① 史安斌.内容、信道和受众的竞争:从中国国家形象片看挑战与前景[J].对外传播,2011(9):38-39.
② 贺心颖.2011年《中国国家形象片》传播效果研究[J].文化与传播,2013(1):8-15.
③ 张爱凤.媒介变迁与中国国家形象的嬗变[J].南京社会科学,2011(11):65-71.
④ 张昆.当前国家形象建构的误区与问题[J].中州学刊,2013(7):168-171.
⑤ 史安斌.内容、信道和受众的竞争:从中国国家形象片看挑战与前景[J].对外传播,2011(9):38-39.
⑥ 戴丽娜.基于"软权力"构建的国家形象广告研究[J].新闻记者,2010(3):9-12.
⑦ 刘康.全球传媒与中国国家形象[J].新闻与传播研究,2009(6):7-10.
⑧ 杜志红.国家形象的媒介话语表达与认同策略:兼议《中国国家形象片》[J].浙江传媒学院学报,2012(6):8-11.
⑨ 金宇恒.论我国国家形象构建中的传播策略误区:以系列国家形象宣传片为例[J].东南传播,2012(9):26-28.

家形象片如何克服外国受众的关注、理解和说服三重阶段,超越文化障碍的策略,①注重传受双向的互动与共同点,建立有效的传播契约关系。②

### (三)虚构性叙事媒介的中国形象塑造

相比于写实性的新闻媒介,关于虚构性叙事媒介对国家形象的塑造容易被忽略,例如在全球化时代,影视天然具有跨文化传播的能力,它以"非意识形态"的艺术形式表达国家形象及其认同这一政治意识形态命题,起着不可替代的作用。③ 因此作为虚构性叙事媒介的影视成为国家形象研究的另一重要议题,主要包含三个自塑研究维度。

第一,研究中国电影在国际传播中塑造的中国形象,也即中国的"国际形象"。这主要以黄会林学术团队的系列研究为代表,黄会林等人从2011年起连续8年进行"中国电影国际传播"数据调研,以外国观众为调研对象,围绕中国电影的国际传播与国家形象建构展开效果测量,形成10多万字的调研报告和6本论著。作者认为,需要从提升电影文化内涵、满足外国观众审美需求、加强文本叙事功能等方面努力,通过具有较强文化体验和审美想象的影像构建中国形象。④

第二,另一种研究则从人文艺术的视角论述中国电影塑造的"国内形象",形成该研究的第二个维度。有代表性者如陈林侠首先强调电影作为虚构性叙事媒介对国家形象的独特建构功能,之后从不同角度提出有关中国电影塑造国家形象的问题与观点。他指出在全球趋同的现实面前,儒家文化及其孝道在电影中标识的父亲形象、家庭伦理与中国形象存在密切关联;⑤中国当代电影不仅在阳刚与阴柔的性别话语中存在明显失衡,建议塑造刚柔兼备、性别和谐的理性国家形象;⑥在另一层面,电影对我国形象的塑造过于依赖道德的权威性,与现代文化的"理性权威"截然不同,作为中华民族基本思维方式的常识

---

① 沈捷.国家形象片的文化超越策略和效果研究[J].编辑之友,2017(9):82-85.
② 郑丹琪.国家形象片传播策略探析[J].现代传播,2016(12):158-159.
③ 陈林侠.跨文化背景下电影媒介建构国家形象的重要功能[J].社会科学,2011(4):178-183.
④ 黄会林,孙子荀,王超,等.中国电影与国家形象传播:2017年度中国电影北美地区传播调研报告[J].现代传播,2018(1):22-28.
⑤ 陈林侠.孝:中国电影的文化个性与构建国家形象的可能[J].人文杂志,2011(6):62-67.
⑥ 陈林侠,孟雨蒙.全球化背景下的性别意识与中国电影的国家形象构建[J].戏剧,2014(1):127-136.

理性,应成为电影塑造国家形象的一条思路,[1]鉴于此,国内主流政治大片应在政治实践与国际政治维度设置吸引大众参与的政治议题,借此塑造理性的国家形象。[2]

此外一些研究基于国产电影的发展历史和电影类型,分析梳理其中呈现的中国形象及其变迁,尤其针对近年来"新主流大片"建构的中国形象,如《湄公河行动》《建军大业》《战狼 2》《红海行动》等。这些研究大都有一个基本预设:长期以来中国形象是以西方中心化视域中的"他者"形式呈现,而这些研究通过对上述影片内容与形式的艺术分析,指出它们在讲述中国故事、传递民族精神、重塑中国崛起的形象方面发挥积极的自塑作用,并总结全球化时代中国电影塑造国家形象的价值取向和策略。

第三个议题的研究相对较少,即国产电视剧在对外传播中对中国国际形象的塑造。这主要以新时期以来在海外传播的电视剧为对象,论述它们塑造的中国形象内涵,如武侠剧传达了以和为贵的文化精神,历史剧以国家和民间话语建构了国家历史与认同,现实剧则折射出中国社会变迁和家庭伦理等。[3]

### (四)纪录片中的中国形象塑造

纪录片因其"介于新闻和文学的中间地带,构成一种具有历史意义和人文意义的新的文体形式"[4],成为记录国家历史、传播人文地理、塑造国家形象的另一重要载体,同时因为近年来国内外纪录片的大量出现,因此形成了纪录片中的中国形象研究这一脉络。纪录片对中国形象的塑造,经历了一个近代以来长期处于由外国纪录片"他塑"的被动局面,向改革开放之后由国产纪录片积极自塑的转变,因此该议题同样分为"自塑"和"他塑"及策略研究。

首先,是研究国产纪录片对我国形象的塑造,即自塑的"国内形象"。这类研究大部分均对国内近年来有代表性的纪录片作个案式考察,通过文本分析、内容分析等方法,从内容与形式、艺术与技术层面,阐述它们对我国形象的内涵塑造,这成为此类研究的常规模式。有代表性者如《舌尖上的中国》透过美

---

[1] 陈林侠.电影的文化消长与国家形象建构[J].戏剧,2012(1):122-131.
[2] 陈林侠.主流政治大片的政治审美与国家形象的构建[J].社会科学,2012(6):180-186.
[3] 周根红.电视剧的海外传播与国家形象建构[J].中国电视,2016(1):101-105.
[4] 吕新雨.纪录中国:当代中国新纪录运动[M].北京:生活·读书·新知三联书店,2003:259.

食讲述中国敬畏自然、勤劳进取、分享包容、和谐共生的形象与智慧,①以轻快流畅的艺术手法和日常生活的内容叙事,实现国家形象的大众化、人性化传播;②"一带一路"题材的纪录片运用跨文化传播策略,将国家文化融入具体事物,以小人物的故事塑造大国形象,③诠释了一个和平崛起、开放包容、与世界共享的中国;④以《将改革进行到底》为代表的政论纪录片,通过多模态和转喻隐喻的话语塑造了正向的国家形象;⑤各种生态类纪录片塑造了多元立体的生态中国形象。⑥

与个案考察不同,综合性和历史性研究更系统地梳理分析了中国形象在纪录片中的变迁和多元立体特征,如有研究分阶段阐释了央视纪录片对国家形象的建构:从80年代"形象化政论"渐变下的"印象中国",90年代"纪实美学"思潮下的"具象中国",到新世纪"戏剧美学"多元共生下的"复兴中国";⑦还有分析1949年以来中国纪实影像在"十七年""文革""改革开放"等历史阶段对外塑造的中国形象;⑧以及当前国产纪录片呈现出"文化中国""民生中国""生态中国""人文中国"等形象方面的价值与路径。⑨除了案例研究之外,也有理论研究指出,当代纪录片有关中国形象的意义生产机制处于官方、民间和西方三重话语场域,主张以多重话语空间的互为建构和对话来替换主导话

---

① 武新宏."旁观"与"介入"合力共塑:舌尖上的"中国形象":纪录片《舌尖上的中国》评析[J].中国电视,2012(7):34-37.
② 张书端.《舌尖上的中国》:国家形象柔性传播中的一次成功尝试[J].电视研究,2012(10):73-74.
③ 茹艳,兰晰.纪录片《一带一路》的国家形象建构研究:基于框架理论的分析[J].传播与版权,2017(3):169-170;刘洋,陈丽梅.纪录片《一带一路》的媒介框架建构与国家形象传播[J].视听,2018(3):58-60.
④ 黄新炎."一带一路"题材纪录片的"当代中国"形象诠释:以上海纪实频道《海上丝绸之路》为例[J].中国电视,2017(7):85-89.
⑤ 刘煜,张红军.政论纪录片塑造国家形象的多模态话语分析[J].现代传播,2018(9):118-122.
⑥ 魏万里.向世界诠释"美丽中国"形象:评纪录片《家园:生态多样性的中国》[J].当代电视,2018(9):20-21;王庆福,宣莉.生态纪录片的"生态中国"形象建构[J].电视研究,2018(10):72-74.
⑦ 赵瑜.中央电视台大型纪录片视阈下的国家形象建构[J].当代电影,2012(8):60-65.
⑧ 何苏六,程潇爽.映像中国:纪实影像对外传播的国家形象研究[J].现代传播,2016(12):103-107.
⑨ 王萍.纪录片创作与中国形象建构[J].中华文化论坛,2014(9):173-177.

语权的争夺,以建构多元化的中国形象。①

其次,是研究国外纪录片以他者视域和话语展现的中国形象,即他塑的"国际形象"。这类研究的路径与方法较为单一,主要以英国BBC、韩国KBS、日本NHK以及美国、德国、法国等国的电视纪录片为对象,综合或个案式地阐述其呈现的中国形象,提出的观点也是同中有异,可做相互参照。例如针对近10年BBC涉华纪录片的研究认为其中塑造的中国形象与实际有很大出入,②而另有研究认为在近一个世纪中,BBC纪录片观看中国的视角经历了从最初怜悯的俯视,到友好平和的平视,到当下近乎仰视的瞩目。③ 日本NHK拍摄的社会类纪录片呈现了面临种种问题的中国形象,而人文自然类纪录片则大体上倾向于正面。④ 与这种观点类似,有研究综合分析了近年来各国"中国题材"的纪录片,认为它们分别建构了两个中国形象:一个是问题丛生、对世界构成威胁的"问题中国",另一个是体现近年来取得巨大成就、赞扬其独特之美的"崛起中国"。⑤ 其他研究则基本采取个案方式,分析《超级中国》《中华的故事》《中国人来了》《中国的秘密》《中国:习近平时代》等近年来的代表性纪录片,虽然研究对象不同,但基本跳脱不出"他塑"对中国形象正负两极塑造的思路与观点:正向观点肯定纪录片以相对客观平衡的立场,友好呈现一个崛起大国的多维形象,负向观点认为,纪录片从他者立场或意识形态思维表征了一个霸权中国,而这种曲解表述本身即体现了一种话语霸权。

## 四、媒介中心主义的倾向与反思

早在20世纪90年代,支庭荣就指出国家形象传播作为一个新课题,亟待进行三部分研究:第一,基础研究:作为国际政治传播战略的国家形象传播;第

---

① 刘忠波.多重话语空间下的中国形象:以纪录片为分析对象[J].西南交通大学学报,2017(2):22-28.
② 赵贤.BBC涉华纪录片研究及中国形象建构[J].新闻研究导刊,2016(13):187,191.
③ 林珈仰.他者视域下的中国形象嬗变:以BBC纪录片为例[J].电影评介,2017(18):91-93.
④ 汪洋.NHK纪录片中的中国形象探析[J].采写编,2017(3):95-97.
⑤ 张娜.中国形象的"他塑"和"自塑":对中国现实题材纪录片创作的思考[J].中国电视,2017(3):85-87.

二,实证研究:中国与西方的相互评价;第三,战略研究:中国文化怎样重塑和输出。① 迄今为止,该课题在新闻传播学界的学术脉络及其研究议题,包括从国家形象的定义、定位等理论研究,发展至以各种传媒形态为塑造路径的国家形象战略研究,可以说基本涵盖了上述三个部分,而众多著作、论文及一般性文章也构成了一幅较为规模化、系统化的学术地图和知识谱系。

然而,在肯定其成果斐然的同时,也必须注意到,由于该议题在新闻传播研究中具有较强的应用性,使得这些研究的整体定位和旨趣偏重于应用,其结果是许多基于国家战略而聚焦各种媒介话语中的中国形象研究,属于"就事论事"的策略性研究,而在战略升华和理论抽象上还有提升的空间,"大量的成果是研究中外媒体如何建构中国国家形象这类问题的,甚至连选择的分析对象都很相似"②,围绕一些常用的理论与方法打转,没有明显的突破。从这一角度看来,我国新闻传播学视域下的国家形象研究,其主体脉络呈现出在国家战略高度下的应用性导向和策略性研究,除此之外,在现有理论与实践研究的基础上,还可以结合特定的地理历史文化和传播情境,例如"新时代""一带一路"等,围绕国家形象的相关概念、范畴和命题进行拓展性研究,提升该论域的理论深度。

与此相关而更值得注意的是,该学术地图包含的研究视野、议题、理论呈现出"媒介中心主义"③的倾向。从纵向的维度,无论在宏观层面以整合媒体资源、增强话语传播力来提升国家形象的战略研究,在中观层面围绕传媒构建国家形象的策略探讨,还是微观考察多元媒介话语中自塑和他塑的中国形象,"媒介"都成为研究出发点和落脚点的中心化视角;从横向的维度,借鉴拉斯韦尔5W的模式,从传播的主体、内容到渠道、效果,相关研究基本没有超出大众传播媒介和新媒体的范畴,且主要依赖大众传播的理论与方法,少有研究在经济全球化和中国文化走出去的背景下,考察中国的企业、民间团体、个人通过国际合作和文化交流在国家形象传播中扮演的功能性角色,这些现实情境下的零距离接触带来的传播效果更加直接,这些缺失导致该论域很少涉及人际传播、小团体传播、跨文化传播等传播学的其他版块。这根源于国家形象概念内涵中的媒介性基因,以及由此形成中国形象塑造的媒介本位,过度依赖大众

---

① 支庭荣.国家形象传播:一个新课题的凸现[J].中国广播电视学刊,1996(7):23-26.
② 吴飞,陈艳.中国国家形象研究述评[J].当代传播,2013(1):8-11.
③ 荆学民,李彦冰.政治传播视野:国家形象塑造与传播中的国家理念析论:以政治国家与市民社会的良性互动为理论基点[J].现代传播,2010(11):15-20.

传媒,尤其是主流媒介,如上文列述的新闻、影视、形象片、纪录片等媒介内容与形态,另外一个重要原因在于,我国新闻传播学界自20世纪90年代开始的国家形象研究,跟经典的新闻传播研究基本保持同步,而后者正是以大众传媒研究为主流。这种"媒介中心主义"的视角不仅"导致了相应的片面性和浅层性,如果按照这种研究路子走下去,可能因缺乏理论的深度支撑而归于沉寂"①,从而有碍国家形象理论在当代新型语境下的创新拓展,而且议题的集中"忽略了非专业性的传播媒体、新兴媒体及其他人际传播和跨文化传播渠道",如社交媒体、人的国际间流动、跨国组织的对话、民间的跨文化交流等,它们同样是国家形象塑造的重要形式,但在新闻与传播研究中却少有论及。这种研究视角局限与议题集中的倾向,在一定程度上容易造成该学术领域的"内卷化"(involution)②,即"微观上的进步与宏观上的原地踏步"③。

鉴于此,突破与创新研究的路径之一,在于借鉴与融合临近学科的研究,拓展新闻传播学看待国家形象的视角和思维方式。关于国家形象的概念,在临近的比较文学与跨文化形象学研究中,将其界定为一个话语系统,"一种具有符码意义的最基本的表述系统"④,"流行于社会的一整套关于'中国'的'表现'或'表述'系统,其中同时包含知识与想象、真实与虚构的内容,具有话语的知识与权力两方面的功能"⑤,而异国形象就是对他者的描述,⑥这些界定中包含着诸多可供深入阐发的理论因子。而新闻传播学的界定将重点置于偏实践和操作的战略与策略层面,相比之下较少文化、思想等层面的理论性观照,这在一定程度上限制了研究所能达到的理论深度。而无论是鉴于当代新型的媒介生态环境,还是学术研究的跨学科趋势,都需要对经典新闻传播研究时代的国家形象定义进行跨界式地再审视,换言之,"当'中国崛起'成为一个难以回避的经济、政治事实时,它就越出以上学科的领域,在哲学、思想、艺术等参与下,凝聚了更多的精神内涵,……更需要从文化根源性上深度阐释形象的建构

---

① 荆学民,李彦冰.政治传播视野:国家形象塑造与传播中的国家理念析论:以政治国家与市民社会的良性互动为理论基点[J].现代传播,2010(11):15-20.

② C. Geertz. Agricultural involution: the process of ecological change in indonesia[M]. Berkeley,CA:University of California Press,1963.

③ 李金铨.传播研究的典范与认同:一些个人的初步思考[J].传播研究与实践,2014(1):1-21.

④ 周宁.第二人类[M].北京:学苑出版社,2004:140.

⑤ 周宁.跨文化研究:以中国形象为方法[M].北京:商务印书馆,2011:22.

⑥ 巴柔.形象[C]//孟华.比较文学形象学.北京:北京大学出版社,2001:153-184.

性与可塑性"①。

同样,比较文学与跨文化形象学的相关研究同样存在自我局限,难以跳脱既有的研究问题和思维模式,即现有研究大都在"自我与他者""现实与想象"两个脉络上展开,将东方主义作为主要的理论范式和思维方式,不仅限制了提出和思考问题的边界,而且未能走出西方话语霸权的分析框架和本质主义的窠臼。实际上,国家形象研究本身就是涉及多学科的跨界性课题,在全球化与本土化、开放与保守关系日益复杂的当代国际语境,以及"一带一路"、"新时代"、媒体融合等新型背景下,中国的国家形象塑造更是面临更多要素,这本质性地要求相关研究要交叉关涉人文、社会与信息技术科学的各个领域,突破视野与议题的各自局限。

因此,对我国新闻传播学领域的国家形象研究而言,如何突破"媒介中心主义"和议题集中的局限,一方面与邻近学科如文学和文化研究中的形象学研究之路径、目标、动因及理论资源相参照,在相互借鉴中破除各自的学术边界;另一方面,在现有研究的基础上,结合新型的国内国际语境提出新议题,以契合当代国家形象的复杂本质,从而提升国家形象研究这幅学术地图的视野宽度和理论厚度,成为拓展国家形象研究的一种可能性路径。

---

① 陈林侠.论大众叙事媒介中的国家形象特征[J].现代传播,2013(5):41-45.

# 全球化语境下西方媒体中的中国形象传播:问题与反思

◎ 史冬冬

21世纪的世界在政治、经济、文化、安全等多个方面不断发生新变,致使当前世界面临"百年未有之大变局",国际关系比以往也更加错综复杂。此时逐渐崛起的中国则越来越积极地参与全球性事务,以"人类命运共同体"理念、"一带一路"倡议等中国智慧与中国方案,推动新型全球化的塑造与全球问题治理,正如美国乔治·华盛顿大学教授沈大伟(David Shambaugh)在其新近出版的《中国与世界》(*China and the World*,2020)中断言"尽管世界仍运转在不确定性轨道,但中国将作为塑造全球秩序的关键因素已毋庸置疑",同时该书指出中国"的确为诸多国家带来切实利益,但也成为许多国家眼中的困扰"[①],这也正是当今中国在对外传播中遇到的难题。这一困境的表征之一即与国内相关新闻报道普遍持积极态度不同,由西方诸国媒体主导的国际舆论,围绕中国展开的新闻报道与评论,尤其是围绕"人类命运共同体"理念、"一带一路"倡议、中美贸易摩擦、新冠疫情等重大议题和事件展开的信息传播,从微观的新闻修辞到宏观的价值评价,其总体话语并非总是积极正向性的,在各种言论的碰撞交锋中不乏误解、质疑甚至恶意扭曲的声音。

从国家形象传播学的视角,这些具有"他塑"性质的新闻话语对中国在当今国际社会中的形象建构,以及西方世界普通民众对中国的认知,无疑都会产生重要的引导性影响。这在新闻传媒研究领域也成为一个持续关注的学术议题,既有研究一方面着重于"是什么"的层面,梳理诸多西方媒体对中国议题的话语表征与价值倾向,它们基本代表了国际社会对中国声音、中国形象的认知和态度;另一方面在"为什么"的层面,主要从政治制度、国际关系、新闻体制与

---

① D. Shambaugh.China and the world[M].New York:Oxford University Press,2020:1-16.

职业伦理等角度,展开西方话语意义生产机制的探讨,而较少回溯和深入历史文化的层面,触及造成这种话语表征及其意义机制的思维根源是什么。从中西方交流史的角度看,西方对中国的话语叙述并非始于现代传媒,而是有着几百年的历史叙事,其中也包括对中国的形象扭曲与意义误读,正是这一特定的叙事传统及其背后的历史文化逻辑,至今或隐或显影响着西方对中国的认知与再现。

# 一、问题描述:中国议题与西方媒体

21世纪的近十年来,西方主流媒体对中国及其形象的建构,首先来自其所表现的有关中国的重要内容议题及其认知态度。

2011年出版的《中国的和平发展》白皮书中提出,要以"命运共同体"的新视角,寻求人类共同利益和共同价值的新内涵。① 2012年11月,党的十八大报告明确提出:"合作共赢,就是要倡导人类命运共同体意识,在追求本国利益时兼顾他国合理关切,在谋求本国发展中促进各国共同发展。"②此后习近平同志在诸多国际场合倡导"人类命运共同体"的价值理念,2015年出席博鳌亚洲论坛年会时提出"通过迈向亚洲命运共同体,推动建设人类命运共同体"的倡议;同年9月,习近平在纽约联合国总部出席联合国发展峰会时在发表讲话中也指出:"当今世界,各国相互依存、休戚与共。我们要继承和弘扬联合国宪章的宗旨和原则,构建以合作共赢为核心的新型国际关系,打造人类命运共同体。"③ 2017年10月18日,习近平同志在党的十九大报告中提出,"坚持和平发展道路,推动构建人类命运共同体","倡导构建人类命运共同体,促进全球治理体系变革"。④ 也是在同一年,构建人类命运共同体理念首次写入联合国决议。近年来,习近平主席等国家领导人在各种国际重大场合多次阐述和推

---

① 中华人民共和国国务院新闻办公室.《中国的和平发展》白皮书[EB/OL].[2021-09-15].http://www.scio.gov.cn/tt/Document/1011394/1011394.htm.
② 胡锦涛在中国共产党第十八次全国代表大会上的报告[EB/OL].[2021-09-15]. http://cpc.people.com.cn/n/2012/1118/c64094-19612151.html.
③ 习近平在联合国发展峰会上的讲话[EB/OL].[2021-09-15].http://www.xinhuanet. com/politics/2015-09/27/c_1116687809.htm.
④ 习近平在中国共产党第十九次全国代表大会上的报告[EB/OL].[2021-09-15]. http://cpc.people.com.cn/n1/2017/1028/c64094-29613660.html.

动人类命运共同体,可以说,中国在国际社会上倡导"人类命运共同体"的价值理念,不仅是针对当代世界"百年未有之大变局"及其全球治理而贡献的中国方案,同时代表和构成了中国国家话语体系与国家形象的核心内容。然而,从多种原因上看,由于在政治、人权、法治等制度与观念方面的差异,当这一价值理念在国际社会提出之后,对它的关注、态度和回应并不是主动和积极的,正如有学者指出的,"要得到国际社会的普遍认同并深入世界各国民心,成为人类应对共同挑战的重要准则,还需要突破'规范与理念之争'和话语排挤等现实传播困境"①。例如,布鲁金斯学会(Brookings Institution)研究员泰德·皮康(Ted Piccon)针对"人类命运共同体"理念就发表观点指出,"这是中国走出阴影,扮演更加自信的角色,并利用其在全球范围内日益增长的影响力,得到自己想要的东西的表现"②。

不仅如此,这一类言论和态度还明显地反映在西方众多的媒体话语中。首先,外国媒体对该理念的关注度并不高,其中最具代表性的美国媒体,不论是报纸、通讯社还是电视广播,对"人类命运共同体"理念的总体关注度较低,他们在这一话题的报道中基本保持高度的默契,均战略性地选择了忽略或漠视。③其中的意图可以用《华盛顿邮报》网站上的一则报道来说明:"美国国家安全顾问约翰·博尔顿(John Bolton)正在领导一场运动,以遏制中国在联合国和其他国际组织中日益增长的影响力……在联合国,美国外交官奉命挫败北京方面努力提高其软实力和宣传中国国家主席习近平的哲学箴言……他们奉命清除联合国决议中的中文流行语或短语,包括'合作双赢''民心相通''人类命运共同体'。美国的一些欧洲同僚也同样担心,中国正在逐步寻求改变联合国的外交话语,以符合其自身的外交愿景。"④不仅如此,美国媒体呈负面报道的文章大多来自《华尔街日报》、《华盛顿邮报》、《纽约时报》、CNN 等主流媒体,它们的报道总体在"战略竞争"意识形态主导下带有明显负面的叙事框架,

---

① 陈华明,李畅.展示政治视域下"人类命运共同体思想"对外传播研究[J].四川大学学报,2018(6):136-142.

② Bruce N.C.China brings warm words to U.N., and rights activists feel a chill.[EB/OL].[2018-03-24].The New York Times,http://factiva.0002.myie.

③ 高金萍,余悦.美国媒体视域下"人类命运共同体"理念的呈现[J].新闻爱好者,2020(3):17-20.

④ Alemany J.Let the subpoena wars begin between Trump and House Democrats[EB/OL].[2019-04-04].Washington Post.com,http://factiva.0002.myie.top/sb//default.aspx?NAPC=S.

将"人类命运共同体"理念叙述为极具意识形态特点的国家战略和中国野心,依然用霸权主义思维对这一理念持警惕和怀疑态度,通过议程设置不断强化中国威胁论,制造与美国价值观的对立。① 作为欧洲大国强国的德国,其主流媒体对"人类命运共同体"理念的报道同样不容乐观,他们在初期对这一带有中国背景的理念采取了回避态度,并没有以此为核心主题的报道,即便有也是以引用语的方式提出该理念,意在对其保持抽象性和距离感;从 2014 年起,随着中国领导人访问德国,各国反全球化的民粹主义抬头,"人类命运共同体"理念才开始受到德国媒体的关注与报道,但对它的分析结论与该理念的本意出入较大,之后逐渐将其构建为中国全球化战略的一个术语,被赋予浓厚的政治色彩,对"人类命运共同体"的认同度较低,认为中国是欧洲的"黄色威胁",将中国同欧洲的政治经济往来认定为谋图地缘政治利益;2019 年以来,德国媒体关于"人类命运共同体"的报道进一步深入,将相关政策解读为中国政府正在追求强国步伐的计划。除此之外,德国媒体还认为中国建造"数字丝绸之路"会对西方国家产生威胁,中国将"数字丝绸之路"作为建立"网络命运共同体"的工具,因此中国的数字经济生态系统会在人工智能等科技创新领域对西方国家产生巨大挑战,西方国家必须重新考虑制定自己的国家战略,② 这无疑是"中国威胁论"的延续。从总体上看,德国媒体在报道有关"一带一路"倡议的主题上,主要强调中国全球化的战略会对西方形成威胁,从而塑造了内含威胁论的中国形象。作为欧美盟国的澳大利亚,既有研究指出,澳媒对"人类命运共同体"理念的报道数量同样偏少,在议题内容上重点关注国防与外交,忽略生态与文化内涵,且态度以负面为主,其叙述框架呈现与民族主义和西方中心主义相关的否定叙述,在前者视角下将该理念解读为中国独裁和称霸世界

---

① 刘滢,蒲跌林."人类命运共同体"的国际社交媒体呈现:基于 Twitter 平台的内容分析和语义网络分析[J].新闻与写作,2021(6):10;韩青玉."人类命运共同体"理念在美国媒体上的舆论态势研究[J].汕头大学学报(人文社会科学版),2020,36(5):13-21,96;高金萍,余悦.美国媒体视域下"人类命运共同体"理念的呈现[J].新闻爱好者,2020(3):17-20.

② 许涌斌,高金萍.德国媒体视域下"人类命运共同体"理念研究[J].德国研究,2020(4):151-167;周海霞."人类命运共同体"理念在德国主流媒体上的呈现[J].国际传播,2020(4):10;唐婧.人类命运共同体理念对德传播的两大原则[J].天津外国语大学学报,2020,27(2):38-44.

的工具策略,在后者视角解读为是虚伪和可疑的理念。① 从更广范围内,也有研究以2013—2018年间英法语的国际报道为例,研究国际媒体对人类命运共同体的认知,结果显示,在此期间英法语的国际媒体对人类命运共同体的报道和评论呈上升趋势,2016年以来更是出现"井喷式"发展,同时对它的"正确认知"远多于"错误认知",后者的反馈主要包括"内容空洞论""世界秩序挑战论""强权外延论"等。② 此外,印度媒体在有关"人类命运共同体"理念的报道中,也"多采取负面的叙事方式,甚至恶意解读,建构了与现实差距较大的中国国家形象"③。

自习近平主席于2013年9月和10月分别提出建设"新丝绸之路经济带"和"21世纪海上丝绸之路"的合作倡议以来,"一带一路"不仅成为中国推动新型全球化进程的重要国际合作方案,而且也就必然成为中国对外塑造负责任大国的国家形象,同时西方据此认知中国的重要途径。根据国外既有的研究表明,国际社会对"一带一路"倡议尚未取得普遍的共识,其中既有持积极肯定态度者,④但也不乏质疑批评的声音。⑤ 布鲁塞尔欧洲与全球经济实验室2019年发表的研究报告也表明类似的结果:"一带一路"倡议在世界范围内普遍被以较为积极的态度接受,但在具体的国家层面存在显著差异,⑥例如有研究表明,以美国为首的西方一众盟国对"一带一路"倡议主要持负面的情感倾向。⑦ 具体而言,美国媒体更关注"一带一路"倡议背后的政治博弈和中国的战略意图,如《华尔街日报》采用"疑虑与担忧"的媒介框架进行报道,意在凸显中美意识形态竞争,即社会主义中国的所谓地缘政治企图对美国领导的自由秩序的

---

① 江璐,陈绿夏.关于澳大利亚媒体"人类命运共同体"报道的研究[J].国际传播,2020(5):41-52.
② 张励,黎亚洲.国际媒体对人类命运共同体的认知与中国应对之策:以2013年至2018年3月英法语的全球报道为样本[J].国际关系研究,2018(4):21-36.
③ 朱莉."人类命与共同体"理念在印度的传播[J].青年记者,2021(8):120-121.
④ Alicia García-Herrero & Xu J. "China's Belt and Road Initiative: can Europe expect trade gains?"[J]. China & World Economy, 2017, 5(6):84-99.
⑤ Cheng L.K. Three questions on China's "Belt and Road Initiative"[J]. China Economic Review, 2016(40):309-313.
⑥ Alicia Garcia-Herrero, Jianwei Xu, Bruegel. Countries' perceptions of China's Belt and Road Initiative: A big data analysis[EB/OL].[2021-09-20]. https://www.bruegel.org/wp-content/uploads/2019/02/WP-2019-01final.pdf.
⑦ 宣长春,林升栋.文化距离视野下的"一带一路"倡议[J].新闻与传播研究,2021(6):24-43.

## 全球化语境下西方媒体中的中国形象传播：问题与反思

挑战,其中凸显"北京雄心勃勃重塑亚洲地缘政治版图""挑战美国地区主导权""把美国赶出东亚""中国扩大在东亚的影响力"等修辞话语,塑造了一个野心勃勃、希望重塑亚洲秩序的崛起强国形象,①如《华尔街日报》文章《中国的世界:在庞大的基础设施建设计划下美国将其影响力拱手让给了中国》(China's World: U. S. Cedes Clout to China Under Massive Infrastructure Plan)中说:"许多人认为,2013 年启动的中国'一带一路'倡议——21 世纪的马歇尔计划——根本上来讲与金钱无关,相反,'一带一路'根本还在于其重塑世界观念的力量,这是真正能与马歇尔计划进行比较的……事实上,马歇尔计划的持久遗产并不在于用美国贷款建造的工厂、学校和医院,而在于它对战后自由秩序价值观的贡献——自由贸易、民主以及强力多边机制下基于规则的治理。还有习近平先生本人是中国品牌的代言人。他所推广的——产品——是'中国模式':专制控制下的经济快速发展,与美国主导的自由秩序背道而驰。处于领先地位的是国有企业,如国家电网和中国国家建筑工程公司,它们都是按产业计划运营的。他们所服务的许多政府都有专制倾向。"②这里值得注意的是,上述报道不仅通过二元划分的话语策略将中国与美国彼此对立,并且分别将其置于自由秩序和专制控制的话语模式之下,另如《华盛顿邮报》(欧洲版)同样称"一带一路""最热情的参与者是该地区志同道合的专制国家"③。而《纽约时报》和《华盛顿邮报》在报道"一带一路"倡议时,主要聚焦于中国自身利益的需求,弱化中国参与国际事务的责任感和使命感,许多文章还侧重从新疆问题谈"一带一路"倡议面临的挑战,并运用"冲突"(strife)、"不安定的"(restive)、"动乱"(unrest)、"暴力"(violence)等词汇塑造地区的紧张气氛。④例如《华盛顿邮报》2019 年 1 月 8 日的评论文章《"一带一路"混乱多于阴谋》(Belt and Road Is More Chaos Than Conspiracy)中写道:"'一带一路'倡议的

---

① 周萃,康健.美国主流媒体如何为"一带一路"构建媒介框架[J].现代传播:中国传媒大学学报,2016(6):163-165;韩青玉."人类命运共同体"理念在美国媒体上的舆论态势研究[J].汕头大学学报(人文社会科学版),2020,36(5):13-21,96.

② Browne A.U.S. cedes clout to China under massive infrastructure plan[EB/OL].[2018-01-31].The Wall Street Journal,http://factiva.0002.myie.top/sb/default.aspx? NAPC=S.

③ Browne A.Beijing's new world order has a guest list[EB/OL].[2017-05-31].The Wall Steet Journal,http://factiva.0002.myie.top/sb/default.aspx? NAPC=S.

④ 郑华,李婧.美国媒体建构下的中国"一带一路"战略构想:基于《纽约时报》和《华盛顿邮报》相关报道的分析[J].上海对外经贸大学学报,2016(1):87-96.

许多活动,不仅没有严格遵循北京的宏伟设计,反而显得零散和投机""而更令人担忧的是,'一带一路'不是一个巨大的阴谋,而是一个巨大的混乱"。《华盛顿邮报》从整体上将"一带一路"倡议视为充满新殖民主义色彩,将中国此举塑造成一种热衷扩张、重利轻义的"霸权"形象。[①]德国主流媒体对"一带一路"倡议的关注经历了一个上升的过程,报道态度也由初期的"疏离旁观"转变为近期的"质疑与合作"并存,而"冲突化"是德国媒体传递质疑与批评声音的主要话语策略,并借此塑造了"雄心勃勃的中国",以及对中国崛起的隐忧。[②]与之类似,日本主流媒体如《读卖新闻》《朝日新闻》《日本经济新闻》等,对"一带一路"倡议的反应也经历了一个由负面解读到理性认知的变化过程。在2013年以来的早期认知阶段,日媒对该倡议的关注度较低,且多以负面报道为主,将"一带一路"倡议解释为"经济霸权战略""中国版马歇尔计划"等,认为该倡议是中国打造超级大国战略意图的具体表现;[③]澳大利亚主流媒体关于"一带一路"倡议的政治报道及其塑造的中国形象也较为主观和负面;[④]而作为"一带一路"沿线邻国的越南,一项对其主流官方媒体关于"一带一路"报道的研究也显示,"越南从官方到民间对中国的不信任感","'一带一路威胁论'持续发酵",[⑤]其他东盟国家和印度等国媒体对"一带一路"的报道倾向和认知态度也不甚乐观。

2020年以来,西方媒体针对新冠疫情及防控的中国新闻报道,更是忽略了事实而充满偏见和歧视性的解读和评论。不仅将新冠病毒直接称为"武汉病毒"(Wuhan virus),构建"中国是新冠病毒的源头""疫情中心在武汉""言论数据不透明"等媒介议题,对中国政府采取的抗疫措施采取消极态度的认知,强调此次疫情的严重程度及对世界的消极影响,总体上故意质疑诋毁中国的抗疫,以片面性、污名化的媒介话语引导国际舆论,一个典型的例子是2020年

---

[①] 朱桂生,黄建滨.美国主流媒体视野中的中国"一带一路"战略:基于《华盛顿邮报》相关报道的批评性话语分析[J].新闻界,2016(17):58-64.

[②] 李莎莎.德国主流媒体对中国"一带一路"倡议认知:一项语料库批评话语分析[J].德国研究,2019,34,130(02):101-116,161.

[③] 朱丹丹.日本对"一带一路"倡议的战略意图解读及应对:以日本主流媒体相关报道分析为例[D].中国周边外交学刊,2015(2):173-189;梁冠群.日本媒体对"一带一路"倡议的话语生产及转变研究[D].上海:上海外国语大学,2019.

[④] 孙有中,江璐.澳大利亚主流媒体中的"一带一路"[J].现代传播,2017,39(4):37-41,84.

[⑤] 吕晓莉,黎海燕.越南对中国"一带一路"倡议的认知:基于对越南官方媒体报道的分析[J].和平与发展,2019(6):87-107.

## 全球化语境下西方媒体中的中国形象传播：问题与反思

2月3日的《华尔街日报》，发表了社论文章《中国是真正的东亚病夫》，借新冠疫情对中国进行种族主义和殖民主义的攻击。有研究以批评性话语理论分析了美国 FOX News 和 CNN 两家主流媒体在 2020 年新冠疫情期间的涉华报道，发现它们在文本描述层面通过具有意识形态双标性质的词汇选择如"我们"和"他们"、妖魔化式的隐喻等话语修辞，在话语实践层面通过议程设置上的总体负面基调和正面议题的负面报道，采纳"未经证实的报道"和转述等手段重构新闻真实，涉华报道总体呈现出"病毒武器化、疫情政治化、地域污名化、中国妖魔化"的倾向。[①]与之类似，另一美国主流媒体《纽约时报》在 2020 年涉华新冠疫情的报道中，同样塑造了一个"全球疫情买单者"、"经济遭遇重创者"和"抗议措施不当者"等负面中国形象。[②]值得注意的是，美国媒体在报道中国的新冠疫情之时，通常还会"引用来自西方专家或政客的质疑性话语，引导读者对新闻事实进行负面的价值判断。与此形成对比的是常与中国同时出现的韩国、新加坡等'民主'国家，在他们的战'疫'画像中基本不存在进行负面评论的情况"[③]，这表明，即便是在全球性的卫生安全公共危机面前，美国媒体依然反映出鲜明的"他者"的意识形态认知偏见。除了美国媒体之外，也有研究关注了西班牙主流媒体如何报道中国疫情防控的问题，结果显示，一方面，隶属西班牙最大传媒集团的《国家报》对中国的抗疫举措进行了肯定，另外发行量最大的西班牙文早报《阿贝赛报》也对中国的抗疫举措成效表示赞许，另一方面，这两份报纸也明显带有一些歪曲事实的做法，如妄断新冠病毒源于中国，刻意抹黑中国政府为防控疫情所做的努力等。[④]新冠疫情期间，中国支援已经加入"一带一路"倡议的意大利，也受到德国媒体的关注，但是后者认为中国此举是在利用建立"健康新丝绸之路"这一机会打入欧盟。

综合上述有关媒体报道及其研究来看，21 世纪以来西方新闻话语中的中国叙事虽然有所改观，但也不容乐观，媒体报道的背后是长期他者想象和意识形态之争产生的话语体系。根据皮尤 2019 年的一项调查结果显示，美国和加

---

[①] 黄蔷.美国主流媒体对中国形象的话语偏见：以"新冠疫情"报道为例[J].外国语文，2021,37(4):85-96.

[②] 胡晓斌.中美媒体对新冠疫情下的中国国家形象建构对比研究[J].天津外国语大学学报,2021,28(4):74-86.

[③] 梦兰娟.从新冠疫情报道看美国媒体新闻言论的矛盾与偏颇[J].新闻传播,2021(7):8-10.

[④] 李一陶.西班牙主流媒体报道中国防控新冠疫情问题评析[J].商丘师范学院学报，2020,36(11):40-46.

拿大对中国的感受以负面为主,分别是60%和67%,"老欧洲"国家(包括希腊、西班牙、英国、意大利、比利时、德国、法国、瑞典)对中国的非好感率占据优势,整体的正负态度中位值分别是37%和57%,①这与媒体话语一表一里,共同构成了中国对外传播必须面对的国际语境。无论是美国还是欧洲,"非我族类其心必异"依然是其话语叙事框架中的顽疾。作为这种集体性的心理投射,西方话语中的中国形象,其真正的本质和意义不是西方人能够本着客观理性的态度认识真实的中国,而是以一种"后真相"式的主观态度去解读和构筑一种西方自身政治文化需要的中国形象,其中包含着对现实中国的一些认知,但同时也包含着对中西关系的焦虑和期望,将中国视为是西方政治文化自我投射的"他者",一种自由民主人权的对照物,一种西方所谓"普适的现代性"的参照系,一个满足自己需要而可以任意讨论发挥的主题和观念。简言之,西方媒体对中国形象的表征,是西方表述自我与他者的一种话语方式,也是思考世界的一种思维方式。

## 二、原因探讨:"意识形态原型"与"西方中心主义"

2021年5月31日,习近平总书记在中共中央政治局的第三十次集体学习中强调,对外传播工作要"构建具有鲜明中国特色的战略传播体系,着力提高国际传播影响力、中华文化感召力、中国形象亲和力、中国话语说服力、国际舆论引导力"②。这其中包含的五个"力",更为具体和鲜明地阐述了"中国特色的战略传播体系"的内容构件,从学术的角度,也为讲好中国故事、传播中国声音、共建积极的中国形象等国际传播议题拓展了研究空间。

这里需要注意的是,作为学术研究的层面与内容,首先有必要从学理的层面,去梳理和论述这五力之所以可能的条件,进而才能论及如何发挥和提高的问题,前者为因,后者为果。具体而言,就中国对外传播提升中华文化的感召力、中国话语的说服力而论,在实现和提升其"感召"力、"说服"力之前,我们必须首先面对的问题是:面对多元而复杂的当代国际秩序,这种"感召"与"说服"

---

① 郭镇之.中国对外传播面临的新挑战及创新对策[J].对外传播,2020(1):13-15.
② 习近平主持中共中央政治局第三十次集体学习并讲话[EB/OL].[2021-09-15]. http://www.gov.cn/xinwen/2021-06/01/content_5614684.htm.

## 全球化语境下西方媒体中的中国形象传播：问题与反思

实现之可能性与条件，也即"为什么"的问题，然后才谈得上提升的方式与途径问题，也即"怎么做"的问题。再如，当我们谈论"着力提高国际传播影响力"的时候，这不仅是从中国作为传播主体角度出发的传播内容与方式等行为问题，而且同时涉及针对传播对象在他国落地的传播效果问题。两者密切相关但又各自独立，他者的接受于否与自我传播的行为而言，具有一定的独立性与客观存在性。那么，该学术议题首先要面对的是，中国文化、中国话语为什么能够实现这种感召和说服？从对外传播的角度，西方诸国家基于自身的历史、文化、利益等认知和认同性考量，诸如社会体制、宗教习俗、国家利益等因素，为什么会愿意接受中国的文化，认可中国的话语？简言之，中华文化、中国话语与中国形象在国际传播中具有影响力的合法性、可能性、条件性是什么？这并非一个不言自明的预设前提，这不仅是中国对外传播——不论国际传播还是跨文化传播——这条传播链展开的逻辑起点，而且唯有对此保持清醒的认知和定位，才能有助于避免中国故事与声音在国际舆论中陷入自说自话或被误读曲解的窘境。

在当前的国际传播中，有关中国的故事与声音，正如上述西方媒体的新闻报道和话语表述，共同体现出的问题是，从中国的客观性故事，到西方媒体的主观性解读也即新闻话语体系之间，在中国的故事编码框架与西方的媒体解码框架之间，其间原理如同霍尔提出的编码与解码一样，[①]两者并不存在必然的一致性。从传播效果的角度，中国的故事与声音透过西方媒体这一主要传播渠道多棱镜式的折射，受到后者叙事话语框架的巨大影响，从而产生较大的传播落差与形象误读。无论是传播理论还是新闻现实，这种编码与解码的非对称性都并非一个新问题，在中西交流史上西方对中国的误读甚至扭曲久已有之，以往的新闻传播研究对其中的话语机制也展开了多方探讨，包括社会制度、新闻体制、国际政治、战略外交等层面，最终的落脚点主要是以传播策略的方式建言献策以期改善传播效果，对实操也产生了积极的效果。然而这些研究层面主要着重于共时性的横向对比，笔者以为，另一个需要研究的维度是历时性的历史文化维度，也是从根本上触碰和探讨造成此种现象的历史性、逻辑性原因，这是本文所要探讨的主题，同时也是通过这一探讨，试图回到并回答中华文化、中国话语、中国形象能够在对外传播中实现感召和说服的合法性、可能性、条件性问题。

---

① 霍尔.编码,解码[C]//罗钢,刘象愚.文化研究读本.北京:中国社会科学出版社,2000: 345-358.

笔者以为,历史性造成中国在西方话语体系中的误读甚至刻意扭曲的原因有二。第一,在西方的历史书写传统中,有关中国的话语存在一种"意识形态原型"。作为其结果,当今西方媒体传播和解读中国信息的话语修辞与框架,并由此构建的中国形象,依然隐含着充满历史偏见的"意识形态原型",后者是在过去几百年的中西交流史中形成,并作为现代性的他者参照根植于西方社会历史文化的深层结构之中。

从事跨文化形象学研究的学者周宁,基于大量的历史素材,系统梳理和分析了西方的中国形象在过去七个多世纪里的变迁:以1250年前后为起点,以1750年前后为转折点,在最初的500年左右的时间里,中国形象在西方的认知中基本上是被美化的,表现为"大汗的大陆""大中华帝国""孔夫子的中国"三种形象类型;1750年前后,出现了一系列颠覆中国形象的西方著作,此后中国形象逐渐被丑化,出现了另外三种类型:"停滞封闭的帝国""专制暴政的帝国""野蛮或半野蛮的帝国"。周宁在阐述总结前后六种中国形象类型的基础上,进一步抽象概括出两种有关中国形象的原型:美化中国的"乌托邦原型",和丑化中国的"意识形态原型"。[①]这里所谓的"原型",是指"形象史中最基本的、超越个别文本与时代的、深入集体无意识心理中的普遍可交流的领悟模式"[②],这意味着,这两种原型不仅以标签化的形式,代表了西方话语在历史性地认知和表述中国时的深层意义模式,而且以集体无意识的方式固定嵌入了西方社会的思想结构和文化体系中,作为一种认知模型,它在实质上是"西方现代性'自我认同'与'异己分化'一体两用的精神核心"[③]。在经历了社会历史的演进与思想文化的传承之后,转眼至当代,这种西方现代性的精神核心,尤其是其中的"意识形态原型",依然是当代西方国家在表述中国时的主导型话语结构,其在新闻传媒领域的具体表征即是上述西方诸多媒体在报道中国时带有偏见性的认知框架和话语修辞,最典型者莫如新冠疫情期间西方新闻话语对中国抗疫的失实报道、负面报道和恶意归因,在根本上正是丑化中国的意识形态原型在起作用。从历时性的角度,这些新闻话语也正是18世纪西方世界开启现代性进程以来,尤其是捍卫20世纪既有的霸权式全球性秩序和话语格局之时,作为一体之两面的"自我认同"的另一面"异己分化"这一思维逻辑

---

① 周宁.天朝遥远:西方的中国形象研究[M].北京:北京大学出版社,2006.
② 周宁.跨文化形象学:思路、出路或末路[J].东南学术,2014(1):85-92,249.
③ 周宁.跨文化形象学:问题与方法的困境[J].厦门大学学报:哲学社会科学版,2012(5):6-14.

## 全球化语境下西方媒体中的中国形象传播：问题与反思

的延续。

第二，这一"意识形态"原型，具体表现为400年来欧美主要资本主义国家在其全球殖民扩张的过程中——同时也是其完成现代性进化的过程——形成的西方中心主义的现代历史观、文明观和世界观。这种西方中心主义观念，正是自18世纪始欧美主要国家完成工业资本主义的内部发展并向外殖民扩张的历史产物。值得注意的是，周宁在梳理西方书写传统中的中国形象变迁时，转折点所处的1750年前后，正是英法等国开始其资本主义工业化过渡的阶段，也是西方社会现代性的初始阶段。伴随着工业革命兴起的是一个个具备现代性的资本主义民族国家，后者作为现代主权国家的主要形式，不同于中西方传统王朝或帝国的历史存在形态，"民族国家利益至上、主权压倒一切的现代帝国，是将自身视为唯一的主体，而将对方和周边国家都视为客体的霸权逻辑"[①]，直到19世纪以来的全球化进程，其进路仍然没有超越西方社会现代性的思维习惯，即把"个体"和"民族国家"作为思考的单位和出发点，将民族主义作为实际上最高的价值，由此逻辑自然衍生出一种蕴含着自我—他者、中心—边缘、民主—专制等的二元对立的认知模式，其中边缘性的他者是作为西方现代性主体形成的参照而存在，因此也是一种基于民族国家立场的他我竞争关系的认知范式，这成为当代西方资本主义国家认知和解读现代世界历史与国际政治的基本法则，尤其是面对最主要的异质性他者：社会主义制度下正在崛起的中国，它也成为"逢华必反"的逻辑起点。例如，美国特朗普政府在2017年的《美国国家安全战略报告》中就明确将中国定义为"战略竞争对手"，自此中美之间的战略竞争叙事开始取代对话接触战略。[②]这在媒体的话语表征方面也能得到相应的证实，即西方媒体"对人类命运共同体在政治与安全领域的建设关注度要远远高于其他方面"[③]，这一报道的侧重点依然没有超出地缘政治对抗的传统安全逻辑框架。这种以对立竞争、非此即彼为内涵的二元划分与对立，从文化观念上与中华传统文化倡导的"和而不同"、"它山之石，可以攻玉"、和合共赢的观念，在思维逻辑上存在根本性的差异。当代中国的国际传播实质上也是一种跨文化传播，从文化交往的角度，和而不同的相交理念，直

---

① 许纪霖.新天下主义与中国的内外秩序[C]//许纪霖,刘擎.新天下主义(知识分子论丛第13辑).上海:上海人民出版社,2015:3-25.
② 樊吉社.新冠疫情下的中美关系:态势与愿景[J].外交评论,2020(4):5-6,49-70.
③ 张励,黎亚洲.国际媒体对人类命运共同体的认知与中国应对之策:以2013年至2018年3月英法语的全球报道为样本[J].国际关系研究,2018(4):21-36.

到现当代依然影响着中国对外交流中和平共处、求同存异的原则。

从历史逻辑的层面,西方中心主义是西方资本主义国家在现代崛起的过程中形成的根本文化信念,这也是两个世纪以来西式全球化所遵循的内在传播逻辑,并由此形成了西方主体性视角的现代历史观、世界观和文明观。在西方中心主义的视角下,对世界的观看方法自然形成的是自我与他者、中心与边缘的二分关系。有研究指出,在"一带一路"深入推进的过程中,文化差异的影响越来越无法回避,"促成'民相亲'、'心相通'的关键就是妥善处理文化差异的问题",也被称为"文化距离"[①]的问题,这里的"文化差异""文化距离"主要就是指中西方的传统文化、国族文化及其现代形态之间的差异,而对这种差异的追根溯源,正是由于双方在各自现代性进程中采取的政治经济文化路径之不同,由此而形成不同的世界文明观及其内含的思维逻辑。也有学者指出,"一般认为,价值观是文化中最核心的要素,价值观念的冲突是导致人类世界变局和多元冲突的原因之一。然而,在人类跨文化传播中,还有比价值观更为根本的冲突,那就是哲学世界观和思维方式(方法论)的冲突,因为在人类的文化系统中,世界观和思维方式是比价值观或价值取向更根本、更深刻的要素。正因此,跨文化传播所要跨域、克服的障碍其实是双重的,它不仅要跨越价值观即价值取向(偏好)上的障碍,还要克服世界观(包括哲学思维方式)上的障碍"[②]。这里所谓更为根本的"世界观和思维方法",所指即是西方中心主义的世界观,和由此衍生出的二元对立的思维方法,它们不仅是比价值观更加深刻的层次,决定着价值观的特定形态和取向,而且这种"二分思维受到近代种族主义、族群主义和国家主义的影响,夷夏之间、他者与我们之间是绝对的敌我关系,毫无通约、融合之余地"[③],因此,当西方主要资本主义强国以这种世界观和思维方法,作为根本性的认知逻辑来解读当代世界的变化之时,尤其是东方的中国在21世纪的崛起,西方不是视之为合作伙伴与共赢的契机,而是固执地视为在社会制度、文化习俗、意识形态等诸方面异于自我的一种竞争对手和威胁来源,这典型地体现在亨廷顿依然有市场影响力的"文明冲突论"这一

---

① 宣长春,林升栋.文化距离视野下的"一带一路"倡议[J].新闻与传播研究,2021(6):24-43.
② 史慧琴,李智.新世界主义视域下"人类命运共同体"理念对外传播的困境和出路[J].对外传播,2018(6):3.
③ 许纪霖.新天下主义与中国的内外秩序[C]//许纪霖,刘擎.新天下主义(知识分子论丛第13辑).上海:上海人民出版社,2015:3-25.

## 全球化语境下西方媒体中的中国形象传播：问题与反思

对抗式话语上，他认为每一种文明都把自己视为世界的中心，文化之间的差异加剧世界的分裂，基督教文明与伊斯兰文明、儒家文明具有不可调和的冲突，西方主导的自由民主文明未来将主要面临来自这两种文明的挑战，甚至来自儒家文明和伊斯兰文明联合的挑战。①在此思维逻辑之下，正如多位学者指出的，"它视中国和其他国家为敌，视中国为共产主义国家，在'自我'与'他者'的语境下将中国界定为'异类'，自然不符合自我的自由民主体系"②，"西方国家无法和政治文化上绝对的'他者'（在意识形态等主导性规范上有着极大分歧）成为同一个合作框架下的伙伴"③，这一逻辑同样会影响西方媒体的新闻报道领域："西方国家的媒体在报道与自己社会制度、历史、文化等诸方面存在较大差异的国家的新闻事件时，常带有文化偏见。"④例如，德国媒体在观察和阐释"人类命运共同体"理念所采用的基本框架，就显示了鲜明的德国利益和西方价值观立场，将其定位为可以与"美国优先"原则抗衡的中国方案，但在肯定该方案的同时，德国媒体又批评其背离西方所谓的"普世价值"，并在体制威胁论框架下对其加以解读，认为中国提出的"人类命运共同体"理念摒弃了西方所谓的"普世价值"，⑤其中隐含的即是西方与东方、美国与中国、自我与他者等一系列二元对立模式。正因为此，在包括国际传播和跨文化传播在内的对外传播研究中，不可不从根本上考量西方在接受中国故事和声音时，西方中心主义这一逻辑起点和认知范式，只要西方对中国的认知深深地固执于"非我族类其心必异"的二分与他者逻辑，那么中国的对外传播就时刻面临着被误读的可能性，无论什么样的中国故事和形象，在西方世界的接受一端，都难以冲破基于此逻辑而形成的话语生成机制和意义体系。

总而言之，就国家话语与形象的自塑而言，应该关注从话语内容到表现方式的致效机制，而就国家话语与形象的他塑而言，则要着重研究他者话语表征的动力机制和权力逻辑。当代中国的对外传播，不论是传播实践还是学术研究，在任何时候都要考虑传受两端及其涵盖的全过程。本文在此主要是探讨后者，也即接收端的编码解码逻辑问题。无论是回顾历史还是立足当代，西方

---

① 塞缪尔·亨廷顿.文明的冲突与世界秩序的重建[M].北京:新华出版社,2010.
② 贾文山,江灏锋,赵立敏.跨文明交流、对话式文明与人类命运共同体的构建[J].中国人民大学学报,2017(5):100-111.
③ 陈雅莉.东盟英文媒体涉"一带一路"报道之舆情与中国国家身份建构[J].广西社会科学,2019(2):78-84.
④ 朱莉."人类命与共同体"理念在印度的传播[J].青年记者,2021(8):120-121.
⑤ 周海霞."人类命运共同体"理念在德国主流媒体上的呈现[J].国际传播,2020(4):10.

话语中的中国叙事及其形象表征,始终是"作为一种知识与想象体系在西方文化语境中生成、传播,以一种话语力量控制相关话题并参与西方现代性实践的问题"[①],只有触及这一深层次的问题实质及其根源所在,才能理性地正视西方现代性进程以来,长期形成的社会文化语境和特定的思维逻辑,也才能从更深的层次去理解西方媒体在解读当代中国崛起时的社会心理和历史动因。因此,也只有从根本上消解"意识形态"这一历史性的原型,及其衍生出的中心主义认知范式,形成一种多元主体之间、多元文化之间平等对话的"间性"逻辑,以代替二元逻辑,才能探讨如何有效地进行中国故事与声音的异域传播,提升在他者社会文化中的影响力、感召力、亲和力、说服力、引导力的问题。

## 三、应对之策:"新世界主义"的现代性启示

在19、20世纪以来西方政治经济文化霸权主导的全球化语境下,由西方中心主义世界观衍生出的自我与他者二元对立的认知范式,看似是一种无法调和的思维逻辑冲突,正如以亨廷顿为代表的一批西方学者,在将世界文明划分为多种类型的同时,过度强调不同文化的纯粹性、异质性以及由此导致的冲突性,而忽略了文化之间的另一种可能性:"有些文化在某些特定的历史时期固然以冲突为主,但是还有一些文化在某一历史时期却可能以融合为主。"[②]任何一种思维逻辑都是历史性的产物,并非先验性地无可替代和改变,如果说代表文化冲突的中心论和二元对立论形成于西方现代性扩张的历史进程,那么若要从根本上消解或代替"意识形态原型"这一特定的思维逻辑,就必得重新回到人类历史中,去寻求另一种代表文化融合的历史经验,从中汲取有益的价值理念及其思维逻辑,探讨它在霸权与多元相博弈的当代国际语境下的适用可能性。

梳理人类的诸多文明历史不难发现,延续几千年的中华文明即是文化融合的一种代表性案例:从先秦的百家争鸣到汉初的独尊儒术,从汉唐佛教传入到宋明本土的儒释道合一,从近现代的西风东渐到当代中国特色社会主义思想,中华文明在不同的历史阶段都在不断接纳和融合新的文化内容,并在持续

---

① 周宁.跨文化形象学:问题与方法的困境[J].厦门大学学报(哲学社会科学版),2012
(5):6-14.
② 贾文山.中华文明转型的独特范式[J].人民论坛,2016(11):34-37.

## 全球化语境下西方媒体中的中国形象传播：问题与反思

转型的过程中焕发新一轮的生命力，其中"外源性创新更加注重吸收外来文化的新鲜血液，这种创新方式自儒释道文化融合开始就成为中华文化的一种主导型创新模式，也是华夏文明转型的一种范式。古代儒、释、道文化融合的文明转型，近代以来马、中、西融合的文明转型，都是通过吸收外来文化，通过外源性创新和内部自我创造的内源性创新结合进行文明的转型"[①]。"周虽旧邦，其命维新"，华夏文明不断更新与时俱进的演进历史，体现了其强大的开放性、包容性、融合性和创新性，也造就了中华文明在世界四大古文明中唯一没有中断且延续至今。中华文明的历史经验证明，在文明冲突之外，融合是文明之间的另一种交往逻辑关系，而面对当代世界前所未有的多元文化，以及空前的交通交流密度和强度，融合给当下和未来国际传播和跨文化传播提供了另一种可能，无疑也是更好的发展方向。

那么文明融合的内里和背后，究竟蕴含着什么样的价值观念，这种价值观念如何能够为我所用、为今所用，这是需要进一步去探究的，而这需要围绕具体的中国传统思想及其历史实践来展开。古代中国曾在世界范围的认知与想象中享有尊崇地位，无论汉朝还是唐代均是气吞山河的大型帝国，其作为文明的中心具有强大的吸引力，一方面以儒家中原文明改造四方"蛮夷"，另一方面又吸纳周边异族异教的文化以丰富华夏文明本身，因此中原文明、华夏文明的发展本身就不是纯粹的，而是在不同时期与外来文化杂糅之后的融合。所谓盛唐气象，不仅是唐朝本身的国力强盛和文化繁荣，而且还包括以唐为中心形成的万国来朝的文化交流格局；中国的传统文化与思想知识，包含彼时的故事与声音，曾经沿着北方的陆地丝绸之路和南方的海上丝绸之路，传至南亚、中亚甚至欧洲，并且形成了一个具有广泛影响力的儒家文化圈。那个时候不仅没有盛唐威胁论，而且还有像日本遣唐使这样主动前来学习的外国人，其根本原因何在？其中蕴含着什么样的思维逻辑和价值观念？这在实质上体现了中华文明传统中一种独特的世界观念："天下主义"或"天下观"。古代中国的文明传统蕴含的是天下主义而非现代性的民族主义，它面对不同的文化遭遇所秉持的是"和而不同""兼容并蓄""求同存异"的观念，对当代多元文化的碰撞与冲突极具启示意义，因此也引起了国内外一批人文学者的关注和讨论。赵汀阳认为"天下观"比西方以民族国家和国家关系为核心的世界观念更具开放性和包容性。[②]刘擎也指出"传统中国的天下理想——坚持'兼容并蓄''和而

---

① 贾文山.中华文明转型的独特范式[J].人民论坛,2016(11):34-37.
② 赵汀阳.天下体系:世界制度哲学导论[M].北京:中国人民大学出版社,2011.

不同'与'求同存异'等卓越的理念,深具文化开放性和包容性的精神"①。许纪霖亦指出,"天下的价值是普适的、人类主义的,而不是特殊的,不是某个具体的民族或国家的。无论是儒家、道家,还是佛教,都是雅思贝尔斯所说的古代世界的轴心文明,就像基督教、古希腊-罗马文明一样,中华文明也是以全人类的普世关怀作为自己的出发点,以人类的价值来自我衡量的","传统的中华帝国背后,乃有一个人类的天下意识,一套超越王朝利益之上的普遍性价值,……之所以有万国来朝的盛况,重要的不是周边国家恐惧帝国的武力征服,而是为其先进的文明与制度所吸引,这种文明的吸引力就是一个国家的软实力"。②正因为古代中国内蕴这种胸怀宽阔的天下理想,才孕育出"惟德动天,无远弗届"的盛唐文明,而秉持"普世关怀"的盛唐文明才能塑造出"修文德以来之"的世界性格局。

与盛唐文明的世界性格局相反又相似的是,自地理大发现以来,现代西方的全球扩张也已有500年的历史,欧美诸国凭借现代化的军事力量,伴随自由贸易和殖民主义,先后崛起为霸权性的国家,对世界各地的政经文化都产生了极大影响,尤其是20世纪二战和冷战之后美国的一家独大,美国的军事基地几乎遍布全球,目前依然在全世界100多个国家有驻军或建有军事基地,各种国际事务或争端都以美国马首是瞻,甚至成为全球政治经济秩序中唯一的法外之国,但为什么没有"美国威胁论"? 反观当代中国在全球的发展谨小慎微,积极参与国际事务,甚至为多个国家提供道义援助,却惹起"中国威胁论"在全球范围内甚嚣尘上。这里给我们提出了一个有待省思的问题,就是如何在自身变得强大的同时,又不表现成对他人的威胁? 或者不会让他人感到是一种威胁? 对此周宁认为,关键还在国家力量强大的"合法性",这是文化软实力的核心意义所在。③以此观之,如果说盛唐文明乃至中华文明圈的合法性在于"多元一体""和而不同"这一具有世界普遍性的融合逻辑,以及"修文德以来之"的柔性思维,那么在现代欧美强国主导形成的世界政治经济霸权格局的背后,就是从基督教到启蒙主体哲学再到民主政治作为现代性的价值支撑,也即以盎格鲁-撒克逊的基督教文明为合法性,它在强制性的"非此即彼"的对抗逻

---

① 刘擎.重建全球想象:从"天下"理想走向新世界主义[J].学术月刊,2015(8):7-17.
② 许纪霖.新天下主义与中国的内外秩序[C]//许纪霖,刘擎.新天下主义(知识分子论丛第13辑).上海:上海人民出版社,2015:3-25.
③ 周宁.跨文化形象学:以中国为方法.《世界的中国形象研究丛书》总序[J].社会科学论坛,2010(3):94-116.

辑中,诸如作为其对立面的异教、客体和专制,不断为其军事、经济、文化的全球扩张提供"正义"的理由。尽管时至今日全球发生前所未有之大变局,这种合法性日渐显露出其虚伪和片面,但直到今天上述西方所谓的"普世价值"依旧是其扩张力量和自我宣传辩护的重要依据。

以上两种历史经验和文明案例表明,在世界秩序中,国家的力量必须获得某种"正义"合法性的支持,以"中华文化走出去"为代表的中国对外传播同样如此。世界的存在和发展是有"道理"的,给人以"产品"的国家,如果不能同时给人以"正义",那么就有可能成为他人眼中的威胁。对于中华帝国时期的盛唐而言,所谓的道理和正义即是那套超越王朝利益之上"多元一体"的思维逻辑,以及"和而不同"的普遍性价值,从总体上包含它们的正是"天下主义"的世界观念。而西式的自由民主曾经被视为具有正义的全球性价值在世界范围内输出,但它在各地引发的地区动荡甚至政权颠覆证明它并非具有水土皆宜的全球合法性,名为自由民主的推广普及,实为基于现代民族主义或国家主义的利益争夺与扩张,而"国家利益至上,永远只能说服'我者'中的利益中人,而无法让'他者'心悦诚服",[①]因此在经历半个世纪的全球繁荣之后,这一松散的互联在21世纪面对各自变化的民族国家利益,由于共同价值的缺失而逐渐显露出全球化的政治与经济危机。那么,在危机与再造并存的当代全球语境下,尤其是在世界高度互联互通已不可逆的情况下,国家力量的生长如果依然局限和固守于民族国家的单一立场,缺乏世界普遍性价值的"正义"支持,势必在他人的想象中成为自我乃至世界秩序的"威胁"。以此推论,在以现代民族国家主义为主导立场和利益规则的国际社会,中国力量的发展在西方以媒体为代表的公共话语中,难免成为一种来自他者的"威胁"。换言之,无论面对世界范围内的敌意还是友谊,都应该清楚其中历史性的来龙去脉,弄清楚产生敌意或友谊的逻辑关节点在哪里。

在上述论述的基础上,回到中国的对外传播,习近平总书记强调"要更好推动中华文化走出去,以文载道、以文传声、以文化人,向世界阐释推介更多具有中国特色、体现中国精神、蕴藏中国智慧的优秀文化","要广泛宣介中国主张、中国智慧、中国方案"。[②]从学术角度,现行全球化的危机表明,既然西方以

---

① 许纪霖.新天下主义与中国的内外秩序[C]//许纪霖,刘擎.新天下主义(知识分子论丛第13辑).上海:上海人民出版社,2015:3-25.
② 习近平主持中共中央政治局第三十次集体学习并讲话[EB/OL].[2021-09-20]. http://www.gov.cn/xinwen/2021-06/01/content_5614684.htm.

自由民主为名推行的"霸道"不足以成为世界通行的逻辑性价值，那么中国主张、智慧与方案等这些中国文化在走向国际社会时的"正义"和"价值"是什么，它们被世界接受的正当性和合法性是什么，尤其是它们除了体现中国的特色、精神与智慧之外，如何还能够以一种世界性的逻辑、普遍性的价值惠及其他民族和文化的发展？也即黑格尔所谓的"世界精神"是什么。唯有把这个问题阐述和传播清楚，其他国家在面对"中国文化走出去"时才能够乐于接受、心悦诚服、真心认同，而不是产生误读和抵触的心理。就此而论，上述中国传统文明中蕴含的"天下主义"世界观念，以融合而非对立的逻辑思维，为当代中国文化走出去，参与推动新型全球化的塑造提供了或可借鉴的思路，并且在某种意义上打破了现代全球史就是发达资本主义国家的历史，尤其是欧美中心主义的历史范式。

"多元性与同一性之间所存在的内在紧张，是当代世界多民族国家所面临的普遍困境。"①同理，在更广泛的全球范围内同样存在这一问题，即民族国家及其文化的多元性与它们日益互联影响的一体性之间，也即本土化与全球化之间的张力。包括中国在内的世界各地在19世纪和20世纪被卷入的全球化，实际上是由西方现代资本主义列国主导的一种"民族国家体系的世界秩序"，因此必须遵循民族国家相关的规则。然而，每个民族实际上都各自存在着特定但又视之为普遍主义的观念，这些观念是对既有世界应然或实然的一种表述，西方诸国在资本主义崛起的现代历史中形成的中心主义观念也是如此。但正如刘擎指出的，"在文化遭遇普遍化的时代，'表述'在根本上不是独白而是对话。在原则上，世界秩序的基础性规范来自一种'对话取向的普遍性'，但对话的意义不止于'相互理解'且在理解之后仍然各持己见，而是更积极地引导相互影响和转变的可能"②。鉴于天下主义在古代中国历史中的内涵与实践，天下主义的理念价值是普遍性的而非特殊性的，不是某一特定民族或国家立场而是全人类视野的，正如许倬云先生所言，在中国传统文化观念中，"没有绝对的'他者'，只有相对的'我者'"。③因此它一方面能够以开放的态度和"承认的政治"尊重多元异质文化的自主与平等存在，另一方面又能以

---

① 许纪霖.新天下主义与中国的内外秩序[C]//许纪霖,刘擎.新天下主义(知识分子论丛第13辑).上海:上海人民出版社,2015:3-25.
② 刘擎.重建全球想象:从"天下"理想走向新世界主义[J].学术月刊,2015(8):7-17.
③ 许倬云.我者与他者:中国历史上的内外分布[M].北京:生活·读书·新知三联书店,2010:20.

包容的立场接纳各种文化的影响而融通自身。如果能够在现代性的多元文化脉络中,扬弃传统天下主义观念"华夏中心主义"和"华夷等级化"的历史局限,将其转换成一种"新世界主义",①那么在观念意义上,新世界主义思想就体现了一种开放、和平、包容他者、兼容并蓄的理想,并且在实践意义上,它也不同于西式全球化的逻辑过程,后者是从核心强势的民族国家扩向全球各地,从中心辐射边缘,从单一文化的特殊性上升为同质的普遍性,"新世界主义"的取向则是"通过我者与他者相互承认、尊重差异又积极寻求对话与共识的'承认他者的普遍性'"②,因此它不是以民族国家至上的逻辑思维处理国际事务和利益冲突,新世界主义面对多元的民族国家与文化,既不追求某种特殊文化的主导地位,也不忽略诸种文化的特殊价值,而是告别强势文明中心论,终结霸权轮替的历史,安置多元文化之间的平等对话互动,从中寻求和建构共同分享的普遍性原则,也即以重叠的价值共识为基础,最终形成多元一体的全球文明秩序格局。

总之,在全球高度互联已成事实的情况下,当中国的对外传播致力于提高国际传播影响力、中华文化感召力、中国形象亲和力、中国话语说服力、国际舆论引导力,一方面要着眼于传播主体,考虑如何通过建构具有鲜明特色的战略传播体系,打造具有国际影响力的媒体集群,在内容和方式上讲好中国故事,而在另一方面,在战略的高度不妨尝试倡导和探索以"新世界主义"的普遍性观念,而非以传统的我他二分的民族国家立场,作为其全球范围内传播的根基底色,在融合性逻辑和多元性价值这一深层次上,有助于逐步消解西方在现代性自我建构的历史进程中形成的"意识形态原型"及其西方中心主义的二元对立逻辑,进而才会有助于消弭上述西方媒体话语中有意无意对中国故事声音采取的误读心理与对抗框架。在具体的传播实践中,从传播主体的视角,可以从以下几个方面去改善中国对外传播现存的问题。

首先,以传播的"仪式观"而非"传递观"作为对外传播的根本观念,前者是多元共享的逻辑,代替后者单向线性的自我中心逻辑,以此内涵于中国的故事讲述与声音传播中,以开放式、复调化、共享式、对话性话语,代替传统外宣的独白式话语,营造一个具有公共性、对话性的多元协商传播空间,这是在全球化时代亟需作出的传播观念的变革。

---

① 刘擎.重建全球想象:从"天下"理想走向新世界主义[J].学术月刊,2015(8):7-17.
② 钱永祥.主体如何面对他者:普遍主义的三种类型[C]//钱永祥.普遍与特殊的辩证:政治思想的发掘.台北:"中研院"人文社会科学研究中心,2012:30-32.

其次,寻求中国故事与声音、中国概念与表述与西方社会历史文化的共同点、交集点、关系点,以此避免西方媒体词汇体系中"他—我"的二元意义构建。例如,"人类命运共同体"的"共同体"一词,最早正是由德国学者费迪南·滕尼斯(Ferdinand Tonnies)在其《共同体与社会》(1887)一书中提出的重要思想,包括血缘共同体、地缘共同体和宗教共同体等基本形式,在思想观念上有着西方的历史根源与文化基础。德国总理默克尔在欧盟演讲等多个场合也使用过"命运共同体"一词,此外在德国社会诸领域也存在着经济命运共同体、能源政策命运共同体等提法。因此,在讲好中国故事、传播中国声音的时候,需要尤其注重目标国的历史文化语境问题,充分发掘能够与目的国话语产生契合共鸣的内容与形式。

在对外传播中,作为传播内容和载体的一套特定的符号资源,通常是利用这套符号系统本身的意义图式来达至目标国,但这套特定的符号系统在跨文化的另一种异域语境下,有可能产生不同于源域编码的解码,从而产生意义的偏离甚至扭曲。此时,"当面向一个符号系统的解释过程出现困境时,一种常见的思维方式就是征用另一种具有普遍认知基础的符号系统,从而沿着后者的意义系统来接近并把握前者的意义系统"[①]。以中美外交史上一次划时代的事件为例:1979 年 1 月,时任中国国务院副总理的邓小平应时任美国总统卡特的邀请,赴美进行正式访问,这既是社会主义新中国成立后国家领导人的首次访美,也是大洋两岸两个大国在敌对隔绝 30 年之后的破冰之旅。其中在 2 月 2 日邓小平访问得克萨斯州休斯敦,在附近的西蒙顿小镇观看牛仔马术表演中,一位女骑士骑马飞奔到邓小平身边,并把自己的宽边牛仔帽递给了他,邓小平欣然接过并戴上牛仔帽,随后频频挥动向人群致意。这一入乡随俗的举动顿时引起全场掌声雷动。当时在场的美国记者欧威尔·谢尔(Orville Schell)报道说:"他用这个简单的动作,不仅结束了中美两国 30 年的怨恨,也给了他的人民某种许可,让他们和他一起接纳美国的生活和文化……消除中国对西方根深蒂固的抵制。"[②]美国哈佛大学汉学家傅高义(Ezra F.Vogel)对此也评论说:在全美国,邓小平一脸笑容、戴着牛仔帽的照片,成立他访美的象征。它给美国公众传递的信息是:邓小平不但很幽默,而且不太像"那些共产

---

① George Lakoff,Mark Johnsen.Metaphors we live by[M].Chicago,IL.:The University of Chicago Press,1980:5-6.
② Schell.China encounters the west[M].Pantheon,2011:124.

党",而是更像"我们"。①这一中美外交史上的重大事件,也是一次经典的国际传播和跨文化传播的案例,邓小平用一种在美国人看来"更像'我们'"的方式,一种入乡随俗、他者为用的方式,来化解两国在政治制度和文化心理上的截然对立,从中国传统宣传单向的"劝服型"转向"认同型",从情感传播的层面取得肯尼斯·伯克所谓修辞"认同"的传播效果。这一案例对当代中国的国际传播依然具有经验性的价值,尤其是在全球化这一话语语境下讲好中国故事时,从叙事内容的维度,一方面是在讲"我"的故事,另一方面更是要讲"我和你"的故事,即通过恰当的修辞性叙事,聚焦"基于关系表达的传播内容",或曰"关系型内容",②从而在传者与受者之间建立起一种关系型,唯有如此,作为传播内容的接受者才有可能基于关系认同、情感共振而达到入耳、入脑、入心的传播效果。习近平总书记对加强和改进对外宣传工作提出的具体要求之一,就是要"着力打造融通中外的新概念新范畴新表述",这里的融通中外正是以某种普遍性而形成的关系型内容叙事,也就是将中国"与传播对象国进行相应的情境关联,为世界提供'我在世界之中'的中国阐释,以体现中国方案在全球风险背景下的道义感召力和影响力"③,这也正如华人传播学者李金铨在谈到国际传播时,借鉴中国元代管道升写给赵孟頫的一阙《我侬词》为例说明,"国际传播的'国际化',就像泥土重塑,需要'我'的形象,也需要'你'的形象,最终我能进入你的,你能进入我的。用太极的智慧语言表述,阳是阳,阴是阴,但阳中有阴,阴中有阳"④。

再次,以文化性、个体性的中国故事与声音,弱化西方媒体词汇体系偏向政治性、意识形态化的意义解读。以李子柒为代表的中国文化的海外传播就是一个成功的案例,以文化吸引代替政治宣传,以个人的风格化叙事策略代替集体主义的表演战术,这样才符合西方主流文化的认知和接受习惯。这也证明,在依靠官宣渠道的同时,更重要的是充分扩充民间传播渠道,调动社会民众的话语积极性。另外,不仅要展示国家层面的科技硬实力和文化软实力,更重要的是走群众路线,在民间个体层面呈现普通人的日常生活,"通过不同层

---

① 傅高义.邓小平时代[M].北京:生活·读书·新知三联书店,2013.
② 喻国明,张珂嘉.论作为关系表达的传播内容范式[J].武汉大学学报:哲学社会科学版,2020(4):66-73.
③ 李畅,万婷.人类命运共同体思想对外传播的视像化建构理路研究[J].新闻界,2019(8):90-96.
④ 李金铨.在地经验,全球视野:国际传播研究的文化性[J].开放时代,2014(2):10,135-152.

面的'和声'和'共振',形成'复调传播'的多元格局"①。

最后,以视觉化的具象传播,化解西方媒体词汇体系的抽象性表达。美国好莱坞电影的全球化传播就是一个典型的范例,很少观众在观看好莱坞电影的时候,会抵制其中所包含的美国中心主义和个人英雄主义观念,不仅不会,甚至还会与之产生共鸣。"随风潜入夜,润物细无声"是高级的叙事策略,它符合人对故事性的好奇和情感共鸣的心理。中国故事与好莱坞电影一样,是现场具体的、鲜活可感的,基于东西方共通的、基本的人性与情感,能够从具象故事的视觉传播中,通过移情通感等的情感传播,产生理解和认同,有益于化解媒体词汇的抽象内涵。

综上,在"新世界主义"这一普遍性观念下,各种传播之策的终极目的在于,在中国的对外传播中,要能提供中国崛起的"合法性",要能提供中国强大的"道理",这种道理即是"中国故事""中国声音"中蕴含的具有普遍性、全球性的逻辑内涵,而非自我独美,唯其如此,他者才能够诚心认同于我,这是中国文化软实力的核心意义所在。

# 结 语

新冠疫情后,世界的政治经济秩序发生新的变局,全球化的理想与现实均遭受巨大的冲击,传统霸权制造的分裂对立、意识形态划分的"他性政治"成为国际主流的舆论方向,疫情中西方社会不断向外转化内部难解的结构性矛盾,不断利用"中国威胁论"制造负面议题,正如有学者指出,在"人类命运共同体"思想对外传播实际中,面对西方国家的话语霸权,我们还缺乏创新性的应对策略,②这些都阻碍着构建人类命运共同体的全球治理体系,对讲好中国故事的中国对外传播也提出了空前挑战。

跨文化交流学的"珍珠"理论认为,价值观、思维方式和信仰三个要素,不仅是文化的隐性成分、文化的基因,而且是影响跨文化交流效果的核心要

---

① 史安斌,盛阳."一带一路"背景下我国对外传播的创新路径[J].新闻与写作,2017(8):12-15.
② 陈华明,李畅.展示政治视域下"人类命运共同体思想"对外传播研究[J].四川大学学报(哲学社会科学版),2018(6):136-142.

素。①因此,若要化解中西方在历史与当下的传播交流中存在的对抗性逻辑,一方面需要从现代传播的理论与现实思考中去寻求突破创新,另一方面也应回溯至中国传统和中华文明中,去寻求具有世界性眼光与胸怀的治世之道,以此作为当代对外传播和中西国际交流的根本性价值支撑。从历史到当代,中华文明的一个重要意义和启示就在于,它为当代新型全球化和新世界主义秩序的塑造,为全球传播,也即世界各国文化之间的平等交流、包容沟通、和谐共生提供了一种实践范式:"文化之间应相互尊重、平等、开放和全方位深度互动、互学和互鉴,在保持和丰富主体性的同时,还要具有杂糅的特质和更丰富的主体间性","不同民族之间应该坚持差异基础上的对话,寻求文化之间的契合性和互补性,调和传统与现代,取缔中心与边缘,融合自我与他者,形成一个全球跨文明的'沟通共同体'"。②

---

① 关世杰.中华文化国际影响力调查研究[M].北京:北京大学出版社,2016:58-59.
② 贾文山.中华文明转型的独特范式[J].人民论坛,2016(11):34-37.

# 中国国家形象的自塑与他塑：
# 基于《中国日报》与《纽约时报》
# 中美贸易摩擦报道研究

◎ 倪　洋　史冬冬

## 引　言

  2017年初，特朗普就任美国总统，开始在经贸问题上采取贸易保护主义，对中国实施了诸多贸易调查和制裁。在美国的不断挑衅下，中美贸易摩擦不断加剧，并于2018年上升为相互制裁的贸易冲突。可以说，这场中美贸易摩擦是中美自1979年建交以来，两国间规模最大的一次贸易争端，其影响甚至延伸到贸易之外的其他经济领域，以至于影响到中美乃至世界各国的政治、战略等多个方面。从2017年至2019年，中美两国反反复复进行的多次贸易争端与多轮对话磋商，受到了中美两国乃至世界新闻报道的重点关注。

  就其本质而言，这场中美贸易摩擦的发生是美国政府对中国崛起的一种焦虑。[①] 2017年与2018年美国发布的《锐实力：不断上升的威权主义影响力》与《国家安全战略报告》，更是突出强调中国综合实力发展对美国的威胁。在世界范围内，以孔子学院、"一带一路"倡议以及亚洲基础设施投资银行等为代表的中国"产品"正在不断改变着以往由西方制定的游戏规则，人类命运共同体的理念深入人心。在中国国内，中国特色社会主义进入新时代，以习近平同志为核心的党中央坚定不移地推进全面深化改革，扩大对外开放，中国政治、经济、文化、生态等各个方面获得长足发展，成为世界上最大的商品贸易国和

---

① 沈伟."修昔底德"逻辑和规则遏制与反遏制：中美贸易摩擦背后的深层次动因[J].人民论坛・学术前沿,2019(01):41.

第二大经济体。中国硬实力与软实力的增强,对以美国为首的西方国家提出很大挑战。

作为国家综合国力的重要组成部分,自塑与他塑的中国国家形象已经成为中美贸易摩擦背景下关乎国家利益的重要内容,直接影响到中国今后在国际交往中的成本,影响着中国在国际社会的生存与发展。但是在新闻传播学领域,该事件背后的中国国家形象问题尚未得到充分系统的研究,少有从自塑与他塑的比较入手考察中美新闻媒体对该问题的认知。《中国日报》和《纽约时报》作为中美两国各自对外传播的重要媒体,承担着输出信息与舆论建构的重要功能,因此是了解中美贸易摩擦背后的中国国家形象认知的重要窗口,研究两报在中美贸易摩擦背景下分别自塑与他塑的中国国家形象,在国家形象的传播学研究中具有一定的时代价值与历史意义。

# 一、相关研究综述

## (一)国家形象内涵:国际社会对一国实力认知的象征符号

在国外,国家形象被认为是人们对国家的主观感知,作为一种社会想象物,是一种反映外界现实的、被赋予抽象意义的符号。最早提出国家形象概念的肯尼斯·博尔丁(K.E.Boulding),认为国家形象是一种心理认知过程。[1]而后,国家形象与"信念体系"联系起来。其中,霍尔斯蒂认为它是"信念体系的组成部分",[2]拉什认为它是一国决策者对其他国家的"信念体系"。[3]这种信念体系的观点,更被具体为一种被构造出来、用以代替"真实"的象征符号。[4]随着全球化进程的不断深入,国家形象被提升至文化战略的高度,成为一种国家

---

[1] Boulding K.E. National images and international systems[J]. Journal of Conflict Resolution,1959,3(2):120-131.

[2] Holsti O.R. The belief system and national images: A case study[J]. Journal of Conflict Resolution,1962,6(3):244-252.

[3] Rusi A. Image research and image politics in international relations: transformation of power politics in the television age[J]. Cooperation and Conflict,1988,23(1):29-42.

[4] Sinha Roy I. Worlds apart: nation-branding on the National Geographic Channel[J]. Media, Culture & Society,2007,29(4):569-592.

软实力。[1]

在国内,国家形象的概念在反映论基础上,逐渐开始关注反映和评估的内在实质内容——国家实力。[2]管文虎指出国家形象是"外部公众和内部公众对国家本身、国家行为、国家的各项活动及其成果所给予的总的评价和认定"。[3]孙有中认为它"是一国内部公众和外部公众对该国政治、经济、社会、文化与地理方面状况的认识与评价"。[4]刘康认为,其是国家文化软实力、社会价值观、历史传承、意识形态的综合反映,是国家在政治、经济、社会、文化各方面的整体呈现。[5]

国家形象是基于国际交往语境得以形成与发展的。李寿源认为,国家形象是"一个主权国家和民族在世界舞台上所展示的形状相貌及国际环境中的舆论反映";[6]杨伟芬也认为它是"国际社会公众对一国相对稳定的总体评价"。[7]此外,从目前国家形象研究路径看,同样强调国际语境下的中外比较。董军认为,国家形象的研究路径分为"比较文学形象学""跨文化形象学""信念体系和形象政治研究"三种。[8]可见,国家形象研究离不开国际化的对话关系,需要置于国际社会中进行双向比较。

总的来说,国家形象是国际社会对一国实力认知的象征符号,是国际认知主体对  国政治、经济、文化、社会、生态等多个方面的主观认识与评价。

## (二)新闻报道与国家形象

国家形象作为认知主体对国家的主观印象,虽然取决于一国的客观实力和真实表现,但是由于主观认知的局限性,人必须借助一定的媒介才能看清一国的全貌。也就是说,人对客观世界的认知是通过媒介对现实世界的建构而

---

[1] Nye J.S.Soft power[J].Foreign Policy,1990(80):153-171.
[2] 党东耀,刘祥平.实力、话语和表征:中国"国家形象"传播研究的演进与愿景[J].当代传播,2011(5):28-30.
[3] 管文虎.国家形象论[M].成都:电子科技大学出版社,2000.
[4] 孙有中.国家形象的内涵及其功能[J].国际论坛,2002(3):14-21.
[5] 刘康.全球传媒与中国国家形象[J].新闻与传播研究,2009,16(6):7-10.
[6] 李寿源.国际关系与中国外交 大众传播的独特风景线[M].北京:北京广播学院出版社,1999.
[7] 杨伟芬.渗透与互动:广播电视与国际关系[M].北京:北京广播学院出版社,2000.
[8] 董军.国家形象研究的学术谱系与中国路径[J].新闻与传播评论,2018,71(6):105-120.

# 中国国家形象的自塑与他塑：
## 基于《中国日报》与《纽约时报》中美贸易摩擦报道研究

成的"符号现实"来间接得到的。①这也就决定了国家形象会被媒介这一认知途径所塑造。因此，国家形象又被认为是"一个国家在政治、经济、军事、外交等方面积极或消极的媒介表征"，②或者说是"一个主权国家系统运动过程中发出的信息被公众映像后在特定条件下通过特定媒介的输出"，③体现为国际社会对某一事件阐释或解码后所表现出的观点与看法。④具体来说，这些媒介包括：一国政府的活动（例如：外交活动、国际会议等），民间的国际交流活动（例如：高校之间的交流、企业论坛等），以及大众媒体的传播（例如：文学艺术作品、纪录片、电影、新闻报道等）等。

其中，新闻报道作为大众媒体的重要组成部分，由于其广泛性、权威性、相对的客观性及影响力，成为国际信息流通的主要渠道，国际之间了解彼此的主要平台。⑤徐小鸽就曾对国际新闻报道下的国家形象进行过专门研究，认为国家形象是一国在国际新闻报道中所呈现的形象。⑥郭可也曾强调了新闻报道在国家形象塑造中的重要性，认为一国国家形象很大程度上是国际性媒体通过报道国际信息塑造而成的。⑦张宁也认为，一国形象在很大程度上取决于新闻报道所构造的"镜像"。⑧因此，国家形象具体表现为新闻报道意义表达的符号，是塑造国家形象的主要工具。

由于国家间各自的利益需求、意识形态、所处的客观环境以及国际关系等因素，⑨当国家间的国际关系存在矛盾时，新闻报道不可避免地会按照本国的文化土壤和国家利益对国际新闻进行"本土化"。⑩因此，同一国家行为会在不

---

① 沃尔特·李普曼.舆论学[M].北京：华夏出版社，1989.
② Xiufang Li（Leah），Naren Chitty. Reframing national image：a methodological framework[J].Conflict & Communication，2009，8(2)：1-11.
③ 张毓强.国家形象刍议[J].现代传播，2002(2)：27-31.
④ 朱振明.拉美报纸媒体中的"钓鱼岛"：谈中国的形象[J].国际新闻界，2014，36(9)：92-107.
⑤ 刘肖.国际舆论研究中的关键概念辨析[J].当代传播，2010(1)：39-41.
⑥ 徐小鸽.国际新闻传播中的国家形象问题[J].新闻与传播研究，1996(2)：35-45.
⑦ 郭可.当代对外传播[M].上海：复旦大学出版社，2003.
⑧ Zhang N.Mirror country：a study of the national image elements in foreign media reports—case of New York Times and The Times' Report about the 2008 Olympic[J]. China Media Report Overseas，2011，7(4).
⑨ 匡文波，任天浩.国家形象分析的理论模型研究：基于文化、利益、媒体三重透镜偏曲下的影像投射[J].国际新闻界，2013，35(2)：92-101.
⑩ 詹姆斯·库兰，米切尔·古尔维奇.大众媒介与社会[M].北京：华夏出版社，2006.

同的新闻媒体报道下被塑造为不同的国家形象。

　　这种不同新闻报道对国家形象的塑造可以分为自我塑造与他者塑造，也即"自塑"与"他塑"。所谓"自塑"就是一国在国际新闻报道中对自己国家形象的塑造，至于"他塑"则是指其他国家在国际新闻报道中对他国国家形象的塑造。①其中，"自塑"的国家形象是这个国家主观追求的形象，而"他塑"的国家形象则是被他国塑造并认可的形象。②在理想状态下，"自塑"与"他塑"的国家形象是能够尽量趋于一致的。但是，由于文化差异与意识形态偏见等原因，"他塑"与"自塑"之间往往容易出现矛盾。因此，国家形象的建构实际上是"自塑"与"他塑"相博弈的结果。③此外，多数学者认为"他塑"的国家形象对一国的影响更为重要。这主要是因为国家形象在很大程度上是相对于外部环境和外国人而言的，主要靠外界的"他者"评价与认知来完成建构的。④

　　总而言之，国家形象是一种新闻报道意义表达的符号，可以被新闻报道所塑造与呈现，但由于不同国家语境下意义表达不同，存在"自塑"与"他塑"两种塑造方式。

### （三）新闻报道下的中国国家形象研究

　　具体到新闻报道下的中国这一国家主体的形象研究，相关研究十分丰富。整体来看，主要是以个案研究为主，以某一重大国际性事件为切入点，以内容分析为方法，框架理论为基础，多从他国新闻报道的"他塑"国家形象研究着手，少有中国自己新闻报道"自塑"的国家形象研究，普遍缺乏新闻报道下国家形象"他塑"与"自塑"之间差距的研究。此外，在"中国"这一国家主体之下，国外对其的研究相对较少，而国内居多。

　　在国外，研究以欧美等主流国际新闻报道塑造的中国国家形象为重点，并强调欧美新闻报道的强势话语权及对中国国际形象的负面塑造。例如，有学者在分析美国四大日报中有关中国的报道后，发现美国新闻报道中的中国形象在正面与负面中徘徊，并在总体上呈现负面形象。⑤拉美学者发现拉美主流

---

① 刘小燕.关于传媒塑造国家形象的思考[J].国际新闻界，2002(2):61-66.
② 李正国.国家形象建构[M].北京:中国传媒大学出版社，2006.
③ 李群山.中国国家形象塑造的困境及其应对之策[J].吉首大学学报(社会科学版)，2018,39(4):92-98.
④ 赵雪波.关于国家形象等概念的理解[J].现代传播:中国传媒大学学报，2006(5):63-65.
⑤ Liss A.Images of China in the American print media:a survey from 2000 to 2002[J].Journal of Contemporary China，2003,12(35):299-318.

纸质新闻媒体在即使与中国有外交关系的情况下,仍然主要采用来自美国或欧洲的新闻来源,塑造了总体与欧美一致的中国形象。①

在我国,研究同样重点关注欧美等主流国际新闻报道"他塑"的中国形象。较为著名的有刘继南等人的《镜像中国:世界主流媒体中的中国形象》。该书对美、英、意等八份西方主流新闻媒体中涉华报道进行分析,最终勾勒出西方主流新闻媒体中复杂且消极的中国形象。②此外,中国以及亚非拉等非西方国家新闻报道"自塑"与"他塑"的中国形象逐渐被学者所关注。不同于欧美新闻报道塑造的消极的中国形象,亚非拉等非西方国家新闻报道塑造的中国形象更为积极。例如顾洁、赵晨历时性分析的"一带一路"沿线非英语国家主要新闻媒体报道的中国国家形象。③至于对比研究,也主要集中于"他塑"之间的中国形象比较或者"自塑"之间的中国形象比较,鲜有涉及"自塑"与"他塑"之间的中国形象比较。

### (四)中美贸易摩擦的研究现状

中美贸易摩擦并非首次发生。所谓贸易摩擦,就是"有经贸关系的国家之间围绕国际贸易问题,在贸易、投资、汇率、货币、经济政策和经济制度等各领域内产生的矛盾和纠纷,其本质是一场经济战争,目的是维护本国政治、经济和军事利益"④。自1979年中美建交后,随着两国之间贸易的发展,两国就已多次产生过贸易摩擦。现今,中国的各方面实力在迅速提升,与超级大国美国的差距正在逐渐缩小,这严重刺痛了美国霸权主义的神经。可以说,这场中美贸易摩擦是中美建交以来两国间规模最大的一次贸易争端,其影响不仅包括中美两国,而且波及世界各国的经济贸易等领域。该事件也成为中外媒体关注的重要议题,进入中美新闻报道的议程设置,引发持续的舆论。

然而,新闻传播学视角下有关当前中美贸易摩擦的研究却寥寥无几。根据当前中美贸易摩擦发展的时间线检索2017年至2019年的文献发现,目前相关研究主要可分为三类:一是研究新闻媒体对中美贸易摩擦事件的传播策

---

① Ospina Estupinan J.D. The coverage of China in the Latin American press: media framing study[J]. Cogent Arts & Humanities, 2017, 4(1): 1287319.
② 刘继南,等.镜像中国:世界主流媒体中的中国形象[M].北京:中国传媒大学出版社,2006.
③ 顾洁,赵晨.非英语国家主流媒体中的中国形象研究[J].现代传播:中国传媒大学学报,2018,40(11):25-31.
④ 卢令成.中美贸易摩擦的原因及对策研究[D].长春:吉林财经大学,2017.

略。例如高寅菲对美国报纸《纽约时报》和《华尔街日报》中美贸易摩擦报道的研究;①杭敏、李唯嘉等人对央媒在外国社交媒体上的报道策略分析。②二是研究中美贸易摩擦事件下的舆情。例如付同乐对日本新闻媒体中的中美贸易摩擦的舆情研究;③黄立佳利用网络舆情信息传播模型对中美贸易摩擦的舆情演进分析。④三是中美贸易摩擦事件下的形象研究。如刘向宇以《环球日报》相关报道中的战争隐喻考察形象背后的权利关系;⑤谢迎姿对贸易摩擦事件背后特朗普媒介形象的研究。⑥

## 二、本研究问题的提出

国家形象源于国家硬实力,是一个国家软实力的重要体现,是一个国家最为重要的无形资产。对于国家形象来说,存在"自塑"与"他塑"的两种形象。萨义德的东方主义理论提到,"西方"出于控制"东方"的目的,想象并建构出来一个并非对客观现实真实反映的"东方"身份。⑦因此,对于日益卷入全球化的中国来说,了解中国"自塑"的中国国家形象与西方"他塑"的中国国家形象之间的差距,是比国家形象好坏更重要的问题。⑧

新闻报道作为研究国家形象的重要切入角度,为研究中国国家形象提供了一片论域。特别是在国际传播中,由于地理距离、语言与文化等限制,绝大

---

① 高寅菲.《纽约时报》和《华尔街日报》关于"中美贸易战"的新闻报道研究[D].北京:中央民族大学,2019.
② 杭敏,李唯嘉.经济议题海外社交媒体传播策略研究:以 Twitter 平台三大央媒"中美贸易摩擦"报道为例[J].全球传媒学刊,2018,5(4):149-164.
③ 付同乐."中美贸易战"在日舆情研究[D].北京:中央民族大学,2019.
④ 黄立佳.突发事件网络舆情信息传播及策略研究:以腾讯微博"中美贸易战"阶段性舆情为例[J].青年记者,2018(29):15-16.
⑤ 刘向宇.看不见硝烟的战争[D].杭州:浙江大学,2019.
⑥ 谢迎姿.《经济日报》与《华尔街日报》中特朗普媒介形象研究[D].长沙:湖南师范大学,2019.
⑦ 爱德华·W.萨义德.东方学[M].北京:生活·读书·新知三联书店,2007.
⑧ 乔舒亚·库珀·雷默,等.中国形象:外国学者眼里的中国[M].北京:社会科学文献出版社,2008.

多数外国受众是通过新闻报道的呈现来了解中国的。①因此,中外新闻报道的集中表述在一定程度上可以勾勒并建构中国国家形象。但是,就目前的有关研究来看,新闻报道下的中国国家形象研究主要以海外主流新闻媒体"他塑"的中国国家形象为主,对于中国新闻媒体"自塑"的中国国家形象涉及较少,鲜有涉及"自塑"与"他塑"之间的中国国家形象比较的。同时,在选题上,研究多以个案研究和短期研究为主,多为共时性研究,对于历时性研究涉及较少。

中美贸易摩擦事件作为一个典型的案例,是中美各自的利益需求、意识形态以及外交手段的集中体现,它不仅关乎中美关系,而且关乎世界对中国的认知。②因此,中美贸易摩擦对于中美乃至世界其他新闻媒体来说都是一件极具典型性的历史事件,而且对于中国未来在国际社会中获得理解具有重要意义。然而,在新闻传播学领域,当前发生的中美贸易摩擦事件却一直没有得到足够的重视。虽然已逐渐出现对该事件报道特点、报道框架的总体性分析,但是对于其背后隐藏的国际利益竞争关系还缺乏深入认识,少有从国家形象角度来讨论其对于国家未来发展意义的。

因此,基于国家形象、新闻报道、中美贸易摩擦这三个维度,形成了本文的问题意识,那就是中美新闻媒体在中美贸易摩擦报道中"自塑"或"他塑"了怎样的中国国家形象?本文将研究问题具体细化为《中国日报》与《纽约时报》在中美贸易摩擦报道中分别"自塑"和"他塑"了怎样的中国国家形象?并推导出以下几个子问题:

第一,《中国日报》与《纽约时报》在中美贸易摩擦报道中分别呈现了怎样的"自塑"和"他塑"的中国国家形象?

第二,《中国日报》与《纽约时报》在中美贸易摩擦报道中"自塑"和"他塑"的中国国家形象是如何被建构的?

第三,《中国日报》与《纽约时报》在中美贸易摩擦报道中分别"自塑"和"他塑"的中国国家形象之间是否存在差异?

第四,《中国日报》与《纽约时报》在中美贸易摩擦报道中分别"自塑"和"他塑"的中国国家形象对于今后的中国形象传播有什么启示?

---

① Carragee K.M."News and Ideology":an analysis of coverage of the West German Green Party by the New York Times[J].Journalism and Communication Monographs,1991,128.

② 王勇.国内结构变革与中美关系的未来走向[J].现代国际关系,2018(6):7.

# 三、理论基础与研究设计

## (一)新闻框架

框架是人们认识和解释外在客观世界的一种认知结构,它能够帮助人们快速定位、感知、确定和命名复杂的具体事实。[1]它帮助人们按照一定原则开展事务,让一系列特定的符号具有特定的思想意义,为人们提供全面的思考基础。[2]简而言之,框架可以呈现并建构某种具有特定意义的社会现实。

新闻报道是对社会现实的带有意识形态倾向的再现,[3]框架为我们提供了一个研究这个"再现"过程的模型。这种具体应用到新闻报道领域的框架,称为新闻框架。塔奇曼(Tuchman)认为,新闻框架是新闻媒体或新闻工作者处理信息时所依赖的认知结构,使他们可以在常规新闻工作中快速有效地处理繁杂的信息。[4]吉特林(Gitlin)、[5]恩特曼(Entman)[6]等人则从新闻话语生产角度更具体地指出,新闻框架通过"框限""选择""重组"的方式建构社会现实。

如此看来,新闻框架具有的静态与动态双重属性,既是人们认识世界所形成的那个框架,也是人们建构外部世界框架的动态过程。[7]不仅如此,受众对于新闻框架的接受与处理也有其一套相对固定的认知框架,并会反过来影响

---

[1] Goffman E.Frame analysis:an essay on the organization of experience[M].Harvard University Press,1974.

[2] Gamson W.A,Croteau D,Sasson H.T.Media images and the social construction of reality[J].Annual Review of Sociology,1992(18):373-393.

[3] R.Fowler.Language in the news[M].London:Routledge,1991.

[4] G.Tuchman.Making news:a study in the construction of reality[M].New York:Free Press,1978.

[5] T.Gitlin.The whole world is watching:mass media in the making and (un) making of the New Left[M].Berkeley:University of California Press,1980.

[6] R.M.Entman.Framing:toward clarification of a fractured paradigm[J].Journal of Communication,1993,43(4):51-58.

[7] 臧国仁.新闻媒体与消息来源:媒介框架与真实建构之论述[M].台北:三民书局股份有限公司,1999.

新闻框架。换句话说,新闻框架源于人们过去的经验以及社会文化意识。①因此,新闻框架研究可以分为三大领域,即"从内容研究的角度来考察新闻框架是什么的媒体内容研究,从新闻生产的角度来研究新闻框架如何被建构的新闻生产研究,以及从受众框架或者说是效果研究的角度来分析受众如何接收和处理媒介信息的效果研究"。②其中,前两个领域对意识形态等权力因素更为重视,因此更适用于研究国际新闻报道中国家形象的呈现与建构问题。

### (二)新闻框架与国家形象

新闻框架这种既为人们提供认识客观世界的视角,又帮助建构客观世界的静、动态双重属性,成为解释新闻报道如何影响人们头脑中国家形象的重要模型。

一方面,新闻框架是人们认识某国国家形象的重要视角。国家形象作为人们对国家客观状态认知的象征符号,被具体表现为新闻报道的意义表达符号。人们认识某国国家形象时所接触的并不是事实本身,而是文字、图片等符号所组成的新闻报道塑造的现实。因而,国家形象可以通过新闻报道文本内容呈现。其中,新闻框架可以让受众关注某些特定的事实,同时忽略一些事实,进而为他们看待问题提供具有新闻媒体倾向的视角。③此外,新闻框架还可以唤醒受众已经储存于脑海之中的原有框架。新闻框架可以在人们原有的认知框架基础上,通过激活或趋同于人们原有的框架,从而影响受众的信息接受和解读。④

另一方面,新闻框架是建构国家形象的重要方式。潘忠党强调,框架的分析"是一个关于人们如何建构社会现实的研究领域"。⑤国家形象作为一种客观真实的公知与符号化,借助新闻框架,将国家的客观真实转换为符号真实,并将这种符号真实推广为被普遍接受的模式化符号,从而实现对国家形象的建构。建构方式主要表现在以选择、强调、重组等方式对新闻文本中的关键

---

① Goffman E.Frame analysis:an essay on the organization of experience[M].Harvard University Press,1974.
② 陈阳.框架分析:一个亟待澄清的理论概念[J].国际新闻界,2007(4):19-23.
③ R.M.Entman.Framing:toward clarification of a fractured paradigm[J].Journal of Communication,1993,43(4):51-58.
④ 李莉,张咏华.框架建构、议程设置和启动效应研究新视野:基于对2007年3月美国《传播学杂志》特刊的探讨[J].国际新闻界,2008(3):5-9,27.
⑤ 潘忠党.架构分析:一个亟需理论澄清的领域[J].传播与社会学刊,2006(1):17-46.

词、标题、基调、消息来源等具体而微观的内容。

此外,新闻框架是捕捉新闻文本背后的权力关系的实用工具。①框架建立在具有权力关系的意识形态中,当某种框架被选取时,代表着该框架成为社会中的主流意识,并且成为社会中的主要意义解释方式。②因此,新闻框架建构社会现实的过程归根结底是一种人为的过程。尤其是,国家形象涉及国家间的关系、外交政策等,受到权力结构、文化形态和政治经济利益的制约,③新闻媒体在报道有关国家形象的内容时无疑会主动维护国家利益,参与并介入对国家利益的倡导及辩护,④更容易通过新闻框架予以展现。这种用以维护国家利益的方式主要为新闻规范和新闻职业惯例,并体现在报道标题、报道倾向、报道形式和消息来源等⑤外在形式之中。

### (三)新闻框架的分析方法

新闻框架可以呈现并建构新闻报道中的国家形象,挖掘其背后隐含的微妙权力关系。因此,研究新闻框架成为探究新闻报道中的国家形象重要方式与手段。其中,台湾学者臧国仁的高中低三层次新闻框架分析方法以其建构真实的理论基础和可操作性强等特点,成为众多学者的研究新闻框架的首选。

臧国仁认为,新闻框架呈现与建构的真实的状态与过程通过高中低三个层次组成,高层次结构框架是一种对事件主题的界定与定性;中层次结构框架按照事件的发生时间分为主要事件、先前事件、历史、结果、影响、归因、评估 7 个方面;低层次结构框架则是指由语言符号再现真实,包括由字、词等组合而成的修辞与风格。⑥前者通过分析新闻报道的"基本命题"以及与"基本命题"之间组合而成"巨命题"以表达意义,是一种较为宏观的研究方向;后两者则通过分析"基本命题"的被选择、被重组与被强调过程以及字词的修辞与风格以

---

① 曾繁旭,戴佳,郑婕.框架争夺、共鸣与扩散:PM2.5 议题的媒介报道分析[J].国际新闻界,2013,35(8):96-108.

② 臧国仁,锺蔚文,杨怡珊.新闻工作者的社会智能:再论记者与消息来源之互动[J].新闻学研究,2001(69):55-93.

③ 詹姆斯·库兰,米切尔·古尔维奇.大众媒介与社会[M].北京:华夏出版社,2006.

④ 陈薇.媒体话语中的权力场:香港报纸对中国大陆形象的建构与话语策略[J].国际新闻界,2014,36(7):20-37.

⑤ 陈曙华.唯一的全国性英文日报:中国日报[J].对外大传播,1995(Z2):50-51.

⑥ 臧国仁.新闻媒体与消息来源:媒介框架与真实建构之论述[M].台北:三民书局股份有限公司,1999.

观察真实转化为符号的过程以及新闻报道中具有权力关系的意识形态。其中,新闻报道的消息来源同样对客观真实起着重要的建构作用,并提示着意义背后的权力关系,①因此在实际操作中常常作为低层次结构框架分析的重要内容。

这也就是说,高层次结构框架分析,从宏观角度呈现了新闻报道背后的抽象意义和报道主旨,回答了新闻报道背后的国家形象"是什么"的问题,而中、低层次结构框架则具体反映了新闻报道意义的建构过程,进一步回答新闻报道中的国家形象"如何建构"的问题,并呈现出其隐含的权力关系,由此全面揭示新闻报道背后的国家形象。因此,本研究将臧国仁的三层次框架分析作为研究新闻报道中自塑与他塑的中国国家形象的方法路径。

## 四、研究设计

### (一)研究对象

本文以中国的《中国日报》与美国的《纽约时报》为研究对象。《中国日报》(China Daily)是一份面向国际、有代表性的英文报纸,是海内外英文读者了解中国的重要窗口,是第一份也是目前唯一有效进入西方主流社会、国外媒体转载率最高的中国报纸,被誉为"非英语国家出版的最好的英文报纸"。②海外受众众多,以各界高端人士、驻华使节、国际组织驻华代表、跨国公司在华高层、媒体从业人员以及来华访问旅游的各国人士等高中端人群为主,在海外具有相当的权威性和公信力。《纽约时报》(The New York Times)作为美国三大主流报纸之一,在美国乃至世界具有极高的权威性与影响力。其报道内容深刻、丰富,在国际报道中更有威望,也被誉为"灰色女士"(The Gray Lady)和"美国档案",其在美国拥有数量众多的高中端受众,可以说是读者阅读和学者研究的重要报刊之一。

因此,《中国日报》和《纽约时报》是中美在国际新闻报道中具有高度权威

---

① 臧国仁.新闻媒体与消息来源:媒介框架与真实建构之论述[M].台北:三民书局股份有限公司,1999.
② 陈世伦,王一苇.媒体报道框架与中国海外形象建构:以柬埔寨主流媒体对"一带一路"倡议报道为例[J].广西民族大学学报(哲学社会科学版),2019,41(1):148-157.

性与影响力的典范,且在受众经济文化程度、报道深度上较为相似,具有代表性与可比性。

### (二)研究方法

本文以框架分析方法为研究路径,主要采用内容分析法与文本分析法相结合的方式进行研究。一方面,通过内容分析法对新闻文本中的报道数量、报道倾向、报道议题、报道框架、新闻整体结构、消息来源和报道倾向等显性要素进行量化分析,并利用spss软件对这些要素进行描述性统计,科学、客观地分析出《中国日报》与《纽约时报》在中美贸易摩擦报道中呈现与建构的中国国家形象。另一方面,结合两份报纸中的具体个案,以文本分析的方法深入探讨数据背后的意义,解读《中国日报》与《纽约时报》在中美贸易摩擦报道中自塑或他塑的中国国家形象,并进行比较,给予未来中国国家形象的塑造一定启示。

### (三)技术路线

依据研究问题,本文参考并总结了臧国仁[①]、陈世伦[②]、张宁[③]、冯韶文[④]等人的研究框架,规划了以下技术路线:

一是总体分析比较两报对中美贸易摩擦事件的报道。从报道时间与数量、报道类型等角度入手,对两报就该事件的报道特点进行总体性分析。

二是利用高层次结构框架分析呈现新闻框架建构了怎样的中国国家形象。从报道议题角度、报道主题框架等宏观角度分析两份报纸在中美贸易摩擦报道呈现的中国国家形象这一具体抽象意义。其中,主题框架的识别按照"议题-框架"路径,在大量阅读文本和借鉴前人研究的基础上,归纳出报道议题,再将报道议题按照它们的逻辑关系进行分类、汇总,并纳入报道主题框架。

三是利用中、低层次结构框架分析新闻报道如何建构国家形象。细化考察主要事件、先前事件与历史、结果与影响、归因、评估五部分组成的新闻事件结构。同时,从消息来源、报道倾向出发,结合文本个案考察两报对中国国家

---

[①] 臧国仁.新闻媒体与消息来源:媒介框架与真实建构之论述[M].台北:三民书局股份有限公司,1999.
[②] 陈世伦,王一苇.媒体报道框架与中国海外形象建构:以柬埔寨主流媒体对"一带一路"倡议报道为例[J].广西民族大学学报(哲学社会科学版),2019,41(01):148-157.
[③] 张宁.日本媒体上的中国:报道框架与国家形象[M].长春:吉林人民出版社,2006.
[④] 冯韶文.媒介国家形象"他塑"研究[D].广州:暨南大学,2010.

形象的建构。

最后在对上述变量进行总体描述性分析的基础上,利用文本分析法,由表及里地探究那些不能为普通阅读所把握的深层意义,从而分析并比较自塑与他塑的中国国家形象,借以考察中国国家形象在整个事件中的细微变化及其背后的权利与意识形态关系。

### (四)样本选择

研究分别在 ProQuest Recent Newspapers(RNP)数据库和 China Daily 在线网站获取《纽约时报》和《中国日报》中美贸易摩擦相关报道的数据样本。其中,两个数据库采用只要报道出现任何单个搜索词汇即为结果的搜索方式,保证了样本的全面性与整体性。因此,设置"China""trade friction""trade conflicts""trade disputes""trade war""trade compromise""trade talks"等多个直接相关的词汇在 2017 年 1 月 1 日至 2019 年 6 月 31 日期间的报道中进行全文搜索,最大限度地获取相关报道数据。同时,为了保证选入稿件的准确性,将安排另一名接受相关培训的新闻传播学学生,再次对样本进行搜索与整理。最终,在符合检索条件且通过阅读筛选后,得到《纽约时报》有效样本 333 篇,《中国日报》有效样本 997 篇,共计有效样本 1330 篇。

### (五)类目构建及信度检验

研究将分析单位定为新闻报道的篇次,类目包括以下几类:报刊类别、报道时间、报道类型、报道议题角度、报道主题框架、新闻整体结构、消息来源及报道倾向。子类目如下:

1.报刊类别。划分为《中国日报》与《纽约时报》两类。

2.报道时间。按中美贸易摩擦报道的时间划分,分为 2017 年 1 月至 2019 年 6 月共计三十个自然月。

3.报道类型。根据中美贸易摩擦报道所涉及的主要内容,划分为政治、经济、社会三类。

4.新闻报道议题角度。新闻报道议题角度指新闻报道的主要话题。在阅读文本与借鉴前人研究①基础上归纳抽取议题,分为贸易或国家安全调查或审查、贸易或技术制裁与反制措施、主权侵扰与军事行动、中美立场对抗表述、中美经济产业影响、中美企业影响、世界其他经济体的影响、中美人民的影响、中美贸易顺差、中国威胁论、指责中国政府、美国政府的贸易保护主义行为、美国政府的贸易霸凌主义行为、现任美国政府背信弃义、中美经贸合作前景、中美合作意愿、中美关系持续发展、中美对话、中美元首会晤、强有力的政府、中美经贸事实、中美经贸举措、中美建交历史、中美人民的深情厚谊,共24类。

5.报道主题框架。参照学界认可的"通用性框架",②将上述议题集合所代表内容进行理解,将其纳入通用框架中,分为冲突框架、经济结果框架、责任归属框架、合作框架、领导力框架、事实框架以及人情味框架七类。

6.整体结构。按照臧国仁对于中层次结构框架的分析,③将报道置入整个事件的整体结构之中,按事件发生先后时间具体分为主要事件、先前事件与历史、结果与影响、归因、评估五部分。

7.消息来源。消息来源以新闻引述中或者正文之外提及的除该报刊以外的个人、组织或文件为标识,分为官方、非政府组织、模糊信源、普通民众、媒体机构、专家学者等六类。④

8.报道倾向。报道倾向以中国为出发点,可分为正面、中立、负面三类。

在试编码后,研究员与另一名新闻传播学在读硕士研究生对样本进行编码员间信度测试。在1330篇样本中通过简单随机抽取了133篇报道(其中《纽约时报》33篇,《中国日报》100篇),显示各组变量的Krippendorff's Alpha

---

① 杭敏,李唯嘉.经济议题海外社交媒体传播策略研究:以Twitter平台三大央媒"中美贸易摩擦"报道为例[J].全球传媒学刊,2018,5(4):149-164;Semetko H.A,Valkenburg P.M.Framing European politics:a content analysis of press and television news[J].Journal of Communication,2000,50(2):93-109.

② Supadhiloke B.Framing the Sino-US-Thai relations in the post-global economic crisis[J].Public Relations Review,2012,38(5):665-675;H.De Vreese,Jochen Peter,Holli A,Semetko C.Framing politics at the launch of the Euro:a cross-national comparative study of frames in the news[J].Political Communication,2001,18(2):107-122;Freelon D.ReCal:intercoder reliability calculation as a web service[J].International Journal of Internet Science,2010,5(1):20-33.

③ 臧国仁.新闻媒体与消息来源:媒介框架与真实建构之论述[M].台北:三民书局股份有限公司,1999.

④ 冯韶文.媒介国家形象"他塑"研究[D].广州:暨南大学,2010.

(nominal)系数均在0.7以上,平均值为0.78,[①]因此得出的结论也有一定的借鉴意义。

(六)研究思路

总而言之,本研究以"《中国日报》与《纽约时报》在中美贸易摩擦报道中自塑或他塑了怎样的中国国家形象"这一问题为导向,对新闻框架与国家形象等的核心概念及相互关系进行理论探讨,通过内容分析法、文本分析法的具体运用,从新闻框架的高中低三个层次来探讨《中国日报》与《纽约时报》自塑或他塑的中国国家形象,进而挖掘其差异,希望为我国未来在国际争端中塑造良好形象提供可行参鉴。具体研究思路见图1:

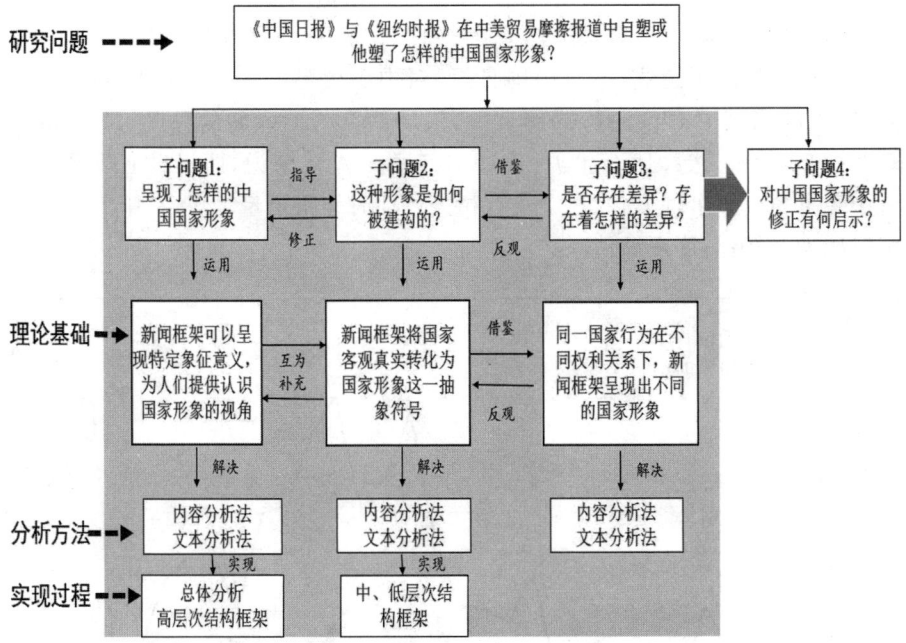

图1 中国国家形象的自塑或他塑研究思路设计

---

① Neuendorf K.A.The content analysis guidebook[M].Sage,2002:143.

## 五、《中国日报》与《纽约时报》总体样本分析

### （一）报道时间与数量分析

报道时间与数量的分析可以反映新闻媒体对某一新闻事件在各个时间段的关注程度，进而引导受众对该事件的注意力。本文对选取《中国日报》和《纽约时报》2017年1月至2019年6月的报道样本研究后发现，《中国日报》共有中美贸易摩擦相关报道997篇，《纽约时报》共有中美贸易摩擦相关报道333篇。尽管两报的报道总量有所差别，但两报的报道时间与数量走向趋势基本一致（如图2所示）。二者报道均多在2018年3月至2019年6月期间，并都形成三个相似的报道高峰。《中国日报》对中美贸易摩擦事件的报道峰值在2017年11月、2018年4月、2018年7月、2019年5月；《纽约时报》，其峰值出现在2018年4月、2018年6月、2019年5月。总体来说，两报报道数量均随着中美贸易摩擦事件变化，在中美有相关行动时等报道量增多，在中美贸易缓和时减少，报道热度逐渐消减。

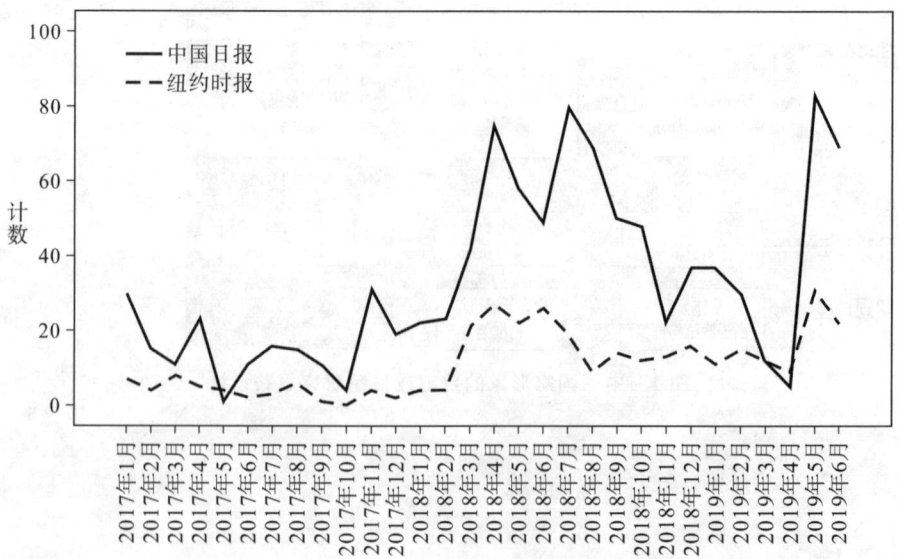

图2 《中国日报》与《纽约时报》的中美贸易摩擦事件报道时间与数量走势

## 中国国家形象的自塑与他塑：
### 基于《中国日报》与《纽约时报》中美贸易摩擦报道研究

两报对中美贸易摩擦的报道始于2017年，2017年1月特朗普正式就任美国总统，开始在经贸问题上采取贸易保护主义，对华态度强硬，引起两报的广泛关注。此后，中国经济的腾飞、中美之间的贸易逆差以及美国对中国实施的诸多贸易调查、关税制裁喊话成为两报的关注重点。2017年11月美国总统特朗普将首次对中国进行国事访问成为《中国日报》重点，关注中美是否能达成相应的贸易协定，因而形成了一个报道小高峰。2018年，随着美国在关税及科技上的不断挑衅，中美之间的贸易摩擦愈演愈烈，两报报道数量急剧增加。2018年4月中国反击，对美国部分产品征税，形成两报的报道高峰；5月中美高级别经贸磋商开始，双方有所缓和，两报报道数量回落；6月至7月美国对华关税正式生效，再次形成两报报道高峰，并在11月中美元首阿根廷会晤后，回归平静。2019年5月，两报的关注量随着美国总统特朗普在中美经贸磋商后再次宣布对华征税再次形成两报报道高峰，2019年上半年两报报道随贸易磋商与美国的出尔反尔起起伏伏。

依照两报对中美贸易摩擦事件报道的相似关注趋势，并结合2017年1月至2019年6月底中美贸易摩擦事件的几次报道峰值，本文将该事件划分为中美贸易摩擦期（2017年1月—2018年3月）、中美贸易冲突期（2018年4—10月）、中美经贸磋商期（2018年11—2019年4月）、中美磋商矛盾期（2019年5—6月）四个阶段。

第一阶段，中美贸易摩擦期（2017年1月—2018年3月）。在这一阶段，虽然时间间隔较长，但两报的报道数量相对较少且趋势较为平缓，中美以口头的对抗为主，少有实质性行动，体现为较为平和的摩擦。这正是美国挑起贸易摩擦的前夕，山雨欲来。美国商务部对中国不锈钢板材反倾销和反补贴调查作出裁决，指责中国破坏公平贸易或违反WTO规则，限制中国企业。面对两国间的贸易摩擦，中国方面虽多次回应却没有主动采取反制裁措施，并且主动与美国方面进行了第一轮中美经贸高级别磋商。整体来看，中美之间的贸易摩擦较为和缓。

第二阶段，中美贸易冲突期（2018年4—10月）。2018年4月，中国开始正式宣布对美国的部分进口商品中止关税减让义务，中美之间正式开始相互加征关税，成为两报报道数量的小高峰。其间，两报的报道数量达到该事件的最高值，中美双方都不甘示弱，相互制裁、激烈对抗，矛盾冲突升级。尽管中美双方在这个阶段中也曾进行了多轮中美经贸高级别磋商，但都未取得实质性效果。这极大加剧了世界经济的紧张形势，甚至延伸到贸易之外的其他经济领域以及政治、军事等方面。

第三阶段,中美经贸磋商期(2018年11月—2019年4月)。2018年11月,中美国家领导人进行通话,引起两报关注。12月初,中美两国领导人在阿根廷布宜诺斯艾利斯举行会晤,更是为此后双方的一系列磋商开启了大门,成为两报关注的重点,报道数量逐渐回升并趋于平缓。在两国元首的积极作用下,中美贸易摩擦逐渐走向缓和,迎来拐点。中国率先履行了此前中美两国元首会晤时的共识,暂停加征关税3个月。中美双方进行了多轮有效的中美经贸高级别磋商,美国也表示正式推迟对中国商品的关税加增,中美贸易走向缓和。

第四阶段,中美磋商矛盾期(2019年5—6月)。2019年5月,美国再次宣布上调对中国输美商品所征收的关税比例,并禁止美国企业向中国5G技术巨头华为出售组件和软件,中美贸易矛盾再次凸显,两报报道数量急剧增加。在这一阶段,两报对中美贸易摩擦的关注随制裁与协商起伏。

总而言之,《中国日报》对中美贸易摩擦事件的关注高于《纽约时报》,但变化趋势一致,都随事件发展而变化,在中美贸易冲突期报道量增多,并随中美贸易缓和而减少,并于2018年间显著增加。《中国日报》与《纽约时报》这种对中美贸易摩擦事件的相似的报道趋势为进一步比较两报背后的中国国家形象内涵奠定了基础。

### (二)报道类型分析

媒体中的国家形象包括政治、经济、军事、外交、文化、自然环境、社会、教育、科技、体育、国民等诸多维度。[①]不同的报道类型呈现出新闻报道中国家形象的不同方面。就中美贸易摩擦报道来说,主要可分为政治、经济和社会三个方面。

表1 《中国日报》与《纽约时报》的中美贸易摩擦事件报道类型

| 报道类型 | 中国日报 | | 纽约时报 | | 合计 | |
| --- | --- | --- | --- | --- | --- | --- |
| | 数量(篇次) | 百分比(%) | 数量(篇次) | 百分比(%) | 数量(篇次) | 百分比(%) |
| 政治 | 621 | 62.30 | 243 | 73.00 | 864 | 65.00 |
| 经济 | 322 | 32.30 | 71 | 21.30 | 393 | 29.50 |
| 社会 | 54 | 5.40 | 19 | 5.70 | 73 | 5.50 |
| 合计 | 997 | 100.00 | 333 | 100.00 | 1330 | 100.00 |

---

① 刘小燕.关于传媒塑造国家形象的思考[J].国际新闻界,2002(2):61-66.

## 中国国家形象的自塑与他塑：基于《中国日报》与《纽约时报》中美贸易摩擦报道研究

如表1所示，对于中美贸易摩擦报道，《中国日报》与《纽约时报》的报道类型基本一致，以政治报道为主，经济报道为辅，同时涉及部分社会类报道，符合国际新闻以政治、经济报道为主的特点。在一定程度上表明两报在中美贸易摩擦事件的报道中所呈现的中国国家形象都以政治、经济形象为主。

其中，政治报道主要讨论了政府、社会团体等在处理国家生活和国际关系方面的方针、政策和活动的报道。例如，中美政府（领导人、相关部门等）的政策行动；中美就贸易摩擦的磋商会议、国事访问、敦促言论等外交活动；或主权相关问题。经济报道主要讨论经济领域变动的报道。包括中美经贸、金融现状、科技、世界经济、中美经济产业、企业所受影响；中美经贸交往前景；中美就本国经济发展与稳定采取的举措或行动等。社会报道主要涉及民生、教育、历史、文化、生态环境等的报道。如中美贸易摩擦对普通大众就业、教育等产生的影响；媒体辩论；中美建交历史、中美人民情谊、中国印象等报道。

表2 不同阶段下的《中国日报》与《纽约时报》中美贸易摩擦事件报道类型

| 报刊类别 | 报道类型 | 中美贸易摩擦期（2017年1月—2018年3月） | | 中美贸易冲突期（2018年4—10月） | | 中美经贸磋商期（2018年11月—2019年4月） | | 中美磋商矛盾期（2019年5—6月） | |
|---|---|---|---|---|---|---|---|---|---|
| | | 数量（篇次） | 百分比（%） | 数量（篇次） | 百分比（%） | 数量（篇次） | 百分比（%） | 数量（篇次） | 百分比（%） |
| 中国日报 | 政治 | 188 | 68.90 | 219 | 51.00 | 113 | 79.00 | 101 | 66.40 |
| | 经济 | 75 | 27.50 | 183 | 42.70 | 22 | 15.40 | 42 | 27.60 |
| | 社会 | 10 | 3.70 | 27 | 6.30 | 8 | 5.60 | 9 | 5.90 |
| | 合计 | 273 | 100.00 | 429 | 100.00 | 143 | 100.00 | 152 | 100.00 |
| 纽约时报 | 政治 | 56 | 74.70 | 87 | 67.40 | 60 | 78.90 | 40 | 75.50 |
| | 经济 | 16 | 21.30 | 33 | 25.60 | 15 | 19.70 | 7 | 13.20 |
| | 社会 | 3 | 4.00 | 9 | 7.00 | 1 | 1.30 | 6 | 11.30 |
| | 合计 | 75 | 100.00 | 129 | 100.00 | 76 | 100.00 | 53 | 100.00 |

如表2所示，政治报道一直是两报各个阶段的报道焦点，原因在于新闻媒体的属性与中美贸易摩擦事件的特殊性。在我国，新闻媒体具有"耳目喉舌"的作用，作为对外传播的《中国日报》更是承担着讲好中国故事，传播中国声音的责任与使命。因此，在中美贸易摩擦事件中，报道国家各项外交活动，国家领导人的活动，国家各项方针政策等政治内容是主旋律。这在标题上有明显的体现。例如，《中国日报》报道文章"Top diplomat's US trip may lead to additional high-level contacts"(最高外交官的美国之行可能会带来更多的高层接触)、"China-US cooperation holds promise,Li says"(李克强强调中美合作前景广阔)、"Vice-premier arrives in US for trade talks"(副总理抵达美国进行贸易谈判)等都是以政治角度来展开对中美贸易摩擦的报道。

此外,中美贸易摩擦事件的发生正值新一任美国总统特朗普就任,其人员任用以及对华政策、贸易政策与以往不同,致使中美关系进入一个新时期,中美之间的政治接触、对外经贸政策等愈发有可能影响美国的中产阶级,因此以美国知识分子等中高端群体为主要受众的《纽约时报》更加重视政治相关的报道。由此可见,《中国日报》与《纽约时报》对中美贸易摩擦的报道实际上是在传播其国家的声音,反映出其国家的立场与态度。

### (三)两报塑造的中国国家形象更具可比性

总体分析展现了中美贸易摩擦报道样本在报道时间与数量、报道类型上的整体特征。分析发现,对于中美贸易摩擦报道,《中国日报》与《纽约时报》两份报纸在报道关键时间点上的趋势基本一致,在报道类型上大致趋同。在报道时间与数量分布上,两报有关中美贸易摩擦的报道主要表现为中美贸易摩擦期(2017年1月—2018年3月)、中美贸易冲突期(2018年4—10月)、中美经贸磋商期(2018年11月—2019年4月)以及中美磋商矛盾期(2019年5—6月)四个阶段,为细致考察两报自塑或他塑的中国国家形象奠定基础。在报道类型分布上,两报主要以政治报道为主,经济报道为辅,反映出两报在中美贸易摩擦报道中自塑或他塑的中国国家形象实际上是中美两国对中国的政治、经济形象的看法与态度。这种基本相似的报道特征使得研究两报在中美贸易摩擦报道中所自塑与他塑的中国国家形象更具可比性。

## 六、高层次结构框架分析:中国国家形象的呈现

新闻的高层次结构框架分析是一种从宏观角度剖析新闻报道背后抽象意义主旨的方式。国家形象作为社会客观真实的抽象符号,其意义蕴含在新闻报道之中,并以新闻框架的形式呈现给受众。臧国仁认为,高层次结构框架分析通过"基本命题"组成的"巨命题"呈现意义。这也就是说,国家形象的具体内涵主旨通过议题组成的主题框架来呈现,议题的报道与否、主题框架的主旨及分布等内容直接影响着一国国家形象是否被全面呈现。因此,本文将从"议

题-框架"角度来对《中国日报》和《纽约时报》两份报纸下的中美贸易摩擦报道进行宏观分析,由点到面探究其背后的中国国家形象内涵。

## (一)报道议题分析

报道议题角度是新闻报道主旨的细化与体现。梵迪克认为,新闻报道的意义由各语句组合而成,通过分析各新闻语句的基本命题及其组合可以挖掘其意义。[①]对于高层次结构框架分析而言,对新闻报道议题的选择,是搭建报道框架的基础,从而影响受众看新闻媒体想让其看的内容,思考新闻媒体想让其思考的现实世界。因此,本文在阅读文本与借鉴前人研究[②]基础上归纳抽取议题,并据此统计议题的数量和种类,通过对议题的比较,细化两报的关注主题,进而从点上分别出两报中美贸易摩擦报道中的中国国家形象。

1.报道议题角度划分

具体来说,经过2位编码员讨论,将两报报道的中美贸易摩擦时间的议题角度分为24类,由于单篇新闻文本的报道议题角度可能存在多个,规定最多四个,同一篇报道中的同种议题不累计,具体划分如下:

(1)贸易或国家安全调查或审查:中美双方针对某行业发起的有关贸易或者国家安全等的调查或审查。

(2)贸易或技术制裁与反制措施:中美双方限制彼此贸易、技术的行为,包括关税制裁、技术限制,限制企业融资等多方面对抗行为。

(3)主权侵扰与军事行动:美国在中国南海、台湾问题上的干涉与侵扰以及由此可能产生的中美军事行动。

(4)中美立场对抗表述:中美双方对同一事件的争议表述,例如中美贸易政策、知识产权、经贸磋商态度等。

(5)中美经济产业影响:贸易摩擦或合作对中美农业、钢铁、石油、汽车、科技、金融等产业的(积极的或消极的)影响。

(6)中美企业影响:贸易摩擦或合作对中美企业,如波音飞机、苹果、阿里

---

① 盖伊·塔奇曼.做新闻[M].北京:华夏出版社,2008.
② 高寅菲.《纽约时报》和《华尔街日报》关于"中美贸易战"的新闻报道研究[D].北京:中央民族大学,2019;杭敏,李唯嘉.经济议题海外社交媒体传播策略研究:以Twitter平台三大央媒"中美贸易摩擦"报道为例[J].全球传媒学刊,2018,5(4):149-164;H.A.Semetko,Valkenburg P.M.Framing european politics:a content analysis of press and television news[J].Journal of Communication,2000,50(2):93-109.

巴巴、华为、中兴等企业的(积极的或消极的)影响。

(7)世界其他经济体的影响:强调贸易摩擦或合作对世界其他经济体产生的(积极的或消极的)经济影响。

(8)中美人民的影响:贸易摩擦或合作强调对中美人民生活、就业等的(积极的或消极的)影响。

(9)中美贸易顺差:强调中美存在巨大的贸易顺差,包括贸易顺差的原因、贸易逆差的责任归属、贸易逆差造成的问题等。

(10)中国威胁论:指对中国发展的妖魔化,强调中国在科技、军事、经济等方面的发展将对现存的世界格局形成挑战,对美国在亚太乃至全世界的经济和安全利益构成威胁。

(11)指责中国政府:指对中国政府行为的指责,包括指责中国政府破坏贸易规则,控制、操作企业,在交易方式上缺乏透明度和人权,参与他国国家事务,谈判官员缺乏贸易经验,是导致谈判失败的祸首等。

(12)美国政府的贸易保护主义行为:指美国政府的贸易保护主义行为,包括任用贸易保护主义官员、大量监管政策违反公平竞争原则、歧视他国产品,滥用"国家安全审查",使用大量非关税壁垒。

(13)美国政府的贸易霸凌主义行为:指美国的霸权主义行为,包括奉行"美国优先"政策,单方面挑起贸易摩擦,以国内法"长臂管辖"制裁他国,将国内问题国际化、经贸问题政治化。

(14)现任美国政府背信弃义:指美国特朗普政府政策的不确定性,在贸易制裁与经贸磋商中出尔反尔,不守承诺。

(15)中美经贸合作前景:指中美经贸合作对双方的有利性,如强调中美经济互为补充,双边服务贸易快速增长,中美某领域经贸交往恢复、中国是美国的最大市场之一等。

(16)中美合作意愿:指各方对中美合作的期待、倡议或预测,如强调中美双方互相学习帮助、合作共赢。

(17)中美关系持续发展:指中美关系终将稳定、平衡。如强调中美关系发展中难免出现分歧和摩擦,贸易谈判不可能一次解决,但有解决之道。

(18)中美对话:指的是打算或正在进行的有关中美经贸磋商、经济对话的会议及其成果。

(19)中美元首会晤:中美元首在各种国际场合中的会面或交流对中美关系所产生的影响。

(20)强有力的政府:指政府及其代表在外交活动中强有力的言论敦促、行动与会晤等,例如向世贸组织申诉、最高外交官会晤等。

(21)中美经贸事实:中美股市行情、货币流通状况、相关行业经济现状等。

(22)中美经贸举措:中美就本国经济发展与稳定采取的行动或举措。

(23)中美建交历史:回忆中美建交以来的历史,讲述中美合作共赢历史等历史故事。

(24)中美人民的深情厚谊:讲述当代美国人在中国生活或与中国人交往的故事,从美国人眼中看发展的中国。

2.报道议题角度总体分析

如表3所示,两报对中美贸易摩擦这一事件的议题全面多样,但侧重点有很大不同。就排名前十的议题来看,《中国日报》更偏向报道的议题角度依次为中美合作意愿(14.30%)、贸易或技术制裁与反制措施(9.30%)、中美经济产业影响(8.50%)、中美经贸事实(6.00%)、中美对话(5.80%)、中美立场对抗表述(5.40%)、强有力的政府(5.10%)、中美经贸举措(5.00%)、中美元首会晤(4.70%)、中美经贸合作前景(4.20%);而《纽约时报》则更偏向报道的议题角度依次为贸易或技术制裁与反制措施(15.90%)、中美经济产业影响(12.20%)、指责中国政府(11.20%)、中美对话(9.30%)、中美企业影响(7.60%)、中国威胁论(6.90%)、中美立场对抗表述(6.90%)、中美经贸事实(4.80%)、中美人民的影响(4.70%)、中美合作意愿(3.20%)。

表3 《中国日报》与《纽约时报》中美贸易摩擦事件报道议题角度分布

| 报道议题角度 | 中国日报 | | 纽约时报 | | 合计 | |
|---|---|---|---|---|---|---|
| | 数量(次) | 百分比(%) | 数量(次) | 百分比(%) | 数量(次) | 百分比(%) |
| 贸易或国家安全调查或审查 | 30 | 1.90 | 6 | 0.80 | 36 | 1.59 |
| 贸易或技术制裁与反制措施 | 143 | 9.30 | 115 | 15.90 | 258 | 11.38 |
| 主权侵扰与军事行动 | 22 | 1.40 | 11 | 1.50 | 33 | 1.46 |
| 中美立场对抗表述 | 84 | 5.40 | 50 | 6.90 | 134 | 5.91 |
| 中美经济产业影响 | 132 | 8.50 | 88 | 12.20 | 220 | 9.70 |
| 中美企业影响 | 58 | 3.80 | 55 | 7.60 | 113 | 4.98 |
| 世界其他经济体的影响 | 46 | 3.00 | 15 | 2.10 | 61 | 2.69 |
| 中美人民的影响 | 44 | 2.80 | 34 | 4.70 | 78 | 3.44 |
| 中美贸易顺差 | 19 | 1.20 | 8 | 1.10 | 27 | 1.19 |

续表

| 报道议题角度 | 中国日报 | | 纽约时报 | | 合计 | |
|---|---|---|---|---|---|---|
| | 数量（次） | 百分比（%） | 数量（次） | 百分比（%） | 数量（次） | 百分比（%） |
| 中国威胁论 | 41 | 2.70 | 50 | 6.90 | 91 | 4.01 |
| 指责中国政府 | 21 | 1.40 | 81 | 11.20 | 102 | 4.50 |
| 美国政府的贸易保护主义行为 | 37 | 2.40 | 9 | 1.20 | 46 | 2.03 |
| 美国政府的贸易霸凌主义行为 | 64 | 4.10 | 13 | 1.80 | 77 | 3.40 |
| 现任美国政府背信弃义 | 43 | 2.80 | 14 | 1.90 | 57 | 2.51 |
| 中美经贸合作前景 | 65 | 4.20 | 11 | 1.50 | 76 | 3.35 |
| 中美合作意愿 | 221 | 14.30 | 23 | 3.20 | 244 | 10.76 |
| 中美关系持续发展 | 33 | 2.10 | 0 | 0.00 | 33 | 1.46 |
| 中美对话 | 90 | 5.80 | 67 | 9.30 | 157 | 6.92 |
| 中美元首会晤 | 73 | 4.70 | 12 | 1.70 | 85 | 3.75 |
| 强有力的政府 | 79 | 5.10 | 6 | 0.80 | 85 | 3.75 |
| 中美经贸事实 | 92 | 6.00 | 35 | 4.80 | 127 | 5.60 |
| 中美经贸举措 | 77 | 5.00 | 13 | 1.80 | 90 | 3.97 |
| 中美建交历史 | 17 | 1.10 | 3 | 0.40 | 20 | 0.88 |
| 中美人民的深情厚谊 | 13 | 0.80 | 5 | 0.70 | 18 | 0.79 |
| 合计 | 1544 | 100.00 | 724 | 100.00 | 2268 | 100.00 |

注：单篇新闻文本的报道议题角度可能存在多个，本研究规定每篇报道议题角度最多4个，同一篇报道中的同种议题不累计，故报道议题角度的数量超过文本总量。

总的来说，《中国日报》的报道重点议题为中美合作意愿；而《纽约时报》则更强调贸易或技术制裁与反制措施这一议题，强调中美之间不可弥合的矛盾与冲突，并将责任多归于中国，把中国当作竞争对手，忌惮中国，认为中美关系不可能稳定，担心贸易摩擦对其造成的各种经济影响。

与此同时，两报均表现出对中美经济产业影响、贸易或技术制裁与反制措施、中美对话这三个议题的重点关注。但是，对于同一报道议题角度，两报的报道方向也有很大差距。在中美经济产业影响议题中，《中国日报》与《纽约时报》报道内容虽多为美国各个产业所受到的影响，但对于中国经济产业的影响方面报道方向却有所不同。

《中国日报》对于中国经济产业影响的呈现，主要呈现中国经济在政府的宏观调控下的稳定。例如：

> Despite rising protectionism and anti-globalization sentiment, China's imports and exports with its major trade partners remained strong. Xi also said China will further open up its economy and markets.①
>
> 尽管保护主义和反全球化情绪高涨，但中国与主要贸易伙伴的进出口仍保持强劲。习近平主席还表示，中国将进一步开放经济和市场。

至于《纽约时报》则强调中国在中美贸易摩擦中受到的影响并非如官方数字那么稳定。例如：

> On paper as always, the Chinese economy looks fine. Official data shows it grew 6.5 percent in the three months that ended in September, compared with a year earlier. But beneath the surface, a sharp slowdown is building. Foreign investment plunged last month. Auto sales over the past three months have fallen by record percentages.②
>
> 从纸面上看，中国经济一如既往地表现良好。官方数据显示，在截至9月份的三个月里，中国经济同比增长6.5%。但在表面之下，经济正在急剧放缓。上个月外国投资大幅下降。过去三个月的汽车销量下降了创纪录的百分比。

《中国日报》与《纽约时报》这种对同一议题角度的报道方向性，多体现在各个议题角度的相互搭配中。当贸易或技术制裁与反制措施议题与中美经济产业影响或中美企业影响、世界其他经济体的影响、中美人民的影响等议题搭配时，则表现出对这种贸易或技术制裁措施的批评。当贸易或技术制裁与反制措施议题与中美贸易顺差或中国威胁论、指责中国政府、美国政府的贸易保护主义行为、美国政府的贸易霸凌主义行为、现任美国政府背信弃义等议题搭

---

① China Daily. China's 2018 economic outlook positive[N]. 2017-12-11.
② The New York Times. China's economy slows sharply, in challenge for Xi Jinping[N]. 2018-12-15.

配时,则又可将这种贸易或技术制裁措施合理化。

例如,《中国日报》2018年6月文章"Trade tariffs undoing US economic future"将贸易或技术制裁与反制措施议题与中美企业影响搭配,把"美国威胁要对价值2000亿美元的中国商品加征10%的关税"的内容与"全球领先的科技公司将有1000亿至1500亿美元的损失风险"内容相结合,传送出对贸易或技术制裁与反制措施的批评,对合作对话的期望。而在《纽约时报》2018年6月文章"In Hitting China on Trade, Trump Is Seen Neglecting U.S. Emerging Industries"中,对于同样的贸易或技术制裁与反制措施议题则结合中国威胁论议题,以所谓中国的经济侵略、威胁美国和世界的技术和知识产权的理由为美国限制、惩罚中国科技公司正名,表达其行动的合理性。

此外,《纽约时报》缺乏对中美关系持续发展议题的报道。原因在于《纽约时报》一直以来并不看好中美关系,报道多呈现美国自里根政府以来与中国关系的不友好,并不认为中美能够持续稳定发展,因此缺乏中美关系持续发展议题。与之相对的《中国日报》则以中美关系发展难免出现分歧和摩擦,贸易谈判不可能一次解决为基调,报道多以中美建交历史加以论证,对中美关系持看好态度,认为中美关系终将稳定。

3.《中国日报》新闻报道阶段和议题出现的频率分析

尽管《中国日报》的报道议题角度重点为中美合作意愿,但是从时间维度上看,在中美贸易摩擦报道的各个阶段,由于中美双方的矛盾程度不同,每个阶段的报道议题角度重点各有偏向。

如表4所示,在较为平和的中美贸易摩擦期间(2017年1月—2018年3月),双方以口头的对抗为主。这时《中国日报》报道出现频率最高的议题是中美合作意愿,强调中美双方应该互相学习帮助、合作共赢,表达中方愿意真诚合作的意愿。作为舆论的先导期,面对西方指责中国政府操纵贸易,不公平竞争,威胁全球发展的质疑声音,积极回应,陈述中美经贸事实,指出美国贸易保护主义与霸权主义行径,强调中国经济的平稳与公平,同时重视美国对中国贸易或技术所谓的调查与审查,并着重报道中国领导人与中国政府为中美合作、全球经济治理做出的积极行动,认为中美之间不会爆发贸易冲突。在用词上,《中国日报》经常使用"stop misinforming public"(停止误导公众)、"not zero-sum rivals"(非零和对手)、"win-win cooperation"(合作共赢)等,表述较为平和,以回应质疑、呼吁合作为主。

# 中国国家形象的自塑与他塑：基于《中国日报》与《纽约时报》中美贸易摩擦报道研究

表 4 《中国日报》在中美贸易摩擦事件不同阶段的报道议题角度分布

| 报道议题角度 | 中美贸易摩擦期<br>(2017年1月—2018年3月) | | 中美贸易冲突期<br>(2018年4—10月) | | 中美经贸磋商期<br>(2018年11月—2019年4月) | | 中美磋商矛盾期<br>(2019年5—6月) | |
|---|---|---|---|---|---|---|---|---|
| | 数量<br>(次) | 百分比<br>(%) | 数量<br>(次) | 百分比<br>(%) | 数量<br>(次) | 百分比<br>(%) | 数量<br>(次) | 百分比<br>(%) |
| 贸易或国家安全调查或审查 | 29 | 6.26 | 0 | 0.00 | 1 | 0.47 | 0 | 0.00 |
| 贸易或技术制裁与反制措施 | 25 | 5.40 | 69 | 11.02 | 15 | 6.98 | 34 | 14.17 |
| 主权侵扰与军事行动 | 11 | 2.38 | 5 | 0.80 | 1 | 0.47 | 5 | 2.08 |
| 中美立场对抗表述 | 20 | 4.32 | 43 | 6.87 | 6 | 2.79 | 15 | 6.25 |
| 中美经济产业影响 | 31 | 6.70 | 71 | 11.34 | 8 | 3.72 | 22 | 9.17 |
| 中美企业影响 | 6 | 1.30 | 36 | 5.75 | 2 | 0.93 | 14 | 5.83 |
| 世界其他经济体的影响 | 9 | 1.94 | 26 | 4.15 | 2 | 0.93 | 9 | 3.75 |
| 中美人民的影响 | 9 | 1.94 | 23 | 3.67 | 1 | 0.47 | 11 | 4.58 |
| 中美贸易顺差 | 8 | 1.73 | 6 | 0.96 | 1 | 0.47 | 4 | 1.67 |
| 中国威胁论 | 12 | 2.59 | 21 | 3.35 | 4 | 1.86 | 4 | 1.67 |
| 指责中国政府 | 1 | 0.22 | 10 | 1.60 | 4 | 1.86 | 6 | 2.50 |
| 美国政府的贸易保护主义行为 | 18 | 3.89 | 11 | 1.76 | 1 | 0.47 | 7 | 2.92 |
| 美国政府的贸易霸凌主义行为 | 26 | 5.62 | 17 | 2.72 | 8 | 3.72 | 13 | 5.42 |
| 现任美国政府背信弃义 | 12 | 2.59 | 16 | 2.56 | 2 | 0.93 | 13 | 5.42 |
| 中美经贸合作前景 | 11 | 2.38 | 35 | 5.59 | 12 | 5.58 | 7 | 2.92 |
| 中美合作意愿 | 93 | 20.09 | 61 | 9.74 | 38 | 17.67 | 29 | 12.08 |
| 中美关系持续发展 | 12 | 2.59 | 6 | 0.96 | 11 | 5.12 | 4 | 1.67 |
| 中美对话 | 17 | 3.67 | 29 | 4.63 | 37 | 17.21 | 7 | 2.92 |

续表

| 报道议题角度 | 中美贸易摩擦期<br>（2017年1月—<br>2018年3月） | | 中美贸易冲突期<br>（2018年4—<br>10月） | | 中美经贸磋商期<br>（2018年11月—<br>2019年4月） | | 中美磋商矛盾期<br>（2019年5—<br>6月） | |
|---|---|---|---|---|---|---|---|---|
| | 数量（次） | 百分比（%） | 数量（次） | 百分比（%） | 数量（次） | 百分比（%） | 数量（次） | 百分比（%） |
| 中美元首会晤 | 38 | 8.21 | 6 | 0.96 | 24 | 11.16 | 5 | 2.08 |
| 强有力的政府 | 27 | 5.83 | 30 | 4.79 | 11 | 5.12 | 11 | 4.58 |
| 中美经贸事实 | 27 | 5.83 | 52 | 8.31 | 8 | 3.72 | 5 | 2.08 |
| 中美经贸举措 | 9 | 1.94 | 46 | 7.35 | 9 | 4.19 | 13 | 5.42 |
| 中美建交历史 | 7 | 1.51 | 1 | 0.16 | 7 | 3.26 | 2 | 0.83 |
| 中美人民的深情厚谊 | 5 | 1.08 | 6 | 0.96 | 2 | 0.93 | 0 | 0.00 |

在双方都不甘示弱，矛盾较为集中的中美贸易冲突期（2018年4—10月），中美经济产业影响、贸易或技术制裁与反制措施议题超过中美合作意愿议题，成为频率第一与第二的议题。这一阶段，《中国日报》强调中美贸易摩擦对中美乃至世界经济造成的巨大伤害，同时表示出面对美国无理要求的强硬回应的态度。以中美经济产业影响议题与贸易或技术制裁与反制措施议题的搭配，表达对美国发起贸易摩擦的批评；以中美经济产业影响议题与中美经贸事实议题，表达对中国经济信心。在语言表述中多出现"the path of China's development over the past decades has been peaceful"（中国一直走和平发展道路）、"China does not want a trade war, nor will it take the lead to initiate one"（中国不想打贸易战，也不会带头打贸易战）等，表达中国和平发展的态度，并对美国挑战表现得不卑不亢。

在中美经贸磋商期（2018年11月—2019年4月），中美试图解决贸易摩擦带来的问题，这时中美合作意愿议题再次成为《中国日报》频率最高的议题，中美对话、中美元首会晤也成为该阶段的重要议题，并在四个阶段同类议题中占比最高。对于中美对话与中美元首会晤议题，《中国日报》在报道方向强调中国国家主席及中美磋商会议为中美化解贸易矛盾所起到的重要作用，发表了诸如"China, US should seize chance to resolve dispute"（中国，美国应该抓住机会解决争端）、"Security talks opportunity to set right tone for ties"（安全对话为两国关系定下正确基调的机会）、"Promising progress needs pushing forward to a deal"（有希望的进展需要推动达成协议）等多篇社论文章,利用"in welcome news""positive signals""moving along nicely"等积极词汇,表达对中美对话所起到作用的看好。

到中美磋商矛盾期(2019年5—6月),由于经贸磋商与贸易制裁的反复,贸易或技术制裁与反制措施再次成为报道的主要议题,与议题中美合作意愿在该阶段占比皆10%以上;同时,现任美国政府背信弃义成为四个阶段同类议题中占比最高的议题。在这一阶段,《中国日报》一方面态度强硬,指责美国的出尔反尔,另一方面也寻求合作。通过贸易或技术制裁与反制措施与现任美国政府背信弃义议题的搭配,《中国日报》表达了中国维护自身权利的合理性;同时利用贸易或技术制裁与反制措施与中美经济产业影响议题的组合,间接表述对于中美合作实现共赢的期待。

总而言之,《中国日报》通过反复强调中美合作意愿、贸易或技术制裁与反制措施、中美经济产业影响等报道议题角度,以美国对中国贸易或技术制裁带来的不利影响,强化中美合作的重要性,让中国致力于全球合作的形象深入受众内心。

4.《纽约时报》新闻报道阶段和议题出现的频率分析

不同于《中国日报》在不同阶段报道议题角度重点的变化,《纽约时报》大部分阶段都将报道贸易或技术制裁与反制措施议题一以贯之,强调中美之间的对抗,并对由此造成的经济后果表示担忧。

如表5所示,《纽约时报》的重点报道议题角度除了中美经贸磋商期(2018年11月—2019年4月)为中美对话外,其他三个阶段频率最高的议题均为贸易或技术制裁与反制措施。此外,指责中国政府、中美经济产业影响也一直为四个阶段的重要议题。

表5 《纽约时报》在中美贸易摩擦事件不同阶段的报道议题角度分布

| 报道议题角度 | 中美贸易摩擦期(2017年1月—2018年3月) | | 中美贸易冲突期(2018年4—10月) | | 中美经贸磋商期(2018年11月—2019年4月) | | 中美磋商矛盾期(2019年5—6月) | |
|---|---|---|---|---|---|---|---|---|
| | 数量(次) | 百分比(%) | 数量(次) | 百分比(%) | 数量(次) | 百分比(%) | 数量(次) | 百分比(%) |
| 贸易或国家安全调查或审查 | 5 | 2.89 | 1 | 0.37 | 0 | 0.00 | 0 | 0.00 |
| 贸易或技术制裁与反制措施 | 21 | 12.14 | 54 | 19.93 | 8 | 5.30 | 32 | 24.81 |
| 主权侵扰与军事行动 | 4 | 2.31 | 6 | 2.21 | 1 | 0.66 | 0 | 0.00 |

续表

| 报道议题角度 | 中美贸易摩擦期（2017年1月—2018年3月） | | 中美贸易冲突期（2018年4—10月） | | 中美经贸磋商期（2018年11月—2019年4月） | | 中美磋商矛盾期（2019年5—6月） | |
|---|---|---|---|---|---|---|---|---|
| | 数量（次） | 百分比（%） | 数量（次） | 百分比（%） | 数量（次） | 百分比（%） | 数量（次） | 百分比（%） |
| 中美立场对抗表述 | 17 | 9.83 | 8 | 2.95 | 16 | 10.60 | 9 | 6.98 |
| 中美经济产业影响 | 8 | 4.62 | 35 | 12.92 | 25 | 16.56 | 20 | 15.50 |
| 中美企业影响 | 10 | 5.78 | 25 | 9.23 | 5 | 3.31 | 15 | 11.63 |
| 世界其他经济体的影响 | 2 | 1.16 | 7 | 2.58 | 0 | 0.00 | 6 | 4.65 |
| 中美人民的影响 | 7 | 4.05 | 17 | 6.27 | 4 | 2.65 | 6 | 4.65 |
| 中美贸易顺差 | 6 | 3.47 | 2 | 0.74 | 0 | 0.00 | 0 | 0.00 |
| 中国威胁论 | 20 | 11.56 | 16 | 5.90 | 8 | 5.30 | 6 | 4.65 |
| 指责中国政府 | 21 | 12.14 | 30 | 11.07 | 19 | 12.58 | 11 | 8.53 |
| 美国政府的贸易保护主义行为 | 5 | 2.89 | 1 | 0.37 | 1 | 0.66 | 2 | 1.55 |
| 美国政府的贸易霸凌主义行为 | 6 | 3.47 | 2 | 0.74 | 3 | 1.99 | 2 | 1.55 |
| 现任美国政府背信弃义 | 8 | 4.62 | 3 | 1.11 | 3 | 1.99 | 0 | 0.00 |
| 中美经贸合作前景 | 0 | 0.00 | 7 | 2.58 | 4 | 2.65 | 0 | 0.00 |
| 中美合作意愿 | 9 | 5.20 | 5 | 1.85 | 7 | 4.64 | 2 | 1.55 |
| 中美关系持续发展 | 0 | 0.00 | 0 | 0.00 | 0 | 0.00 | 0 | 0.00 |
| 中美对话 | 2 | 1.16 | 22 | 8.12 | 31 | 20.53 | 12 | 9.30 |
| 中美元首会晤 | 7 | 4.05 | 2 | 0.74 | 3 | 1.99 | 0 | 0.00 |
| 强有力的政府 | 3 | 1.73 | 1 | 0.37 | 2 | 1.32 | 0 | 0.00 |
| 中美经贸事实 | 8 | 4.62 | 17 | 6.27 | 7 | 4.64 | 3 | 2.33 |
| 中美经贸举措 | 1 | 0.58 | 8 | 2.95 | 2 | 1.32 | 2 | 1.55 |
| 中美建交历史 | 1 | 0.58 | 0 | 0.00 | 1 | 0.66 | 1 | 0.78 |
| 中美人民的深情厚谊 | 2 | 1.16 | 2 | 0.74 | 1 | 0.66 | 0 | 0.00 |

在中美贸易摩擦期间（2017年1月—2018年3月）《纽约时报》指责中国

政府破坏贸易规则,在交易方式上缺乏透明度和人权,参与他国国家事务,并将中国发展的妖魔化,强调中国对美国在亚太乃至全世界的经济和安全利益构成威胁。"China Can Thrive in the Trump Era"(中国会在特朗普时代蓬勃发展)、"China Has a Plan to Be Nearly Self-Sufficient by 2025. Global Rivals Call It Unfair"(中国计划到2025年基本实现自给自足。全球竞争对手称这是不公平的)等多篇文章都在强调中国在新时期"实现中华民族的伟大复兴"的国家目标,与美国特朗普政府提出的"让美国再次伟大"之间的相互对立,认为中美之间"第一"的相争必有一战。于是,越来越警惕中国的崛起。"经济与安全威胁"成为这一阶段对中国的主要描述内容。因此"Signals for Battle"(战役的信号)、"New Cold War"(新的冷战)、"fierce competitors"(强有力的竞争对手)等火药味十足词语频繁出现。

在中美贸易冲突期(2018年4—10月),《纽约时报》多以贸易或技术制裁与反制措施与中美经济产业影响议题强调中国的贸易反制措施给美国带来的影响。对于中国在关税上对美国展开的反击,《纽约时报》在表述上更多表现出担忧,常出现"Fears of a trade war reverberated through the world's markets"(对贸易战的担忧在全球市场引起反响)、"American farmers appear to be the first casualties of an escalating trade war"(美国农民似乎是一场不断升级的贸易战的受害者)等表述。此时,《纽约时报》呈现的中国,矛盾而复杂。一方面肯定中国经济发展对于美国及全球的重要性,不希望与中国产生贸易冲突,另一方面又质疑中国经济发展数据,指责中国的不公平贸易,并坚持中美贸易之间存在的巨大逆差,造成美国的失业率上升。

在中美经贸磋商期(2018年11月—2019年4月),《纽约时报》对中美对话的关注度显著提高。但在报道方向并不看好中美经贸磋商所能取得的成果。对于国内普遍看好的中美两国元首在阿根廷布宜诺斯艾利斯的会晤共识,《纽约时报》这样写道:

> The temporary truce, forged over a working dinner on Saturday night in Buenos Aires, does little to resolve the deep differences between the two nations and is more a political agreement than a substantive one.①
> 星期六晚上在布宜诺斯艾利斯举行的一次工作晚宴上达成的临时停

---

① The New York Times: Trade Truce by China and U.S. gives both sides political breathing room[N]. 2018-12-3.

火协议,对解决两国之间的深刻分歧没有多大帮助,只是一项政治协议,而不是实质性协议。

在《纽约时报》的报道中,中国似乎是一个在谈判中经常食言,通过给予总统特朗普个人回报实现谈判目的,耍政治手段的国家:

>But American officials are focused on ensuring that China, which has often reneged on promises to past administrations, actually adheres to any agreement.[①]
>但美国官员的重点是确保中国切实遵守任何协议,中国过去常常食言。
>The bad news is that if we do make a trade deal with China, it will basically be because the Chinese are offering Donald Trump a personal political payoff.[②]
>坏消息是,如果我们和中国达成贸易协议,那基本上是因为中国给了特朗普个人政治回报。

在中美磋商矛盾期(2019年5—6月),《纽约时报》的报道议题角度基本与《中国日报》一致,通过贸易或技术制裁与反制措施与中美经济产业影响、中美企业影响议题的组合,表达对美国特朗普政府的批评以及对中美经济未来发展的担忧。但与此同时,在《纽约时报》的报道中也不乏出现对中国强硬的态度和反制措施的指责声。如2019年6月2日的报道文章"China, Pressured by Trump on Trade, Pushes Back: The U.S. Wants a Yard"(中国在贸易方面受到特朗普的压力,反击道:美国得寸进尺)指责中国几乎没有显示出会让步的迹象,甚至威胁将停止向中国合作企业供货的美国公司和个人列入黑名单。

总而言之,《纽约时报》对于中美贸易摩擦的报道从贸易或技术制裁与反制措施议题展开,一方面反对美国特朗普政府对中国的贸易或技术制裁,肯定中国经济在全球经济中的作用,担心中美贸易摩擦对美国经济造成的影响;另一方面又担心中国崛起,指责中国贸易的不公,威胁美国的国家安全。

---

① The New York Times: U.S. struggles to pin down china in trade talks[N].2019-2-22.
② The New York Times: Trump, trade and the advantage of autocrats[N].2019-2-26.

## (二)报道主题框架分析

新闻报道主题框架是人们组织事务的原则或中心思想,[①]是编辑或记者对新闻事件施加意义的过程。[②]凯尼曼和特维尔斯基(Kahneman & Tversky)认为,框架可以引导个体关注某个点并忽略其他内容,进而使个体在同样的信息下做出不同的决策。[③]新闻报道的框架决定国家形象。随着中美贸易摩擦事件的持续发酵,《中国日报》和《纽约时报》通过选择不同的报道议题角度对该事件进行报道,重组再现了报道主题框架,呈现出中国在中美贸易摩擦情境下不同的国家形象。

### 1.报道主题框架总体分析

在报道中,每个报道议题角度的呈现,并非单独出现,而是以议题集合的方式,共同凸显某一新闻主题。这种议题集合的直接表现就是报道框架。报道主题框架的存在更为清晰、明显地反映了报道议题角度所要呈现主旨意义,从而更为直接地展现报道背后的中国国家形象。

通过对报道议题角度的内容理解,本文借鉴前人研究的多层框架分析法,[④]将上述 24 个报道角度纳入目前为学界所认可的七个通用框架之中。具体划分如表 6:

**表 6 报道主题框架内涵意义划分**

| 报道主题框架 | 具体内涵 | 包含报道议题角度 |
| --- | --- | --- |
| 冲突框架 | 强调中美之间政治、经济、军事等方面的争议与冲突 | 贸易或国家安全调查或审查 |
| | | 贸易或技术制裁与反制措施 |
| | | 主权侵扰与军事行动 |
| | | 中美立场对抗表述 |

---

① 臧国仁.新闻媒体与消息来源:媒介框架与真实建构之论述[M].台北:三民书局股份有限公司,1999.
② Kahneman D.& Tversky A.Choices,values,and frames[J].American Psychologist,1984(39):341-350.
③ Gamson W.A.Talking politics[M].Cambridge University Press,1992.
④ Burch E.A,Harry J.C.Counter-hegemony and environmental justice in California newspapers:source use patterns in stories about pesticides and farm workers[J].Journalism & Mass Communication Quarterly,2004,81(3):559-577.

续表

| 报道主题框架 | 具体内涵 | 包含报道议题角度 |
| --- | --- | --- |
| 经济结果框架 | 中美贸易摩擦事件所产生的经济影响 | 中美经济产业影响 |
| | | 中美企业影响 |
| | | 世界其他经济体的影响 |
| | | 中美人民的影响 |
| 责任归属框架 | 反映中美贸易摩擦产生或解决的责任归属问题 | 中美贸易顺差 |
| | | 中国威胁论 |
| | | 指责中国政府 |
| | | 美国政府的贸易保护主义行为 |
| | | 美国政府的贸易霸凌主义行为 |
| | | 现任美国政府背信弃义 |
| 合作框架 | 强调中美之间的合作愿望、前景及成果 | 中美经贸合作前景 |
| | | 中美合作意愿 |
| | | 中美关系持续发展 |
| | | 中美对话 |
| 领导力框架 | 强调政府及其官员等主体在中美贸易摩擦中表现出来的领导能力 | 中美元首会晤 |
| | | 强有力的政府 |
| 事实框架 | 直接陈述中美贸易摩擦相关的客观事实,不涉及具体影响和结果 | 中美经贸事实 |
| | | 中美经贸举措 |
| 人情味框架 | 通过人物故事或者情感描述呈现中美贸易摩擦相关事件,能引发人的情感共鸣 | 中美建交历史 |
| | | 中美人民的深情厚谊 |

如表7所示,在中美贸易摩擦报道中,两报的报道主题框架均丰富而多样,可以较为全面地呈现出《中国日报》与《纽约时报》报道背后丰富的中国国家形象内涵。但是,就单个报道主题框架来看,两报之间又有些许差距。

## 中国国家形象的自塑与他塑：基于《中国日报》与《纽约时报》中美贸易摩擦报道研究

表7 《中国日报》与《纽约时报》中美贸易摩擦事件报道主题框架分布

| 报道主题框架 | 中国日报 | | 纽约时报 | | 合计 | |
| --- | --- | --- | --- | --- | --- | --- |
| | 数量(次) | 百分比(%) | 数量(次) | 百分比(%) | 数量(次) | 百分比(%) |
| 冲突框架 | 273 | 18.60 | 173 | 26.80 | 446 | 21.08 |
| 经济结果框架 | 251 | 17.10 | 156 | 24.20 | 407 | 19.23 |
| 责任归属框架 | 214 | 14.50 | 146 | 22.60 | 360 | 17.01 |
| 合作框架 | 387 | 26.30 | 98 | 15.20 | 485 | 22.92 |
| 领导力框架 | 152 | 10.30 | 16 | 2.50 | 168 | 7.94 |
| 事实框架 | 165 | 11.20 | 48 | 7.40 | 213 | 10.07 |
| 人情味框架 | 29 | 2.00 | 8 | 1.20 | 37 | 1.75 |
| 合计 | 1471 | 100.00 | 645 | 100.00 | 2116 | 100.00 |

注：单篇新闻文本的报道主题框架可能存在多个，本研究规定单篇报道主题框架最多4个且不累计，故报道主题框架的数量超过文本总量。

从纵向上看，《中国日报》的报道主题框架出现频率最多的前三位依次是合作框架(26.30%)、冲突框架(18.60%)、经济结果框架(17.10%)，偏向于利用合作框架呈现事件。而《纽约时报》前三位依次则是冲突框架(26.80%)、经济结果框架(24.20%)和责任归属框架(22.60%)，更倾向于使用冲突框架。从横向上看，《纽约时报》在冲突框架(26.80%)、经济结果框架(24.20%)和责任归属框架(22.60%)的使用频率上高于《中国日报》，更多使用经济结果框架与责任归属框架。《中国日报》则在合作框架(26.30%)、领导力框架(10.30%)、事实框架(11.20%)、人情味框架(2.00%)的使用频率高于《纽约时报》，更善于使用领导力框架、事实框架、人情味框架。这种使用报道主题框架的倾向性，更为集中展现了中美贸易摩擦报道背后的中国国家形象内涵。尽管两报都集中报道中美贸易摩擦对中美乃至世界经济造成的损害，都希望尽快解决中美之间的贸易问题，但两报在此过程中表现出来的态度与立场存在差异。

《中国日报》多呈现出合作框架，辅之以领导力框架、事实框架与人情味框架，主要表达开放发展、合作共赢的诚意，传达对中国经济发展及中国政府的信心。虽批评美国的贸易保护主义，反对美国单方面发起的关税制裁和对中国中兴、华为等企业的技术限制，但仍表现出解决矛盾的诚意，坚持对外开放，不断完善知识产权等相关制度，在谈判中主动让步，恢复对美国农产品的进口，率先停止对美国产品加征关税，积极表明对中美经贸关系的一贯立场。积极乐观，与中国国家话语体系善于表达的"道路曲折，但前途光明"相一致。在话语表述上，以"Sino-US relations are expected to strike a new balance after a period of frictions"(经过一段时间的摩擦后,中美关系有望达到新的平衡)"Friction is just normal between two large trading partners"(两大贸易伙伴之间的摩擦是正常的)、"the two sides will achieve positive,pragmatic,mutually beneficial and balanced results"(双方将取得积极、务实、互利和平衡的成果)等语句,对中美经贸未来进行展望。

《纽约时报》则以呈现冲突框架为主,以经济结果框架与责任归属框架为辅,主要传递中美之间经济、政治、立场的争论焦点,表达对中国崛起既担忧又依赖的矛盾。报道多论述了美国政府对中国进行加征关税、技术限制的决策过程,反映了"支持"与"反对"两种论调。支持者认为,中国利用各种不公平手段,在中美贸易及经贸磋商中占据优势,偷走美国就业岗位,危及美国制造业发展,利用美国技术将设备卖到中东等国家,在经济上逐渐赶超美国。反对者认为,美国对中国关税制裁,变向增加了美国企业的经济负担,导致美国蓝领阶层失业率增多。与此同时,中国对美国的反制裁措施,直接导致美国大豆等多种农产品销量降低、日常消费品价格增高。因此,美国国会、智囊团与企业团体人士都反对对中国的关税政策。例如,《纽约时报》2018年4月12日对美国总统特朗普对中国征收关税的报道:

> Across the ideological spectrum, trade experts and former top economic advisers to presidents say Mr. Trump is right to highlight issues on which China is widely viewed as an offender, such as intellectual-property theft and access to its domestic market. But many of those experts say Mr. Trump's planned tariffs would backfire — by raising costs to American businesses and consumers, and by inviting retaliation against American exporters.①
>
> 在各种意识形态中,贸易专家和前总统高级经济顾问都说,特朗普强调中国被普遍视为侵犯者的问题是正确的,比如知识产权盗窃和进入国内市场。但许多专家表示,特朗普计划中的关税会适得其反——提高美国企业和消费者的成本,招致对美国出口商的报复。

由此可见,在中美贸易摩擦报道中,《中国日报》与《纽约时报》都倾向于表达意见与看法,具有较强的主观性与意识形态色彩。其中,《中国日报》注重合

---

① The New York Times:No,experts say,they don't back U.S tariffs[N].2018-4-12.

作框架的呈现,关注对中国国家话语的叙述;《纽约时报》则侧重于冲突框架的呈现,既关注客观经济事实也重视个人主观看法。

2.《中国日报》新闻报道阶段和主题框架出现的频率分析

单独来看,《中国日报》在每个阶段的报道主题框架各有侧重。这种报道主题框架的不同侧重,与报道议题角度的侧重相一致,更为鲜明地反映出《中国日报》在不同报道阶段所呈现的中国国家形象。

如表8所示,在中美贸易摩擦期(2017年1月—2018年3月)合作框架是《中国日报》最主要的主题。这种报道主题框架的侧重,表现出了稳定国内外担忧情绪与中国不寻求对抗的特点。作为美国挑起贸易摩擦的前夕,《中国日报》一方面展示中国坚决反对美国进行贸易调查、加征关税或对中兴等科技企业进行技术限制的行为,另一方面澄清所谓的中美贸易逆差与中国操纵贸易等论调,着重讲明美国特朗普政府的贸易保护主义与美国优先政策,从文本逻辑与问题阐释上表达争议,说明中国绝不寻求贸易冲突,以稳定国内外担忧情绪。与此同时,在用词与文本描述上,以"dialogue can reduce trade frictions"(对话可以减少贸易摩擦)、"dialogue can bear fruit"(对话可以产生成果)、"work together to move their cooperation"(共同努力推动合作)等为主,着重展现中国合作开放的信念,展现中国政府为化解贸易矛盾所做出的努力。从整体上看,《中国日报》在这一阶段将中国看作是积极参与全球治理,和平友好的共建者。

表8 《中国日报》在中美贸易摩擦事件不同报道阶段的报道主题框架分布

| 报道主题框架 | 中美贸易摩擦期(2017年1月—2018年3月) | | 中美贸易冲突期(2018年4—10月) | | 中美经贸磋商期(2018年11月—2019年4月) | | 中美磋商矛盾期(2019年5—6月) | |
| --- | --- | --- | --- | --- | --- | --- | --- | --- |
| | 数量(次) | 百分比(%) | 数量(次) | 百分比(%) | 数量(次) | 百分比(%) | 数量(次) | 百分比(%) |
| 冲突框架 | 84 | 18.83 | 115 | 19.46 | 22 | 10.73 | 52 | 22.61 |
| 经济结果框架 | 51 | 11.43 | 135 | 22.84 | 13 | 6.34 | 52 | 22.61 |
| 责任归属框架 | 74 | 16.59 | 77 | 13.03 | 20 | 9.76 | 43 | 18.70 |
| 合作框架 | 125 | 28.03 | 126 | 21.32 | 89 | 43.41 | 47 | 20.43 |
| 领导力框架 | 65 | 14.57 | 36 | 6.09 | 35 | 17.07 | 16 | 6.96 |
| 事实框架 | 36 | 8.07 | 94 | 15.91 | 17 | 8.29 | 18 | 7.83 |
| 人情味框架 | 11 | 2.47 | 7 | 1.18 | 9 | 4.39 | 2 | 0.87 |

在中美贸易冲突期(2018年4—10月),经济结果框架跃居首位,合作框架、冲突框架、事实框架都在15%以上。中美互征关税,贸易摩擦进行到白热化阶段,报道主题框架由之前稳定情绪与不寻求对抗转向了坚决自卫与合理批评,加大了对美国贸易政策所造成的经济影响的报道。在报道主题上,主要以美国政治经济影响为主,国际政治经济影响为辅,涉及产业、企业以及个体的影响。在论据使用上,主要列举经济损失或者以普通民众的身份叙述。对于中国经济在此过程中受到的影响,《中国日报》更多的是从经济数据事实上的展现中国经济的稳定与良好,进而坚定国内外对于中国市场的信心,体现了一以贯之的积极乐观的中国国家话语体系。总体上看,《中国日报》在这一阶段展现了中国经济的强大与稳定,突出表现中国是美国与世界的政治和经济伙伴。

在中美经贸磋商期(2018年11月—2019年4月),合作框架与领导力框架成为重中之重,其中合作框架甚至高达43.41%。随着中美进行的多轮经贸磋商,之前不断被放大的贸易争议与后果逐渐减少。《中国日报》着重报道中国真诚的合作意愿以及政府及领导人为此做出的努力,对经贸磋商予以期待。领导力框架更是《中国日报》的一大特色。它主要以中美两国政府和领导人的言行为中心,反映了中国政府和领导人对中美贸易摩擦事件的高度重视,强调中国国家主席习近平在中美对话、解决贸易矛盾中所起到的关键作用。对于在此期间出现的华为高管被拘事件,也着重于表现解决途径。总而言之,在这一阶段《中国日报》展现的中国是一个积极作为、勇于担当、不卑不亢、开放合作的大国形象。

在中美磋商矛盾期(2019年5—6月),由于美国出尔反尔,冲突框架和经济结果框架成为《中国日报》报道该阶段频率最高的框架,责任归属框架、合作框架报道频率亦在15%以上。此时《中国日报》除了表明中国一贯的合作态度,更多的是指明美国应当对反复出现的贸易冲突承当责任。报道主题主要涉及美国对中国贸易与技术上的制裁威胁以及所造成的后果。与中美贸易冲突期(2018年4—10月)不同的是,《中国日报》这一阶段报道的"中国宏观经济会受到贸易摩擦的一定影响,但是这种外部环境的新常态是中国必须适应而终将克服的",①符合中国国家话语体系的"前途光明"的发展观。整体上,此阶段的中国是一个在国际贸易和经济合作中勇于捍卫自身正当利益和正当权利,以最大诚意推进中美经贸磋商的形象。

---

① China Daily:China has to withstand shock waves from its rise[N].2019-5-22.

3.《纽约时报》新闻报道阶段和主题框架出现的频率分析

以冲突框架为主的《纽约时报》，在各个阶段下的框架也与《中国日报》有很大区别。整体与报道议题角度相一致，鲜明反映出《纽约时报》在不同报道阶段所呈现的中国国家形象。

表9 《纽约时报》在中美贸易摩擦事件不同报道阶段的报道主题框架分布

| 报道主题框架 | 中美贸易摩擦期（2017年1月—2018年3月） | | 中美贸易冲突期（2018年4—10月） | | 中美经贸磋商期（2018年11月—2019年4月） | | 中美磋商矛盾期（2019年5—6月） | |
| --- | --- | --- | --- | --- | --- | --- | --- | --- |
| | 数量（次） | 百分比（%） | 数量（次） | 百分比（%） | 数量（次） | 百分比（%） | 数量（次） | 百分比（%） |
| 冲突框架 | 44 | 29.33 | 68 | 27.87 | 25 | 17.48 | 36 | 33.33 |
| 经济结果框架 | 22 | 14.67 | 67 | 27.46 | 30 | 20.98 | 37 | 34.26 |
| 责任归属框架 | 52 | 34.67 | 48 | 19.67 | 31 | 21.68 | 15 | 13.89 |
| 合作框架 | 11 | 7.33 | 32 | 13.11 | 41 | 28.67 | 14 | 12.96 |
| 领导力框架 | 9 | 6.00 | 2 | 0.82 | 5 | 3.50 | 0 | 0.00 |
| 事实框架 | 9 | 6.00 | 25 | 10.25 | 9 | 6.29 | 5 | 4.63 |
| 人情味框架 | 3 | 2.00 | 2 | 0.82 | 2 | 1.40 | 1 | 0.93 |

如表9所示，在中美贸易摩擦期（2017年1月—2018年3月），《纽约时报》频率占20%以上的为责任归属框架、冲突框架。这表明，在中美贸易摩擦前期，《纽约时报》重点突出中国利用各种不公平的贸易手段获得经济的崛起，致使美国的经济和国家地位受到冲击与挑战，对贸易摩擦发生负有责任，渲染了恐慌情绪，为对中国进行贸易调查与制裁进行了合理性论述。这一阶段，在《纽约时报》中的中国被看作美国的经济敌人，是破坏贸易规则，偷窃美国科技，操作他国国家事务，威胁美国乃至全世界的经济和安全的祸首。

在中美贸易冲突期（2018年4—10月），《纽约时报》的冲突框架更加突出，经济结果框架也在20%以上。此阶段的报道主题框架一方面突出中美之间的争议，强化中国的强硬回击；另一方面则重点突出贸易摩擦对中美所造成的经济影响，引发对美国产业、企业及个人发展的担忧。在新闻报道过程中既出现对美国总统特朗普的贸易政策、对中国进行贸易调查与制裁的支持态度与看法，也出现了反对的声音。这一阶段，《纽约时报》呈现出的中国政治上是强硬的，经济上是矛盾而复杂的，即对美国及全球具有重要意义，又会影响美国工人的就业。

在中美经贸磋商期（2018年11月—2019年4月），合作框架成为《纽约时报》报道主流，这与《中国日报》相似。这表明，与中国的贸易冲突逐渐让美国意识到贸易摩擦的严重后果，希望通过谈判谋取自身利益最大化。中美在贸易问题上达成的共识，中国率先在关税上的退让，成为《纽约时报》报道的内容重点。但《纽约时报》并不看好中美经贸磋商所能取得的成果。在《纽约时报》的报道中，多报道华为对美国国家安全造成的危机，中国在谈判中的无作为与食言，以及美国总统特朗普与中国的个人交易等内容。这一阶段，《纽约时报》呈现出的中国形象是一个表面顺从，但背地耍手段，言而无信的投机者。

在中美磋商矛盾期（2019年5—6月），经济结果框架和冲突框架再次成为《纽约时报》的主要框架。与中美贸易冲突期（2018年4—10月）类似，该阶段的报道主题框架突出中美之间的争议，反映其对中美所所造成经济影响的担忧，同样出现对中国关税制裁支持与反对的两种态度。但此时在谈判失败原因上，《纽约时报》更多强调中国谈判官员贸易知识的匮乏，指责中国在谈判中缺乏诚信，为美国的再次制裁辩护。这一阶段，中国在《纽约时报》的形象更加复杂，强势、危险又狡猾。

## 七、中、低层次结构框架分析：
## 　　中国国家形象的建构

新闻的中、低层次框架分析可以更好地了解两报是如何建构中美贸易摩擦报道，更深入地了解两报对中国国家形象的建构。恩特曼曾强调说，新闻文本的框架是通过选择或聚集某些关键词、习惯用语、刻板化的形象、消息来源以及句子等特定结构形式来强化主题的。[1]因此，新闻报道的这些特定结构形式是建构社会真实的原料，具体体现为臧国仁所述的新闻报道的中、低层次结构框架。

其中中层次结构框架就是一种新闻报道的整体结构形式，按时间变量归为主要事件、先前事件与历史、结果与影响、归因、评估五个类别，置于整个新

---

[1] R.M.Entman.Framing:toward clarification of a fractured paradigm[J].Journal of Communication,1993,43(4):51-58.

闻报道事件中分析。低层次结构框架是一种语言或符号组成的修辞与风格,①具体可以表现为消息来源、报道倾向以及文本意义分析。

### (一)报道的整体结构分析:情节与评议兼并

根据中美贸易摩擦报道的具体内容及臧国仁关于新闻中层结构的定义,本文将报道的整体结构划分如下:

1.主要事件:指中美贸易摩擦事件的具体进展与主要情节,只强调双方有针对性的具体行动或举措。包括中美相关新闻发布会、中国遭受的不公平的贸易调查;中美就该事件的外交与外事活动、中美之间的相互制裁以及磋商过程以及中美在这期间贸易行为等。

2.先前事件与历史:指发生中美贸易摩擦发生之前与之有直接或间接因果关系的事件,强调事件发生的背景。包括此前中美的股市行情、货币流通状况、相关行业发展现状等中美经济情况;特朗普执政后的对华政策;中美双方的全球化战略以及中美相关历史等。

3.结果与影响:指中美贸易摩擦造成的直接后果、间接效应,强调摩擦背后带来的影响与结果。包括中美贸易摩擦对中美以及国际社会造成的政治、经济关系等方面的影响(包括消极影响、积极应对的结果),如对贸易摩擦期间人民币汇率、股市、农业、工业、全球经济发展的影响等。

4.归因:指对中美贸易摩擦事件发生的因果推论,强调事件发生的原因与双方意图推论。包括中美贸易摩擦发生的原因推论,中美贸易摩擦的主要责任推论,美国或其他国家对我国某些经济政策、基础设施建设、对外投资意图的推论与猜测。

5.评估:指各方对中美贸易摩擦事件赞成或者反对的态度、看法。包括对中美贸易摩擦、两国经济政策、中美合作以及对中美磋商价值等的呼吁、看法、评价。

---

① 臧国仁.新闻媒体与消息来源:媒介框架与真实建构之论述[M].台北:三民书局股份有限公司,1999.

表10 《中国日报》与《纽约时报》中美贸易摩擦报道的整体结构分布

| 整体结构 | 中国日报 | | 纽约时报 | | 合计 | |
| --- | --- | --- | --- | --- | --- | --- |
| | 数量(篇次) | 百分比(%) | 数量(篇次) | 百分比(%) | 数量(篇次) | 百分比(%) |
| 主要事件 | 285 | 28.60 | 111 | 33.30 | 396 | 29.80 |
| 先前事件与历史 | 98 | 9.80 | 25 | 7.50 | 123 | 9.20 |
| 结果与影响 | 252 | 25.30 | 89 | 26.70 | 341 | 25.60 |
| 归因 | 103 | 10.30 | 34 | 10.20 | 137 | 10.30 |
| 评估 | 259 | 26.00 | 74 | 22.20 | 333 | 25.00 |
| 合计 | 997 | 100.00 | 333 | 100.00 | 1330 | 100.00 |

如表10所示,《中国日报》与《纽约时报》的报道结构十分相似,事件具体情节与事件评议兼并,既关注事件正发生了什么,又强调事件导致了什么。从数据上看,主要事件在两份报纸对中美贸易摩擦的报道占比中居于首位,说明两报都较为关注中美贸易摩擦事件发生的具体动作与经过。同时,结果与影响在两报的报道整体结构中均达到25%以上,说明两报对中美贸易摩擦事件的报道都具有一定的结果导向趋势,虽重在传递消息,却可以结果暗示读者表达媒体自身的观点。此外,具有较强的主观性的评估结构也均占两报的20%以上,与两报以评论、社论文章为主形成了照应,阐述了其他人或媒体自身对中美贸易摩擦事件相关内容的态度和观点。

表11 《中国日报》与《纽约时报》在中美贸易摩擦不同阶段报道的整体结构

| 报刊类别 | 整体结构 | 中美贸易摩擦期(2017年1月—2018年3月) | | 中美贸易冲突期(2018年4—10月) | | 中美经贸磋商期(2018年11月—2019年4月) | | 中美磋商矛盾期(2019年5—6月) | |
| --- | --- | --- | --- | --- | --- | --- | --- | --- | --- |
| | | 数量(篇次) | 百分比(%) | 数量(篇次) | 百分比(%) | 数量(篇次) | 百分比(%) | 数量(篇次) | 百分比(%) |
| 中国日报 | 主要事件 | 79 | 28.9 | 126 | 29.4 | 47 | 32.9 | 33 | 21.7 |
| | 先前事件与历史 | 82 | 30.0 | 5 | 1.2 | 10 | 7.0 | 1 | 0.7 |
| | 结果与影响 | 32 | 11.7 | 158 | 36.8 | 17 | 11.9 | 45 | 29.6 |
| | 归因 | 19 | 7.0 | 48 | 11.2 | 16 | 11.2 | 20 | 13.2 |
| | 评估 | 61 | 22.3 | 92 | 21.4 | 53 | 37.1 | 53 | 34.9 |
| | 合计 | 273 | 100.0 | 429 | 100.0 | 143 | 100.0 | 152 | 100.0 |

续表

| 报刊类别 | 整体结构 | 中美贸易摩擦期(2017年1月—2018年3月) | | 中美贸易冲突期(2018年4—10月) | | 中美经贸磋商期(2018年11月—2019年4月) | | 中美磋商矛盾期(2019年5—6月) | |
|---|---|---|---|---|---|---|---|---|---|
| | | 数量(篇次) | 百分比(%) | 数量(篇次) | 百分比(%) | 数量(篇次) | 百分比(%) | 数量(篇次) | 百分比(%) |
| 纽约时报 | 主要事件 | 20 | 26.7 | 46 | 35.7 | 25 | 32.9 | 20 | 37.7 |
| | 先前事件与历史 | 22 | 29.3 | 2 | 1.6 | 1 | 1.3 | 0 | 0.0 |
| | 结果与影响 | 8 | 10.7 | 44 | 34.1 | 21 | 27.6 | 16 | 30.2 |
| | 归因 | 11 | 14.7 | 11 | 8.5 | 4 | 5.3 | 8 | 15.1 |
| | 评估 | 14 | 18.7 | 26 | 20.2 | 25 | 32.9 | 9 | 17.0 |
| | 合计 | 75 | 100.0 | 129 | 100.0 | 76 | 100.0 | 53 | 100.0 |

如表11所示,两报所报道的整体结构在各阶段也基本一致。中美贸易摩擦期(2017年1月—2018年3月),两报比重前三位皆为先前事件与历史、主要事件与评估。中美贸易冲突期(2018年4—10月)两报运用最频繁的两类报道结构均为结果与影响与主要事件环节。中美经贸磋商期(2018年11月—2019年4月)评估与主要事件环节均被两报所重视。中美磋商矛盾期(2019年5—6月)则有些许区别,《中国日报》以评估、结果与影响为主,《纽约时报》则以主要事件、结果与影响为主。

两报这种相似的报道结构特点与中美贸易摩擦事件的发展周期相吻合。在贸易摩擦前期受众对事件不了解的时候,注重报道中美贸易的相关背景知识,描述中美贸易摩擦事件的具体经过、主要人物与场景,并以相关人士的看法与评价引导受众。在贸易冲突发生时,着重报道中美贸易冲突的具体行动。同时由于前期的贸易摩擦,其对中美两国乃至世界的影响逐渐产生明显,报道关注量提高。当矛盾逐渐缓和,中美开启对话时,重点关注中美政府与领导人的会晤及成果,对中美贸易摩擦与缓和予以评述。直到磋商出现矛盾与争议时,呈现争议事实,报道由此造成的影响,展现相关人士对此的看法与态度成重点。总而言之,《中国日报》与《纽约时报》的报道整体结构以情节与评议相结合。

## (二)消息来源分析:多元与专业

消息来源不仅决定了新闻的框架,而且也构造了不同的新闻报道话语。[1]消息来源成为构建新闻框架的内容之一。所谓消息来源,就是"新闻引述中提及个人、组织或文件"[2]或正文之外明确注明撰稿人身份(不包括本报)的新闻出处。消息来源可以反映出新闻工作者与不同消息源的权力与利益关系。[3]因此,分析消息来源的种类可以展现新闻报道的框架建构过程,并在一定程度上解释其报道背后的权力关系。具体来说,将消息来源划分为以下几类,对于采用多种消息来源的报道,以报道位置靠前、报道篇幅最多的引述内容为主,正文之外明确注明撰稿人身份的内容为辅,在无法确定的情况下将其划归不明模糊消息源。

1. 官方:指专门负责此事、有具体所指的政府部门、官员的政府公告、官方信息、报告或数据等。

2. 非政府组织:包括国际组织、民间组织和企业的相关人员的报告、数据或言论等。

3. 不明模糊信源:包括匿名人士、分析人士或者自采报道中未有引述、无法确定的来源。

4. 普通民众:有清晰身份标识的普通大众。

5. 媒体机构:有具体身份大众媒体,专栏作家等。

6. 专家学者:包括各国专家学者、不负责该事件但对该类事务有丰富经验的前任官员。

---

[1] 臧国仁.新闻媒体与消息来源:媒介框架与真实建构之论述[M].台北:三民书局股份有限公司,1999.

[2] 臧国仁.新闻媒体与消息来源:媒介框架与真实建构之论述[M].台北:三民书局股份有限公司,1999.

[3] 曾繁旭,戴佳,郑婕.框架争夺、共鸣与扩散:PM2.5议题的媒介报道分析[J].国际新闻界,2013,35(8):96-108.

表 12 《中国日报》与《纽约时报》中美贸易摩擦报道的消息来源分布

| 消息来源 | 中国日报 | | 纽约时报 | | 合计 | |
| --- | --- | --- | --- | --- | --- | --- |
| | 数量(篇次) | 百分比(%) | 数量(篇次) | 百分比(%) | 数量(篇次) | 百分比(%) |
| 官方 | 364 | 36.5 | 121 | 36.3 | 485 | 36.50 |
| 非政府组织 | 129 | 12.9 | 61 | 18.3 | 190 | 14.30 |
| 不明模糊信源 | 112 | 11.2 | 41 | 12.3 | 153 | 11.50 |
| 普通民众 | 20 | 2.0 | 16 | 4.8 | 36 | 2.70 |
| 媒体机构 | 60 | 6.0 | 15 | 4.5 | 75 | 5.60 |
| 专家学者 | 312 | 31.3 | 79 | 23.7 | 391 | 29.40 |
| 合计 | 997 | 100.00 | 333 | 100.00 | 1330 | 100.00 |

如表 12 所示,两报关于中美贸易摩擦报道的消息来源引用比例大体一致,均分布多样,以官方与专家学者为主要消息来源,而源自普通民众或媒体机构的则非常有限。新闻报道通过对消息来源的选择,构建了不同群体在该报道中的话语地位。[①]这种消息来源的多样性也说明两报在中美贸易摩擦报道中的专业性和客观性,政府官方与专家学者在《中国日报》与《纽约时报》中具有一定话语权。同时,结合中层次结构框架来看,政府官方、专家学者作为消息来源主要出现在主要事件、评估与影响环节,这再次印证了两报对事件情节与评价的重视。

---

① 甘险峰.美国主流媒介文本中的中国形象变迁:基于普利策新闻奖获奖作品中中国题材的梳理[J].新闻大学,2010(2):70-72.

表 13　《中国日报》与《纽约时报》在中美贸易摩擦事件不同阶段的消息来源

| 报刊类别 | 消极来源 | 中美贸易摩擦期（2017年1月—2018年3月） | | 中美贸易冲突期（2018年4—10月） | | 中美经贸磋商期（2018年11月—2019年4月） | | 中美磋商矛盾期（2019年5—6月） | |
| --- | --- | --- | --- | --- | --- | --- | --- | --- | --- |
| | | 数量（篇次） | 百分比（%） | 数量（篇次） | 百分比（%） | 数量（篇次） | 百分比（%） | 数量（篇次） | 百分比（%） |
| 中国日报 | 官方 | 111 | 40.7 | 152 | 35.4 | 53 | 37.1 | 48 | 31.6 |
| | 非政府组织 | 26 | 9.5 | 62 | 14.5 | 12 | 8.4 | 27 | 17.8 |
| | 不明模糊信源 | 29 | 10.6 | 46 | 10.7 | 23 | 16.1 | 14 | 9.2 |
| | 普通民众 | 4 | 1.5 | 11 | 2.6 | 3 | 2.1 | 2 | 1.3 |
| | 媒体机构 | 11 | 4.0 | 21 | 4.9 | 10 | 7.0 | 18 | 11.8 |
| | 专家学者 | 90 | 33.0 | 137 | 31.9 | 42 | 29.4 | 43 | 28.3 |
| | 合计 | 273 | 100.0 | 429 | 100.0 | 143 | 100.0 | 152 | 100.0 |
| 纽约时报 | 官方 | 26 | 34.7 | 46 | 35.7 | 31 | 40.8 | 18 | 34.0 |
| | 非政府组织 | 12 | 16.0 | 26 | 20.2 | 13 | 17.1 | 10 | 18.9 |
| | 不明模糊信源 | 9 | 12.0 | 15 | 11.6 | 10 | 13.2 | 7 | 13.2 |
| | 普通民众 | 3 | 4.0 | 8 | 6.2 | 1 | 1.3 | 4 | 7.5 |
| | 媒体机构 | 3 | 4.0 | 5 | 3.9 | 3 | 3.9 | 4 | 7.5 |
| | 专家学者 | 22 | 29.3 | 29 | 22.5 | 18 | 23.7 | 10 | 18.9 |
| | 合计 | 75 | 100.0 | 129 | 100.0 | 76 | 100.0 | 53 | 100.0 |

　　如表 13 所示，《中国日报》与《纽约时报》在新闻报道各个阶段的消息来源分布与整体分布基本一致，官方来源占比为同时期的 30% 以上，专家学者占比达 20% 左右，均以官方与专家学者为主，说明了两报报道的多元性与专业性。

　　一方面，由于报道的国际与政治属性，在中美贸易摩擦报道中新闻记者很难直接与中美贸易摩擦的具体官员进行互动交流，内容消息往往通过两国政府的新闻发布会、招待会或官方声明等公开渠道获得。因此，两报报道偏爱于这种官方来源。同时，中美贸易摩擦作为国家间行为，选用官方消息作为一手信源也更具可信度与权威性。这种对官方消息来源的偏爱，一定程度上说明了两报所代表的官方立场。对于同样的中美政府官方消息，《中国日报》与《纽约时报》通常选择使用一定的方法与形式使其符合主流意识形态。例如，《中国日报》以直接引用的方式表述美国商务部长威尔伯·罗斯政府官员的言论，鲜明地表达出对中美合作对话的乐观态度：

> Ross said, "We're optimistic that at some point in the not too distant future, we can hopefully reach an agreement on that whole series of issues."①
> 罗斯说："我们乐观地认为，在不远的将来，我们有希望就这一系列问题达成协议。"

至于《纽约时报》则以直接引用的方式，烘托中美对话下的对抗氛围。如：

> "We have been very clear about the specific changes China should undertake," Robert Lighthizer, the United States trade representative, said in a statement Wednesday. "Regrettably, instead of changing its harmful behavior, China has illegally retaliated against U. S. workers, farmers, ranchers and businesses."②
> 美国贸易代表罗伯特·莱特希泽在周三的一份声明中说："我们已经非常清楚中国应该做出的具体改变。""遗憾的是，中国没有改变其有害行为，而是对美国工人、农民、牧场主和企业进行非法报复。"

另一方面，引述各专业领域的专家学者的言论，可以呈现多方观点，保持报道的平衡与相对中立。同时有话语权的专家学者对中美贸易摩擦的看法与评价，也可以对中美贸易摩擦的既有意义进行解构与重组，利用增加来自本国或"第三国"专家学者的言论直接或间接体现本国话语，起到暗示受众"怎么想"的作用。

### （三）报道倾向分析：中立却国家化

由于其所代表的国家利益不同，《中国日报》与《纽约时报》在对中国这一国家形象的塑造与认知是存在差异的。李正国指出，国家形象并非对该一国现实的复写，而是形象塑造者根据自己的理解或要求以意象化的象征符号表

---

① China Daily: Wilbur Ross sees reason for optimism on trade[N].2018-6-23.
② The New York Times: Chinese goods may face 25% tariffs, not 10%, as Trump's anger grows[N].2018-8-2.

述出来,构建的本国或他国形象。① 这种差异在新闻报道中尤为明显,受到权力结构、文化形态和政治经济利益的制约,不同国家的新闻媒体在报道同一内容上呈现出国内化、本地化,并最终体现为国家化、内在化的倾向。②

表 14 《中国日报》与《纽约时报》中美贸易摩擦事件的报道倾向分布

| 报道倾向 | 中国日报 | | 纽约时报 | | 合计 | |
| --- | --- | --- | --- | --- | --- | --- |
| | 数量(篇次) | 百分比(%) | 数量(篇次) | 百分比(%) | 数量(篇次) | 百分比(%) |
| 正面 | 489 | 49.00 | 3 | 0.90 | 492 | 37.00 |
| 中立 | 503 | 50.50 | 219 | 65.80 | 722 | 54.30 |
| 负面 | 5 | 0.50 | 111 | 33.30 | 116 | 8.70 |
| 合计 | 997 | 100.00 | 333 | 100.00 | 1330 | 100.00 |

在实际分析中,本文将肯定、支持与理解中国在贸易摩擦中的行动与政策,对中国形象有正面影响的报道定义为正面报道;平衡、客观报道具体事实,较为全面地呈现中美贸易摩擦下的中国的定义为中立报道;批评、指责中国在中美贸易中的行为与政策,可能对中国形象产生不利的影响的定义为负面报道。结果如表 14 所示,《中国日报》对中国的呈现以中立偏向积极为主,而《纽约时报》对中国的呈现以中立偏消极为主。这一方面说明两报作为两国新闻媒体的翘楚,一向秉持着客观、中立的新闻原则,另一方面也可以看出新闻报道作为社会性的产物,不可避免地会受到新闻规范、社会习惯和价值观念等因素的影响。《中国日报》作为中国对外传播的重要窗口,以传播好中国声音,消除国外公众对中国的误解,正确引导舆论为宗旨,因此对中国形象的塑造较为积极。《纽约时报》作为知识分子的报纸,受西方的影响很深,评论多由西方学者撰写,所以对中国的看法难免打上意识形态的烙印,受长期的刻板印象影响,因此对中国的报道较为负面。

两报的这种报道倾向特征更清晰地体现在其阶段性分布上。如图 3 与图 4 所示,虽然两报整体上都以中立报道为主,但是其报道倾向随着中美贸易摩擦事件的发展而不断调整。

在中美贸易摩擦期(2017 年 1 月—2018 年 3 月),由于贸易冲突尚未发生,两报更多地在为舆论造势,因而《中国日报》以正面报道为主,《纽约时报》

---

① 李正国.国家形象建构[M].北京:中国传媒大学出版社,2006.
② 詹姆斯·库兰,米切尔·古尔维奇.大众媒介与社会[M].北京:华夏出版社,2006.

则以负面报道居多。在中美贸易冲突期(2018年4—10月),两报在报道倾向上逐渐走向中立。究其原因是中美在关税等领域的对抗,一方面让中国政府及领导人意识到塑造一个战无不胜的中国的潜在影响,促使《中国日报》报道更为中立平衡;另一方面这也让美国智库专家、企业等更加清醒地认识到中美贸易摩擦的危害,促使《纽约时报》报道更加理性与客观。在中美经贸磋商期(2018年11月—2019年4月),两报中立的报道倾向愈发明显。这主要得益于中美之间的贸易磋商会议,随着中美领导人日趋频繁的接触,中国政策更加清晰透明,中美关系逐渐稳定,使两报报道更加中立。但在中美磋商矛盾期(2019年5—6月),随着中美的矛盾再次出现,两报报道倾向略有波动。未来《中国日报》的正面报道可能会越来越多,而《纽约时报》的负面报道可能会有所增多。

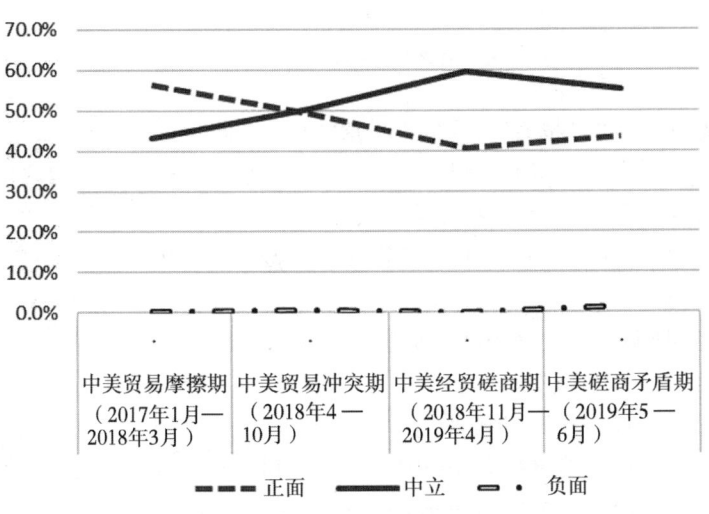

图3 《中国日报》报道倾向各阶段百分比趋势

### (四)文本意义个案分析

尽管《中国日报》与《纽约时报》在新闻报道结构、消息来源以及报道倾向上具有一定的相似性,但是对于中美贸易摩擦这同一的新闻内容,两报却呈现出不同的报道方向。为了更细致地考量《中国日报》与《纽约时报》是如何运用新闻报道结构、消息来源以及报道立场等在同一新闻报道下建构中国国家形象的,本文将以中美媒体关注度较高、较为典型的中美元首在阿根廷布宜诺斯艾利斯会晤成果报道作为个案,对其文本意义进行分析。

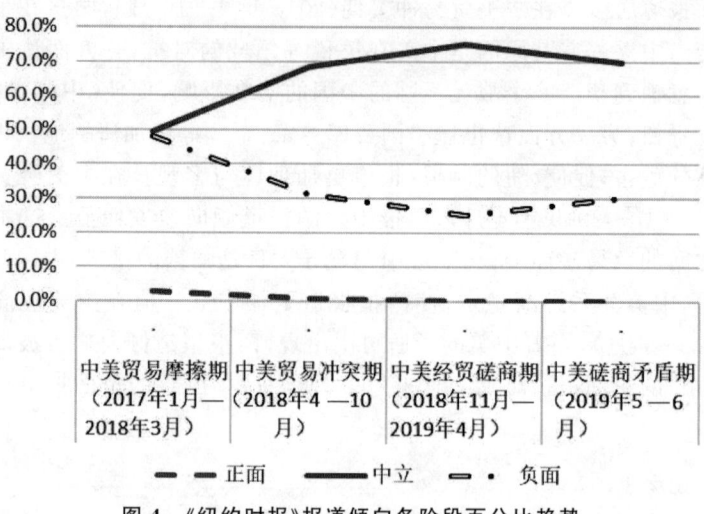

图4 《纽约时报》报道倾向各阶段百分比趋势

首先看《中国日报》发表的报道文章"China confident about trade talks with US"(中国对与美国的贸易谈判充满信心)。该文首先陈述了中国政府对于中美两国领导人会晤的看法,提出会晤是成功的(successful),并传达中方对于落实共识的自信(confidence)。随后,文章直接引用了中国商务部前部长魏建国的言论,指出中国应进一步开放(opening-up)与发展(development),把经贸这块蛋糕做大,让美国看到中国的发展会给美国带来更多的好处(benefits)。不仅如此,文章还以直接或间接引用的方式,引述了中美两国工商界领袖、美国代表以及北京对外经济贸易大学教授桑柏川等人的言论,指出中美双方对于建立健康稳定(healthy and stable)的中美经贸关系的期待以及中美的贸易结构相互补(complementary)的观点,同时列举了美国股市、道琼工业指数、纳斯达克综合指数等数据事实,陈述中美贸易摩擦对美国造成的影响。总的来说,该报道通过多方消息来源的直接与间接引述,以众多表示积极意义的词汇,对中美领导人会晤成果这一具体情节进行评议,传达了对此次会晤的看好,对中美合作的期待,建构起"合作的、政府举措有力的"中国形象。

再来看《纽约时报》报道文章"Trade Truce by China and U.S. Gives Both Sides Political Breathing Room"(中美贸易休战给双方政治喘息空间)。不同于《中国日报》,该报道强调此次会晤达成的协议,其目的只是为了给中美提供一些政治喘息空间。文章首先提出此次会晤协议对于解决两国之间的分歧并没有多大帮助(does little to resolve the deep differences),只是一项政治协议,而不是实质性协议。同时,分别列举了中美双方在官方声明中的分歧(disparity),客观陈述中国认为这次会议是"非常成功的"(very successful),美国特朗普政府认为这是一笔大交易(the largest deals ever made),以此形成对立。不仅如此,文章还列举了一些中美经贸事实,直接引述了美国财政部长史蒂文·姆努钦(Steven Mnuchin)的接受电话采访时的部分内容,进而认为这种脆弱的和平可能不会持久(the fragile peace may not last)。接着,文章结合对姆努钦的采访,详细分析了该协议内容,认为中国履行该贸易承诺具有一定难度(tough),担心中国会在中途改变(change)主意。但是,文章也同时列举了对此次对话成果乐观的人(optimism),保证了文章的均衡与中立。最后,文章借用中国问题专家史剑道之口,表达了对关税推迟了90天的看法,认为中国并不会在未来90天内改变(No)。但同时又以中美在汽车领域的经贸事实、中美汽车企业高管以及美国政府官方的言论,暗示中国势必将屈服于美国的关税,负责中国企业将付出高昂的代价(prove costly)。可见,该报道在消息来源的引述上较为中立,常常利用不同的声音平衡了争议双方肯定或否定的言论。同时,善于用有话语权的专家学者或官方言论对观点进行暗示,在用词上稍显消极。尽管同样对中美领导人会晤成果这一具体情节进行评议,但是内容更为丰富,建构了"冲突却又顺从"的矛盾中国。

总的来说,《中国日报》与《纽约时报》的中国国家形象建构方式十分相似。但是,由于受到意识形态与国家利益、经济以及文化价值观念等诸多因素的影响,《中国日报》与《纽约时报》自塑或他塑的中国国家形象呈现出一定的国家化,有着各国权利的烙印。

# 八、结论:自塑与他塑的中国国家形象

上文分析发现,《中国日报》与《纽约时报》"自塑"与"他塑"的中国国家形象之间存在趋同与差异并存的特点。一方面《中国日报》与《纽约时报》对中国国家形象的"自塑"与"他塑"在理念、方式等方面遵循相似的模式,塑造出相似的肯定中国经济发展的国家形象。另一方面,《中国日报》与《纽约时报》"自塑"与"他塑"的中国国家形象之间又有所区别,体现为《中国日报》自塑的中国国家形象更为积极,而《纽约时报》他塑的中国国家形象略为负面。本章将结合上文,试图具体阐述中国国家形象"自塑"与"他塑"的这种特点,并进一步提出未来中国国家形象塑造的思考。

## (一)自塑与他塑的中国国家形象的相同点

### 1.中国形象:迅速崛起、经济发展、潜力巨大

在新闻专业主义理念下,《中国日报》与《纽约时报》对于中国发展事实都呈现出了一种"新闻价值的尊重与回归"[1]的态度,并不断向"理性及现实主义回归",[2]共同呈现出一个迅速崛起、经济发展、潜力巨大中国国家形象。党的十九大以来,以习近平总书记为领导核心的党中央明确提出了我国"为中国人民谋幸福,为中华民族谋复兴"的新时代奋斗目标,坚定不移地推进全面深化改革,使中国在政治、经济、文化等各个方面迅速崛起。在政治上,中国积极影响过去由西方制定的游戏规则,人类命运共同体等理念深入人心。在经济上,中国已经是世界上最大的商品贸易国和第二大经济体。在文化上,孔子学院、"一带一路"倡议不断推进,5G技术等走向世界。这些都让包括美国在内的西方国家刮目相看,纷纷寻求与中国的合作。同时,中美贸易摩擦对中美乃至世界所产生的巨大负面影响更是从侧面进一步印证了中国发展与崛起对世界的重要作用。两报通过对"经济后果框架""责任归属框架"以及"事实框架"的使用,一致塑造了肯定中国经济发展的国家形象,体现了新闻报道的客观性。

### 2.建构方式:基于本国立场

在中国国家形象的建构方式上,《中国日报》与《纽约时报》同样具有趋同的特点。总的来说,两报的建构方式同样灵活多样,并且都会将自己的观点隐藏于消息来源、特定结构形式之中,直接站在本国立场上,表达中美各自国家的观点态度。一方面,在报道整体结构上,两报重视主要事件、结果与影响、评估环节,同时关注事件具体情节以及对事件的评议,既关注事件正发生了什么,又强调事件导致了什么;在消息来源建构上,引述多样,方式多元,以官方与专家学者为主要消息来源,具有专业性;在报道倾向上,对中美贸易摩擦的报道均秉持着客观公正的原则。另一方面,当中美贸易摩擦涉及国家核心利益时,两报的立场会直接站到本国利益上,并且将这种立场隐藏于各类建构方式之中。例如,《中国日报》在报道中美贸易摩擦造成的影响时,通常会运用美国或其他西方专家学者的言论体现中美合作的重要性,并且会通过报道部分美国农民在中美互征关税下面临的农产品滞销等个案,从而维护中国和平友

---

[1] 高楠楠,吴学琴.美国媒体话语中的当代中国国家形象变迁审视:以《基督教科学箴言报》为例[J].安徽大学学报(哲学社会科学版),2017,41(5):120-129.

[2] 陈先红.从APEC会议看中国国家形象塑造[J].国际公关,2014(6):34-35.

好、合作共赢的良好形象。而《纽约时报》则通常以第三方撰写的有关中美贸易摩擦事件的评述,表达自己对中国发展的负面态度。

### (二)自塑与他塑的中国国家形象的差异

由于中美贸易摩擦事件中不可避免的国家利益分歧,《中国日报》与《纽约时报》的这种国家立场偏向,促使两报"自塑"与"他塑"的中国国家形象之间形成差异。《中国日报》积极表述中国国家话语,"自塑"了各方面制度不断健全、积极参与全球经济治理、愿与世界人民一起合作共赢的负责任的大国形象。而《纽约时报》在报道中美贸易摩擦议题时多体现出的是一种二元对立的冲突框架,把中国看成竞争者与敌对者,"他塑"了复杂的、具有对抗性的且略为负面的中国国家形象。

1.中美贸易摩擦期:和平友好与经济对手

作为贸易摩擦的前夕,在中美贸易摩擦期(2017年1月—2018年3月)《中国日报》注重在舆论上解开误会,回应质疑,展现中国一贯和平友好、共商共建的形象。在报道议题与框架上,主要表达"中美合作意愿"议题下的"合作框架",以中国或者第三国的专家学者发出"中国声音",强调中美合作对世界的重要意义,从侧面体现中国领导人与中国政府为中美合作、全球经济治理做出的积极行动,表达中国绝不寻求贸易冲突的观点,以稳定国内外担忧情绪。另一方面,主动澄清所谓的中美贸易逆差与中国操纵贸易等论调,着重讲明美国特朗普政府的贸易保护主义与美国优先政策,从文本逻辑与问题阐释上表达争议,用事实说话,有针对性地回应质疑。无论从整体的报道倾向,还是用词上看,这一阶段对中国形象的呈现最为正面,表现出中国对中美经贸关系的乐观。

《纽约时报》把中国看作美国的经济敌人,警惕中国的崛起对美国所产生的经济与安全威胁。在报道议题角度上,《纽约时报》常指责中国政府在交易方式上缺乏透明度和人权,破坏贸易规则,以此强调中国利用各种不公平的贸易手段获得经济的崛起,致使美国的经济和国家地位受到冲击与挑战,从而渲染了恐慌情绪。在"冲突框架"中,强调中国政府谋求世界第一的战略必将与美国相冲突。在文本论述中,《纽约时报》一方面肯定中国在经济上的贡献,认为中国是一个潜在的经济和政治伙伴,另一方面却又对中国持刻板印象,担心中国对其经济、政治和军事上的威胁,认为中国是一个的竞争者。

2.中美贸易冲突期:开放友好与强硬激进

在中美双方正式在贸易上对抗的中美贸易冲突期(2018年4—10月),

《中国日报》报道下的中国在中美贸易争端中表现得不卑不亢,展现坚定的开放友好态度。在这一阶段,"经济结果框架"成为最主要的框架,《中国日报》强调中美贸易摩擦对中美乃至世界经济造成的巨大伤害,同时表示出面对美国无理要求的强硬的回应态度。在议题上,将"中美经济产业影响"议题与"贸易或技术制裁与反制措施"议题、"中美经贸事实"议题搭配,表达对美国发起贸易摩擦的批评,对中国经济发展的信心,坚决合理自卫。在文本逻辑上,暗含中国政府不受摩擦影响,持之以恒对外开放,对话合作态度一以贯之,不断完善国内各项制度,积极参与全球经济治理的坚定立场。

《纽约时报》则更加突出冲突框架。尽管总体报道倾向较为中立客观,但此时呈现的中国是一个强硬报复美国,却又受制于经济影响必将顺从美国的矛盾形象。报道一方面突出中美之间的争议,强化中国的强硬回击,同时强调中国国内的民族主义情绪,并对由此在美国经济上造成的影响表示担忧,表达出对中国崛起既恐惧又依赖的矛盾。另一方面,以专家学者以及企业高管的言论质疑中国当下的经济发展数据,暗示中美贸易摩擦对中国农业、钢铁等产业影响巨大,认为这必将让中国屈服于美国制裁。

3.中美经贸磋商期:积极有为与心机深沉

在中美经贸磋商期(2018年11月—2019年4月),随着中美贸易矛盾的和缓,双方开启了集中的磋商对话。在这期间,《中国日报》呈现出了互惠互利、开放合作、积极作为、勇于担当的中国形象。在这一阶段,"合作框架"与"领导力框架"是该报的重中之重,着重报道中国真诚的合作意愿以及中国政府领导人为此做出的努力,对经贸磋商予以期待。以中美两国政府和领导人的言行为中心的报道,着重突出了中国政府和领导人对中美贸易摩擦事件的高度重视,强调中国国家主席习近平在中美对话、解决贸易矛盾中所起到的关键作用。其间,《中国日报》还发表了多篇社论,强调中美合作对中美乃至世界是利大于弊的,中美贸易互惠互利,中美对话应该在公平平等的基础上进行。

《纽约时报》则呈现出一个假意顺从,玩弄心机的中国形象。尽管与中国的贸易冲突逐渐让美国意识到贸易摩擦的严重后果,"中美对话"议题的关注度显著提高,但是在报道方向上,《纽约时报》并不看好中美经贸磋商所能取得的成果。在文本阐述中,中国率先在关税上的退让与华为等科技企业对美国国家安全造成的危机交替出现,习近平主席与美国总统特朗普的政治做派被比较评论,中国在贸易交易中不透明、操控企业的言论常常被引用,中美在贸易问题上达成的共识被认为是与美国总统特朗普的个人交易等文本更是强化了这一形象。

4.中美磋商矛盾期：诚意巨大与出尔反尔

中美的磋商对话并非一帆风顺，期间出现过多次波折。在中美磋商矛盾期（2019年5—6月），由于美国出尔反尔，"冲突框架"和"经济结果框架"成为《中国日报》报道该阶段频率最高的框架，此时《中国日报》更多的是指明美国对此次贸易磋商波折所要承担的责任，表明中国勇于捍卫自身正当利益和正当权利。对于不断反复的中美贸易磋商，《中国日报》贯彻中美贸易发展难免出现分歧和摩擦，贸易谈判不可能一次解决的中国国家话语体系，大段引述中国外交部发言人言论，使之与美国总统特朗普的言论形成对比，呈现以最大诚意推进中美经贸磋商的中国形象。

尽管在报道框架上相似，但是《纽约时报》呈现出的中国形象却是一个缺乏诚信，出尔反尔，再次挑起贸易争端的一个危险的角色。该阶段的报道主题框架突出中美之间的争议，反映对中美经济所造成影响的担忧，进而出现对中国强硬的态度和反制措施的指责声。在报道议题上，常常强调中国谈判官员的无知无畏，在中美谈判事实的基础上，借用专家学者之口表明中国在磋商中的毫不退让态度，暗示中国官员在贸易知识上的无知以及崛起后的强势。

### （三）自塑与他塑的中国国家形象研究启示

国家形象作为客观事实与主观认知共建的结果，是"自塑"与"他塑"的共同塑造的过程。[①]良好的中国国家形象可以帮助中国在各类国际事务中获得国际社会的认可，更好地融入全球政治经济体系。因此，处理好客观事实与主观认知、"自塑"与"他塑"的关系是塑造良好中国国家形象的关键。

第一，要更加重视新闻媒体"自塑"与"他塑"中国国家形象的差异。新闻报道作为社会性的产物，无论在何种社会形态下都不可避免地会受到政治经济利益和文化形态的制约。[②]特别是在国际争端中，任何国家的新闻媒体都会主动维护国家利益，参与并介入对国家利益的倡导及辩护，[③]更容易呈现国家化、内在化的倾向。[④]随着全球化进程的加快，中美两国的经贸往来日益密切，

---

① Mcqual.Mass communication theory[M].SAGE Publication,2000.
② 周勇,郑敏.映像中国：美国主流报纸上的中国形象[J].国际新闻界,2010,32(12):59-65.
③ 陈薇.媒体话语中的权力场：香港报纸对中国大陆形象的建构与话语策略[J].国际新闻界,2014,36(7):20-37.
④ 詹姆斯·库兰,米切尔·古尔维奇.大众媒介与社会[M].北京：华夏出版社,2006.

使得两国之间存在巨大的经济利益。自2017年发生至今的中美贸易摩擦事件作为一关乎国家政治、经济利益的重要新闻报道内容,其背后的中国国家形象无疑会受到国际格局、经贸关系、意识形态等的影响。《中国日报》在中美贸易摩擦报道中对中国国家形象的呈现,就是紧紧围绕维护中国国家立场与态度展开的。通过中国官方言论以及代表中国立场的专家的评论,建构"合作框架""经济结果框架"等阐释中方在中美贸易摩擦中的合法性、正义性,最终展示出中国和平友好、推动世界经济繁荣发展、维护各国利益的负责任大国形象。《纽约时报》虽然以"客观公正"标榜,但是在中美贸易摩擦涉及美国的核心利益时,更容易以本国利益为出发点。在建构中美贸易摩擦报道中的中国国家形象时,更多地表现出对中国日益崛起的焦虑。《纽约时报》以"冲突框架""责任归属框架"论述中国在中美贸易摩擦中的强势及不守规则,塑造出一个敌对的中国形象。可以说,在特定历史时期,《纽约时报》等美国新闻媒体对中国国家形象的呈现会因国家利益造成扭曲。[①]因此,《中国日报》与《纽约时报》"自塑"与"他塑"的中国国家形象之间的差异是难以避免的。中国国家形象"自塑"与"他塑"的一致有利于我国在国际事务中获得认可,两者之间的差异则会对我国的国家形象以及未来发展造成损害。因此,中国国家形象"自塑"与"他塑"之间的差异不容忽视。

第二,积极对外开放,加强合作,以经济发展事实塑造良好的中国国家形象。由于中国国家形象从根本上取决于中国的实际实力和真实表现,中国可以通过不断提升自身经济实力,加强与美国企业的经贸往来,进而减少美国媒体对中国国家形象的扭曲。就《纽约时报》等美国新闻媒体来说,其盈利模式主要为出卖版面和时间段给广告客户或者通过受众付费与注册会员的方式获取利润。这些广告客户和受众中的一部分,在经济全球化的浪潮中,可能与中国有一些经济方面的往来。为了保证他们的经济利益,他们会利用自己对媒介的影响力,左右美国新闻媒体对中国的报道。[②]通过分析发现,《纽约时报》对中国国家形象的客观报道多源自于与中国经贸往来密切的企业等非政府组织与专家学者,通过对"中美经济产业影响""中美企业影响""世界其他经济体的影响""中美人民的影响"等议题的阐述,建构"经济结果框架",塑造一个经

---

[①] 黄爱萍,李希光.影响美国媒体如何报道中国的主要因素:对美国媒体如何塑造中国国家形象的分析[J].中国记者,2002(3):47-48.

[②] 海伦·珀基特,李庆四.中国的未来形象:从美国人角度看中国[J].现代国际关系,2001(10):44-49.

济高速发展、积极参与全球经济治理、推动全球经济发展的中国形象。因此,要减少中美新闻媒体"自塑"与"他塑"的中国国家形象之间的差距,增强中国经济实力,贯彻落实对外开放,增进中美企业的联系是根本途径。

第三,提高我国新闻媒体的国际传播能力,增强舆论预判力。新闻媒体作为中美两国传播国家声音的重要平台,在国家间交流中仍然是外国民众认识、了解中国国家形象的主要途径。由于美国掌握着绝大多数国际媒体的话语权,这种"他塑"的中国形象在国际社会中更有影响力,常常决定了外界对中国的认识。一直以来,美国新闻媒体上呈现中国国家形象都是复杂而矛盾的。美国媒体一方面肯定中国在经济上的贡献,认为中国是一个潜在的经济和政治伙伴,另一方面却又对中国持刻板印象,担心中国对其经济、政治和军事上的威胁,认为中国是一个竞争者。在美国新闻媒体中,当代中国的国家形象不断在"中国威胁论""中国崩溃论""大国责任论""替代论"之间变动,[①]虽然逐渐呈现出积极趋势,但总体来说负面形象压倒了正面形象。[②]中美之间的贸易逆差更是加剧了美国政府对中国崛起的焦虑,成为美国媒体上日渐兴起的"中国战略竞争论"的重要背景。究其原因,在于我国在国际传播中对国际舆论的预判、中国价值观念的表达逻辑与方式仍有不足之处。

就此次中美贸易摩擦事件看,其规律不外乎是从"摩擦"到"冲突"到"缓和"再到"冲突"的动态转变过程。因此,中国新闻媒体可以按照报道不同阶段的变化特征来改进传播策略。例如,在中美贸易摩擦较为缓和的阶段,《中国日报》除了着重利用"合作框架"与"领导力框架"等宏观层面的表述外,也可针对《纽约时报》的"责任归属框架"提高一些微观的、与民众息息相关的"人情味框架"的使用比例,将话题由国家层面落到社会大众层面,进而拉近中国与中外受众之间的距离,并为此后可能发生的贸易冲突奠定舆论基础。在中美贸易摩擦出现冲突的阶段,《中国日报》不仅仅应该以"冲突框架"与"经济结果框架"回应,而且针对美国的指责,适时以"事实框架"与"责任归属框架"有理有据地陈述真相,进而有针对性地解构美国新闻媒体的扭曲,以更加多样化的方式向世界展示一个更"有血有肉"的中国。当前中美贸易摩擦事件还在进一步发展与演化,未来随着中美经济发展水平差距的缩小,中美两国间贸易摩擦将更为频繁。因此,扩大和提高我国新闻媒体在国际中的传播能力,做好下一步

---

① 陈先红.从 APEC 会议看中国国家形象塑造[J].国际公关,2014(6):34-35.
② Liss A.Images of China in the American print media:a survey from 2000 to 2002[J]. Journal of Contemporary China,2003,12(35):299-318.

的舆论引导工作意义重大。

第四,全面展示中国各方面发展。"中国战略竞争论"在美国不断泛滥,与中国媒体向外界展示了一种过于积极的、不可战胜的中国形象之间有一定关系。因此,中国新闻媒体在新闻报道中需要注意表述的"适度"。中国新闻报道向来有话语乐观积极、报喜不报忧的习惯,这特别容易引起国际社会的猜疑与不安。尽管中国依然同美国有较大差距,但是我们在经济、科技领域和软实力为代表的意识形态领域的追赶姿态让以美国为首的西方国家忧心忡忡。在中美贸易摩擦报道中,中国媒体在表述中美贸易摩擦带来的影响时,多以生硬的官方数据进行传播,缺乏活生生的人的表述,对中国面临的困难与解决办法也极少论述。这种由中美贸易摩擦带来的美国的焦虑大大加剧了中国进一步改革的风险。因此,对于中国媒体来说,现在面临的最大挑战是如何让国际社会理解中国的快速发展的重要性,让更多的国家看到这种发展对于他们的意义,以加深互信,避免战略误判。

# 结　语

如今,中美贸易摩擦事件还在继续进行,中美之间的贸易争端与磋商对话也依然在反反复复。以《中国日报》为代表的中国"和平崛起论"与《纽约时报》为代表的中国"战略竞争论"成为当下美国掀起的新一轮"中国威胁论"的重要背景。未来,中国将越来越接近建设社会主义现代化强国的目标,这种中美之间的紧张态势可能会越来越常态化,我国面临的外部政治、经济环境的风险也将越来越大。因此,该议题下的中国国家形象研究必须引起我们的重视。

新闻报道作为我们感知中国国家形象的主要来源,在国际争端中无法脱离意识形态等主观因素的影响。从对《中国日报》和《纽约时报》的内容分析与文本分析发现,在矛盾冲突的不同阶段,两报的侧重各不相同,自塑与他塑的中国国家形象之间的差异程度有所区别。总的来说,两报的报道方向始终与各自政府保持一致。一方面《中国日报》始终以一种乐观、积极的中国话语体系报道中美贸易摩擦,将中国为解决矛盾的努力放在首要位置,回应美国的指责,呼吁合作共赢的价值观念。另一方面,《纽约时报》在肯定中国的经济发展的同时,始终对中国怀有敌意,强调中国是"经济敌人",指责中国以偷窃美国知识产权,破坏国际贸易规则的方式获得经济发展。从中可以明显地发现美国对中国崛起的焦虑和担忧。

因此,面对目前中美新闻媒体对中美贸易摩擦的报道现状与塑造的中国国家形象,我们一方面应该努力扩大和提高其国际传播能力,使其软实力的影响与经济规模相称。另一方面应该更为重视地看待报道差异,全面了解中美贸易的相关信息,并按照报道的不同阶段变化改进传播策略,让更多的国家看到一个全面的中国形象,让他们理解中国发展对于他们的意义,以加深互信,避免战略误判。

# 附:内容分析编码表

## 一、报刊类别
1.中国日报    2.纽约时报

## 二、报道时间
| | | | |
|---|---|---|---|
| 1.2017年1月 | 2.2017年2月 | 3.2017年3月 | 4.2017年4月 |
| 5.2017年5月 | 6.2017年6月 | 7.2017年7月 | 8.2017年8月 |
| 9.2017年9月 | 10.2017年10月 | 11.2017年11月 | 12.2017年12月 |
| 13.2018年1月 | 14.2018年2月 | 15.2018年3月 | 16.2018年4月 |
| 17.2018年5月 | 18.2018年6月 | 19.2018年7月 | 20.2018年8月 |
| 21.2018年9月 | 22.2018年10月 | 23.2018年11月 | 24.2018年12月 |
| 25.2019年1月 | 26.2019年2月 | 27.2019年3月 | 28.2019年4月 |
| 29.2019年5月 | 30.2019年6月 | | |

## 三、报道类型
单篇新闻的报道类型只有一种,以位于导语部分的内容、报道篇幅最多、讨论最为集中为主要报道类型。

1.政治    2.经济    3.社会

## 四、报道议题角度
单篇新闻文本的报道议题角度可能不止一个,限定最多四个,同一篇报道中的同种议题不累计。(为了方便信度检验,若有相应议题,则标1;反之标0)

1.贸易或国家安全调查或审查　　2.贸易或技术制裁与反制措施

3.主权侵扰与军事行动　　　　　4.中美立场对抗表述

5.中美经济产业影响　　　　　　6.中美企业影响

7.世界其他经济体的影响　　　　8.中美人民的影响

9. 中美贸易顺差　　　　　　10. 中国威胁论
11. 指责中国政府　　　　　　12. 美国政府的贸易保护主义行为
13. 美国政府的贸易霸凌主义行为　14. 现任美国政府背信弃义
15. 中美经贸合作前景　　　　16. 中美合作意愿
17. 中美关系持续发展　　　　18. 中美对话
19. 中美元首会晤　　　　　　20. 强有力的政府
21. 中美经贸事实　　　　　　22. 中美经贸举措
23. 中美建交历史　　　　　　24. 中美人民的深情厚谊

**五、报道主题框架**

单篇新闻文本的报道主题框架可能不止一个,限定最多四个,但同一篇报道中的同种框架不累计。(为了方便信度检验,若有相应议题,则标1;反之标0)

1. 冲突框架　　2. 经济结果框架　　3. 责任归属框架　　4. 合作框架
5. 领导力框架　　6. 事实框架　　　7. 人情味框架

**六、整体结构**

单篇新闻的报道整体结构只有一种,按报道篇幅最多的内容为主,在无法确定的情况下以导语部分(先叙述的内容)为主。

1. 主要事件　　2. 先前事件与历史　　3. 结果与影响　　4. 归因
5. 评估

**七、消息来源**

消息来源包括"新闻引述中提及个人、组织或文件"以及正文之外明确注明撰稿人身份(不包括本报)的新闻来源。单篇新闻报道的消息来源只有一种,以导语部分、报道篇幅最多、事件的主要参与人物、记者的主要采访对象等为主要消息来源,在无法确定的情况下将其划归不明模糊消息源。

1. 官方　　　2. 非政府组织　　3. 不明模糊信源　　4. 普通民众
5. 媒体机构　　6. 专家学者

**八、报道倾向**

单篇新闻的报道倾向只有一种,按报道倾向最明显、报道篇幅最多的为主要报道倾向,在无法确定的情况下将其归为中立的报道倾向。

1. 正面　　2. 中立　　3. 负面

# 微纪录片对城市形象的拼图式建构

◎ 张琴娅　史冬冬

## 引　言

全球化加剧,国际竞争激烈,且竞争的关注点已不再完全聚焦于国家的硬实力之上,软实力的竞争也受到了多方关注。作为国家软实力象征的国家形象塑造已经成为各个国家战略性发展的需要。城市作为国家的组成部分,城市的发展和扩张是推动国家经济发展的重要力量,从某种程度上来看,提升城市的国际竞争力已成为国家参与国际竞争的战略选择。在这样的形势下,国家间竞争的核心变为了城市竞争,国家形象作为国家软实力的核心部分受到越来越高的重视。而作为国家形象重要组成部分的城市形象塑造也成为一个被学术界高度关注的研究重点。

城市形象的建构离不开传播,过去很长一段时间纪录片都是城市形象传播的主要形式之一。叙事学家杰弗里·温思罗普(Geoffrey Winthrop)认为叙事方式的改变与媒介技术的发展息息相关。[①]网络传播技术的发展,信息海量化呈现,受众阅读时间被分割,注意力被分散。微博、微信、微电影等由于满足了现代人碎片化、多样化的信息获取需求,迅速赢得了大量市场,迎来了传播的"微时代"。在"微时代"的带动下,纪录片产生了新的形式——微纪录片。微纪录片天然带着微时代的特征,时间短、主题单一明确、表达个人化、内容碎片化、叙事微观化的微纪录片更加契合当下受众的信息接受习惯,成为城市形象建构的一个新载体,为丰富和发展城市形象的表达与传播创造了有利条件。

厦门,一座拥有独特沿海地理特征和闽南文化底蕴的城市。历史上便作

---

① 王贞子,刘志强.技术演进中的媒体叙事发展[J].电影艺术,2005(3):9-14.

为五口通商口岸之一和海上丝绸之路的重要起点。在新中国之后,它在历经迅速发展的同时也具备了多重城市身份、功能与意义。厦门从作为与台湾对峙的海防前线到实现"一国两制"与两岸统一的宣传窗口,进而又成为改革开放之后的经济特区之一。多年间,厦门历经了多轮的跨越式发展和经济社会的全面进步。近年来的厦门,发展更是引人注目。2015 年,国家推进"一带一路"系列工程的建设,厦门成为 21 世纪海上丝绸之路战略支点城市,担当起了我国与"一带一路"沿线国家和地区进行经贸往来的重要海上纽带。2017 年 7 月,"鼓浪屿:历史国际社区"在第 41 届世界遗产大会上通过大会终审,成为中国第 52 项列入世界文化遗产名录的世界遗产项目。同年 9 月,金砖国家领导人第九次会晤在厦门举行。

在国家软实力的国际竞争中,构建良好的城市形象已是每个城市发展无法忽视的问题,就纪录片对城市形象的传播而言,其重要性已获得学界普遍认可。但结合"微时代""微纪录片"这样具有鲜明时代特性的研究还有很大的空间可供探讨。微纪录片作为城市形象建构与传播的新载体,探讨其对城市形象的建构,对于城市形象传播有着重要的理论与现实意义。与此同时,厦门亦在一轮轮的城市身份转化中,不断地探索自身形象的建构。研究厦门相关微纪录片中厦门城市形象的建构,对厦门未来的发展有一定的意义,并且能为国内其他城市形象的传播提供一定的参考价值。

## 一、微时代·微纪录片·微叙事

在多数研究者看来,"微纪录片"这一概念,最早由凤凰视频于 2011 年提出:微纪录片是指随着新媒体发展和观众视听习惯改变而产生的一种新的纪录片形式。[①]从凤凰视频这一界定来看,微纪录片的产生有着鲜明的时代烙印。微纪录片从传统纪录片中衍生而来,它与传统纪录片最大的区别在于其最显著的特征——"微"。这里的"微"来源于它所产生的时代背景以及其在传统纪录片的基础上被时代所赋予的新特征。

### (一)微时代——微纪录片产生的时代语境

随着互联网技术的发展,网络虚拟公共平台日益成为人们生活中重要的

---

① 凤凰网.微纪录,开启网络定制时代:凤凰视频首创微纪录片概念[J].广告导报,2011.

活动场所。2009年,中国版的 twitter——新浪微博上线,因其内容篇幅短小、传播快捷而在中国迅速走红。微电影也逐渐在学术界替换了之前"电影短片"的概念。在微博、微电影之后,微信、微小说、微纪录片、微支付、微投资、微广告等等相继出现,这一系列以去中心化、碎片化、零散化、即时化为特征的微产品,改变了人们的信息接收习惯。自此,任何传播快速便捷、内容短小精悍的信息形式都被冠以"微"著称,网络信息传播进入了"微时代"。"所谓微时代,是通过新型的移动式便携显示终端,以数字化信息技术为基础,运用数字通信技术,以音视频、文字、图像等多种方式进行实时的、互动性强且高效的传播活动的新传播时代。"[1]

微时代的特征首先是碎片化(Fragmentation),该词较早见于20世纪80年代文学与社会学的相关研究中,被认为是后现代主义文化的体现,其原意为完整的东西被打碎并呈零碎块状。碎片化最初是对社会转型的描述:"当一个社会的人均收入处于1000~3000美元这个范围内时,这个社会便处在由传统社会向现代社会转型的过渡期,而这个过渡期的一个基本特征就是社会的'碎片化'。"[2]随着社会碎片化加剧,其影响逐渐蔓延至传播学领域,碎片化传播出现。碎片化传播主要突出个体传播者的主体性、受众信息需求的个性化、媒介话语权的分散化。[3]碎片化传播可从两个层面来理解:一是事实信息传播的碎片化。这一层面的碎片化,更多的是指信息来源的多元化、观察视角的多样化、信息文本的零散化和信息要素的不完整。二是意见信息传播的碎片化。这里的碎片化,不仅是指碎片化传播的零散性,也是指意见的异质性和分裂性。[4]

微时代在微博等产品出现之后得以界定,但论及其产生却早有渊源。新媒体技术的发展,互联网海量信息的呈现、媒介话语权下放;同时随着社会生活节奏的加快,人们的时间被分割成多个零散的时间段,受众阅读习惯改变;这些都导致了传播碎片化以及受众信息接受碎片化现象的出现。而微时代的到来,进一步加深了这种碎片化。

其次是拼图化。后现代主义学者詹姆逊认为,后现代文化的主要特征是

---

[1] 李瑶.SoMoLo 模式下微纪录片的社交媒体营销研究[J].现代视听,2014(7):14-17.
[2] 喻国明.解读新媒体的几个关键词[J].广告大观(媒介版),2006(5):14-17.
[3] 刘剑敏,李润权.论网络的碎片化特征[J].新闻爱好者,2011(9):42-43.
[4] 彭兰.碎片化社会背景下的碎片化传播及其价值实现[J].今传媒,2011(10):15-17.

零散化、碎片化、连贯性弱,给人一种拼贴感。[①]后现代主义最显著的特点是碎片化,而最常见的手法之一便是拼贴。碎片化的信息虽然是零散、不连贯的,但就其自身而言,它们是具有独立意义的小片段、小章节。拼图化正是对这些碎片化信息的整合,完整的信息被打碎成一个个片段,人们只能通过积累、拼接的方式感知事物全貌。

在微时代,碎片化和拼图化共存于信息传播的过程之中。"传播的拼图化是指信息的重组与整合,既是指关于一则事件碎片化信息的立体呈现,也是指对于事件立体呈现所进行的信息整合的过程。"[②]在互联网传播中,因为传播主体、传播内容、传播媒介以及受众都呈现出明显的后现代主义碎片化倾向,从一定程度来看,信息传播的早期多表现为零碎、片面、混乱和无序的状态。但若将一个事物作为一个整体考察,新传播语境下产生的碎片化信息,通过相关信息的不断传播与聚合,再次以"拼图"的方式重组结构,完成了对事物原貌的多角度立体呈现。

### (二)微时代语境下的微纪录片

每一种新的媒介形态的产生和运用,都宣告着一个新的传播时代的到来。微博的出现,传播转向具有鲜明"微"文化特性的微时代。而在微时代的影响下,随着移动互联网技术的发展以及手机、平板电脑等为代表的个人移动终端的进一步普及,互联网信息传播也逐步从图文传播转向影像传播阶段,微纪录片应运而生。

微纪录片,被认为是纪录片在新媒体时代下,为了适应当代人多元化、复杂性、快节奏、碎片化的生活特性而衍生出的纪录片新形态。其概念虽然在微文化盛行的背景下被提出,但其自身的由来经历了从早期电影纪录短片到电视传播时代的微型纪录片,再到移动互联网时代微纪录片的发展路径。

凤凰视频从 2009 年开始运营微纪录片产品,2011 年提出微纪录片的概念,2012 年首创"最佳微纪录片奖",因此被多数人认为是微纪录片发展的领头者。但在此前,微纪录片就已经出现在人们视野中,只是未从学理上对其进行界定。中国传媒大学电视系教授赵淑萍于 1994 年首次提出"微型纪录片"

---

① 陈莉.碎片化与意识形态批评:詹姆逊后现代文化批评研究[J].阜阳师范学院学报(社会科学版),2007(2):26-29.

② 姚慧.微博中碎片化与拼图化的传播话语特征分析:以朴宝剑广告涉嫌辱华事件为例[J].新闻研究导刊,2017,8(8):80-81.

的概念:微型纪录片是在杂志型节目不断拓展的背景下产生的,它以其制作周期短、成本低、传播快捷的优势大量出现在电视节目中。[①]在凤凰视频提出微纪录片概念后,相关的研究者也纷纷对微纪录片进行了探讨。如:王春枝总结了微纪录片具有篇幅短小、题材单一、参与度高、叙事表达当下等特点。[②]之后,学者徐冬梅结合微纪录片的特点,对微纪录片的定义进行了简要论述:微纪录片是基于新媒体网络,由全民制作,以即时性、草根性和碎片化为主要特点的纪录片。[③]学者焦道利基于前人的观点,对微纪录片的概念进行了阐释:微纪录片是适应新媒体传播,通过艺术手段对真实生活进行记录、再现历史事件,达到以小见大的艺术效果的纪录片作品。它具有创作周期短、成本低、传播快捷等的特点,大多时长为10分钟左右,亦有部分在20~30分钟间。[④]从各学者的论述中,我们可以看出微纪录片总是与"新媒体""传播快""小""纪录片"等关键词相关联。

基于前文的论述,本文将微纪录片的概念界定如下:微纪录片是在"微时代"的传播语境下,脱胎于传统纪录片,具有后现代主义碎片化与拼图化特性,并借助手机、平板电脑等个人移动终端传播的新的纪实性影像形态。微纪录片具有以下特征:

第一,纪实性。微纪录片从传统纪录片衍生而来,其最基本、最核心的特点是与传统纪录片同样的真实性。有学者通过回答"为何是纪录片而不是记录片"这一问题,对纪录片的真实性做出了探讨,如果记录是指对事与物原原本本地复制和描述的话,纪录则是在记录中加入创作者主观的选择与重构的一种创造性加工。[⑤]换句话说,纪录片是在客观真实的原始素材的基础上,融合了创作者情感,对客观存在于社会环境、自然环境的事物进行观察和描述,以实现对事物间相互关系的探寻和关怀的一种艺术真实。微纪录片也秉承了纪录片这种真实性的特点,其内容是建立在真实存在的事物的基础上,进行艺术加工,以满足受众对真实事件、真情实感的需求。

第二,微时长。微纪录片的"微"第一个体现的特点就是它的微时长。关

---

① 赵淑萍.国外电视纪录片的发展趋势[J].现代传播:中国传媒大学学报,1992(2):43-47.
② 王春枝.微纪录片:新媒体语境下纪录片的新样态[J].电视研究,2013(10):49-51.
③ 徐冬梅.网络微纪录片的发展及价值[J].青年记者,2016(2):71-72.
④ 焦道利.媒介融合背景下微纪录片的生存与发展[J].现代传播:中国传媒大学学报,2015(7):113-117.
⑤ 李然.微纪录片美学研究[D].天津:南开大学,2014.

于微纪录片的时长众说纷纭。凤凰视频在 2012 首次设立"最佳微纪录片奖"时,将微纪录片的时长规定在 30 分钟内,当年获得该奖的作品《花朵》时长 29 分钟。中国纪录片研究中心主任何苏六教授基于对部分收视群体的收视心理、审美习惯的分析并将得到的大量数据进行统计后,将微纪录片的时长限制在 12 分钟以内。[1] 亦有学者认为微纪录片的时长大致在 4 至 10 分钟,如《故宫 100》就是较为有代表性的作品,单集时长均在 4 到 6 分钟。当然这几种微纪录片的时长划分是比较广泛的认知,但随着短视频的兴起,还出现了诸如《二十四节气》这样用时更短的微纪录片,单集时长 1 分 45 秒。由此可见,微纪录片的具体时长是富有弹性的。微纪录片的"微时长"是相对规模宏大、时间冗长的传统纪录片而言的。

第三,微叙事。微纪录片体量轻小,要在有限的时间内向观众呈现完整的故事,注定了微纪录片无法像传统纪录片一样靠时间的力量去自然推进故事的发展。微纪录片在叙事内容的选择上放弃了传统纪录片的宏大叙事,选取新颖独特的微小视角,于细节处着手反映主题。因此微纪录片的主题更加单一明确,表达更倾向凸显主体。如同样由央视制作的《故宫》与《故宫 100》,纪录片《故宫》从修筑过程、建筑艺术、文物收藏、历史沿革、宫廷生活等多个角度全面解读了故宫博物院。与《故宫》的综合式呈现不同,微纪录片《故宫 100》每集都有一个特定的主题,或关于一个地方、一个物体及一个故事。比起思想深邃、内容深厚的传统纪录片,微纪录片言简意赅的叙事方式更符合现当下受众的需求。

第四,互动传播。微时代,媒介不断碎片化,信息传播渠道也变得更加多元。以往的纪录片更多投放于电视或者院线,而身处于移动互联网高速发展时期的微纪录片,除以往的渠道外,更多活跃于微博或微信等网络平台上。网络传播具有较强的互动性,"互动性,包含一对一、一对多、多对一、多对多等传播方式,体现了大众传播和人际传播相结合的传播方式,是网络媒体的特性和优势"。[2] 借助移动互联网传播的微纪录片,只需通过"上传、分享、点赞"等简单的动作,即可实现信息的强互动性裂变式传播。如《精彩闽南》第一季在微博、微信等平台的助力下,快速引起了受众关注,大家纷纷在微博、朋友圈转发纪录片相关信息,使得微纪录片和厦门成为网民热议的对象。在这样的传播背景下,微纪录片的传播更加快速便捷。

---

[1] 何苏六,李宁.2012 中国纪录片行业盘点[J].电视研究,2013(4):18-20.
[2] 王筱字.新媒体语境下纪录片市场化的新途径[J].新闻爱好者,2011(10):76-78.

## (三)微叙事:微时代下新的叙事范式

罗兰·巴特说,叙事遍存于一切时代、一切地方、一切社会……它超越国度、超越历史、超越文化,犹如生命那样永存着。①叙事是一种信息传递行为。简而言之,叙事就是如何讲故事。它包括叙述者、叙事对象、叙事结构、叙事时间、叙事空间和叙事话语等要素。

当某种媒介文化在传播生态中占据重要地位时,其传播偏好不仅会改变受众的接受习惯,还会创造新的表达范式。微时代,碎片化传播加剧,微文化大行其道。不管是最初的微博,还是之后的微电影、微信、微小说、微纪录片……它们都指向叙事内容的"微"化,即微观叙事。微叙事,指的是在较短时间内完成的故事描述或意义表达。它在较短的时间内,用较少的字数、图片、视音频等手段讲述一个完整的故事,传达一个完整的意义。②它是相对"宏叙事"而言的一种新的叙事范式。宏大叙事通常反映的是重大事件,它多是对国家、时代、文化等的关注,在叙事取向上通常追求一种无所不包的宏大主题。

微叙事并不是微时代特有的叙事方式,它其实由来已久。受后现代主义思潮的影响,传统宏大叙事向凸显主体的小文本叙事转变。这种以"微"为美的小文本叙事,不同于宏大叙事的总体性,它更关注一些细节的、具体的、多样的主体及事件。而微时代的到来,将微叙事推向更高的地位,与宏大叙事相比较,微叙事的表达方式在网络传播中更符合人们的阅读习惯和需求,更易于人们接受。

微叙事天然带着后现代主义和微时代的基因,拥有与传统叙事截然不同的叙事特性。有学者认为,时间、缺场互动与微叙事文本是在微叙事中获得美感的最为核心的要素。③抛开由互联网技术所带来的普遍的缺场互动,我们从叙事内容、叙事结构、叙事时空来看,"微叙事"具有以下特征:

微叙事作为适应移动互联网时代受众"碎片化"阅读习惯的新叙事范式,其叙事内容亦趋向于碎片化。从最早的微博到后来的微信,再到如今各种冠以"微"字头的媒介形式,我们不难发现它们传播的内容均有碎片化的特点。

---

① 罗兰·巴特.叙事作品结构分析导论[C]//张寅德.叙述学研究.北京:中国社会科学出版社,1989.
② 乔新玉.微叙事:多屏互动时代的传播奇观[J].现代视听,2013(11):73-75.
③ 潘天波.微叙事的时间本质与意义建构[J].现代传播:中国传媒大学学报,2017,39(12):90-96.

就以微博为例,微博受其140字的篇幅限制,人们使用片段性的话语去记录自己的生活或是对某一事物的看法。有时,受字数的限制,人们不得不将一个完整的事件或想法分成多条微博来发布。由此,一个完整的事件就以一个个碎片化的片段记录了下来。从这个层面而言,碎片意为对整体内容的拆解。此外,叙事内容"微观化"、体量小,是微叙事区别于宏大叙事的最显著特征。有学者认为传统的叙事执着于宏大叙事,很多事物的"微观"层面被遮蔽。而微叙事的产生,令叙事对象从传统的群体转向了个人;表现重心也由国家社会转向个体本真。[1]相较于传统的宏大叙事,微叙事在叙事内容上叙事选材趋向于平民化、生活化。

叙事结构是创作者围绕主题,依据叙事意图,按照一定的原则对素材进行选择和组合,使之形成一个具有特定意义的叙事作品。叙事结构的存在,对叙事内容的表现力而言意义重大,不同的叙事结构能达到不同的叙事效果。在叙事结构上,微叙事受微时代碎片化的影响,其拼图式叙事特征明显。仍然以微博为例,因字数的限制,使得人们无法用大篇幅的内容进行表述,但网络传播的超链接性与社交平台的互动性,使得人们可以在转发他人观点或者添加超链接的基础上,对自己的观点或者事件进行内容补充,实现内容的一个拼图式呈现。从这个层面来说,拼图是围绕一个事物对多个碎片的整合。微叙事能在当下大行其道,一方面是源于其短小精细、便捷的特质,使得其契合受众碎片化信息获取需求;另一方面来自"其可以通过各个碎片的简单变奏后,形成'微叙事序列',让受众沉浸其中"[2]。换句话说,微叙事通过向受众提供精炼快捷的碎片信息而受到青睐,又借助相近的内容、结构为受众编制一个密集的信息网络。

空间和时间是叙事中最基本的组织或结构要素。[3]时间短是微叙事最突出的特点,微叙事要求在短时间内完成故事的讲述,这使得微叙事脱离了循序渐进娓娓道来的传统叙事模式。微叙事因本身碎片化和拼图式叙事特性而压缩了叙事时空,时间上不连贯、空间上多变动的非线性叙事模式成为微叙事的叙事时空特性。"就时间而言,微叙事的非线性叙事弱化了叙事作品的整体性,将连续的时间点打乱,根据叙事目的将散点的时间整合成具有某种内在连

---

[1] 王昌凤.作为叙事问题和问题叙事的"微叙事"[J].科教导刊(下旬),2018,36(12):56-57.

[2] 乔新玉.移动浪潮里的娱乐化表征:微叙事[J].现代视听,2014(6):45-46.

[3] 景秀明.纪录的魔方:纪录片叙事艺术研究[M].北京:文化艺术出版社,2005.

续性的片段。就空间而言,由于时间的限制,微叙事无法承载宏大的空间场面,空间地理的重要性被弱化。"①

## 二、新叙事语境下微纪录片对厦门城市形象的建构

### (一)《光辉岁月》

制作与重大节庆或事件相关联的纪录片是在短时间内广泛传播和提升城市形象的有效手段。2018年,为献礼致敬中国改革开放40周年,厦门卫视制作了大型系列微纪录片《光辉岁月》,全片共30集。该纪录片以厦门故事为载体,选取厦门改革开放40周年以来的重大项目、重大工程、重大事件、重要节点、重要人物,从历史、产业、开放、民生、文化、生态、城市建设等多角度对厦门进行了讲述,以一个个具体可感的故事,串起厦门的改革开放历程,也向观众展现了一个现代化港口城市的发展轨迹,具体见表1:

表1 《光辉岁月》分集概况

| 序号 | 集名 | 主要叙述对象 | 时长 | 主题 |
| --- | --- | --- | --- | --- |
| 1 | 踏浪台海 | 厦门海上航线 | 4′30″ | 两岸关系 |
| 2 | 彼岸的凝望 | 何厝村 | 5′17″ | 两岸关系 |
| 3 | 归来 | 生活在厦门的台胞 | 4′34″ | 两岸关系 |
| 4 | 梦起湖里 | 湖里区 | 4′51″ | 产业经济 |
| 5 | 船台春秋 | 厦门造船业 | 4′42″ | 产业经济 |
| 6 | 火炬之光 | 火炬高新区 | 5′23″ | 产业经济 |
| 7 | 二十芳华 | 软件园 | 5′09″ | 产业经济 |
| 8 | 未来你好 | 金龙客车、无人驾驶 | 4′50″ | 产业经济 |
| 9 | 临海观澜 | 鹭江宾馆、旅游发展 | 4′44″ | 产业经济 |

---

① 曹智,李艳娟."微叙事"理论视野下的公益微电影叙事策略研究[J].北方传媒研究,2019(2):80-82.

续表

| 序号 | 集名 | 主要叙述对象 | 时长 | 主题 |
| --- | --- | --- | --- | --- |
| 10 | 时代定格 | 铂爵旅拍 | 4′35″ | 产业经济 |
| 11 | 大港风云 | 厦门港 | 4′58″ | 产业经济 |
| 12 | 金融里的岁月 | 厦门银行 | 4′59″ | 产业经济 |
| 13 | 开门迎入大海来 | 投洽会 | 4′23″ | 产业经济 |
| 14 | 玉石之路 | 民营玉石企业 | 4′53″ | 产业经济 |
| 15 | 舌尖上的安全 | 厦商集团 | 4′32″ | 民生福利 |
| 16 | 金色的梦想 | 社区建设 | 4′27″ | 民生福利 |
| 17 | 微笑使者 | 2路公交驾驶员 | 4′11″ | 民生福利 |
| 18 | 不负山海 | 社会保障性住房 | 4′38″ | 民生福利 |
| 19 | 这一座文化的宫殿 | 工人文化宫 | 5′45″ | 文化发展 |
| 20 | 国之瑰宝 | 鼓浪屿万国建筑修复项目 | 4′11″ | 文化发展 |
| 21 | 厦门节奏 | 南音、爱乐团 | 4′57″ | 文化发展 |
| 22 | 永不止步 | 厦门马拉松 | 4′23″ | 文化发展 |
| 23 | 海上美容师 | 海上环卫队 | 5′02″ | 生态文明 |
| 24 | 满目青山夕阳红 | 汪添法和"微生物有机肥" | 5′24″ | 生态文明 |
| 25 | 行走的理发师 | 陈加兴,厦门志愿者团队 | 4′37″ | 生态文明 |
| 26 | 海沧时光 | 海沧区 | 4′54″ | 城市建设 |
| 27 | 穿梭而来 | 厦禾路改造、交通 | 4′42″ | 城市建设 |
| 28 | 城中之塘 | 蔡塘商业广场 | 5′02″ | 城市建设 |
| 29 | 城脉 | 地铁、翔安隧道、集美大桥、杏林大桥 | 5′07″ | 城市建设 |
| 30 | 梦之城 | 环东海域新城建设 | 4′43″ | 城市建设 |

## (二)《光辉岁月》中碎片聚合而成的厦门形象拼图

1995年,厦门市第八次党代会上,提出了将厦门建设成为现代化国际性港口风景城市的目标。①进入新世纪以来,厦门进一步将自身的城市形象定位为"现代化国际性港口风景旅游城市"。②改革开放 40 年,是中国经济、科技、文化快速发展的 40 年,亦是中国城市建设加速的 40 年。《光辉岁月》作为一部庆祝改革开放 40 周年的主旋律微纪录片,通过碎片拼图式叙事,对厦门进行了多角度的叙述,向观众讲述了厦门改革开放以来,在各个方面取得的丰硕成果。通过对《光辉岁月》各集中主要叙事内容和叙事对象进行梳理发现,《光辉岁月》共涉及 6 个主题,分别是:两岸关系、城市建设、产业经济、生态文明、民生福利及文化建设,具体见图 1。

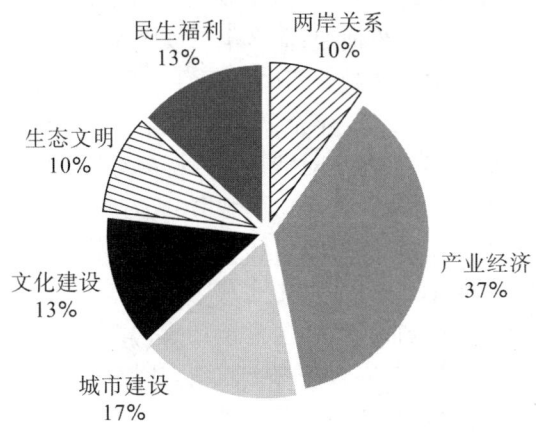

图 1 《光辉岁月》主题分布情况

1.两岸关系主题中的厦门

因区位特性,厦门与台湾隔海相望,是两岸沟通交流的重要桥梁。厦门一直在实现两岸和平统一的愿景中有着无可替代的作用。两岸关系的演变也成为厦门城市宣传中的一个重要部分。《光辉岁月》中,两岸关系主题占全部内容的 10%。对于两岸关系的变化给厦门带来的影响,《光辉岁月》中选取了三个一级碎片及其所包含的多个二级碎片来完成对厦门的拼图式叙述,具体见表 2。

---

① 康涛.把厦门建成现代化国际性港口风景城市的探讨[J].学术评论,1996(2):37-40.
② 谈美丽厦门战略规划和美丽厦门共同缔造[EB/OL].[2020-01-16].http://www.xm.gov.cn/xmyw/201401/t20140116_816701.htm.

表 2　两岸关系主题的"碎片"分析

| 集名 | 一级碎片 | 二级碎片 |
|---|---|---|
| 1 | 两岸通航 | 厦港通航、《告台湾同胞书》、厦台通航、厦门现有海上航线 |
| 2 | 何厝 | "八二三炮战"、英雄小八路、20 名女性返金寻亲、何厝滨海建筑群 |
| 3 | 台胞郭景隆在厦生活 | 医生郭景隆留厦生活、惠台政策、郭妈妈来厦 |

　　三个一级碎片分别从对外开放、城市发展及两岸融合三个方面向我们讲述了厦门在两岸关系中的身份演变;而多个二级碎片是对一级碎片的补充,从更为具体的层面向我们展现了随着两岸关系的改善,为厦门发展带来的影响。

　　1949 年新中国成立到 1979 年全国人大常委会发表《告台湾同胞书》,大陆与台湾历经了长达 30 年的军事对峙。因两岸的对峙,处在东南海域海上军事封锁线上的厦门发展受限。《告台湾同胞书》成为厦门对外发展的一个重要转折点。东南海域海上军事封锁线撤销,鼓浪屿号邮轮从厦门起航,穿越台湾海峡前往香港;2001 年,鼓浪屿号邮轮完成了厦金"小三通"之旅,中断了 52 年的两岸航线恢复。两岸通航后,曾经危险的台湾海峡不再是厦门对外发展的阻碍。而今,通达全球的 140 多条海上航线,让厦门成为 21 世纪海上丝绸之路沿线中的重要支点城市,亦使得厦门成为一个面向台湾、面向世界发展的开放性城市。

　　厦门何厝与台湾金门岛咫尺相望,何厝成了两岸对峙历史的最直接见证者。两岸对峙,以何厝村为代表的厦门因战争而伤痕累累,厦门贫穷且封闭。1978 年 12 月,中国吹响改革开放的号角,厦门从两岸对峙的前沿变为改革开放的前沿。远离了战争的厦门,得到了良好的发展,何厝建起了一栋又一栋的现代化建筑,厦门亦逐渐发展成为国际会议中心、商务中心和会议中心。

　　从宋朝厦门始建行政开始,台湾与厦门均隶属一个行政区域——史称泉州府。直至光绪十三年(1887),台湾升"道"为省,厦台的行政单位分开。明清时期,曾发生过三次大陆移居开发台湾的高潮,而主要移居人民多数来自福建闽南,厦台同根同源。如《台湾府志》所载:"台郡与厦门如鸟之两翼,土属谓厦即台,台即厦"。[①] 两岸对峙使得厦台往来中断数十年,两岸关系改善后,厦门颁布了多条惠台政策,让更多台胞选择从台湾来到厦门生活,厦门成为两岸直

---

① 何大汉.首航封见证海峡两岸交流[J].集邮博览,2014(7):56-56.

接往来的最直接窗口。牙科医生郭景隆一家定居厦门,正是两岸融合的一个缩影,亦折射出了厦门在两岸融合中的重要地位。

两岸关系主题内容选取的这些碎片,通过整合为我们串联起了厦门在两岸关系历史中的身份演变路径,也展现了一个随着两岸关系改善而不断进步的、开放的国际性港口城市。

2.产业经济主题中的厦门

作为改革开放后,中国最早设立的四个经济特区之一,产业经济的发展一直是厦门城市发展的主要着力点。《光辉岁月》为献礼改革开放40周年而作,其关注的重点主题不可避免地放在了厦门市产业经济发展上,它对厦门产业经济的发展进行了大篇幅的叙述,与产业经济相关的内容高达37%。

表3 产业经济主题的"碎片"分析

| 序号 | 一级碎片 | 二级碎片 |
| --- | --- | --- |
| 1 | 湖里区发展 | 厦门经济特区建立、华美烟草等公司落户湖里、湖里文创产业园区 |
| 2 | 厦船重工 | 厦门造船业历史、厦门造船厂与汪锦星、厦船重工研发成就 |
| 3 | 火炬高新区 | 火炬高新区建立、戴尔落户厦门、火炬高新区成就 |
| 4 | 软件园 | "大众创业万众创新"活动在软件园三期举行、"厦门硅谷"、软件园一期建立背景 |
| 5 | 金龙客车 | 金龙客车发展脉络、无人驾驶客车"阿波龙"的诞生 |
| 6 | 鹭江宾馆 | 鹭江宾馆及其员工黄志长、改革开放后鹭江宾馆成为福建首家涉外酒店、鹭江宾馆周边环境、厦门旅游业发展 |
| 7 | 铂爵旅拍 | 铂爵旅拍创始人许春盛、美资企业柯达、摄影技术革新 |
| 8 | 厦门东渡港建设 | 东渡港建设背景、建成后的东渡港概况、东渡港智慧港口建设 |
| 9 | 厦门国际银行 | 习近平主席主导探索建立经济特区金融体系、厦行总部副总裁叶启明、厦行发展与成就 |
| 10 | "九八"投洽会 | 投洽会发展与成就、线上投洽会、策划多类型展会开展 |
| 11 | 凌云玉石 | 凌云玉石大楼、"玉帛之路"的由来、甘传辉海外寻玉、厦门玉石产品出口 |

通过对《光辉岁月》中涉及厦门产业经济主题微纪录片反复观看,我们发现各集所叙述的对象虽然不同,但无一例外都在强调厦门改革开放后在产业

经济上所取得的成就。

第4集《梦起湖里》、第6集《火炬之光》、第7集《二十芳华》,讲述了厦门作为经济特区之一,在引进外资企业,发展科技、软件与信息产业等方面为国家改革开放探路而做的努力。1981年厦门经济特区建设工程在湖里破土生长,湖里区成为中国吸引外资的一片热土,一大批侨资、外资、台资企业入驻湖里。在倡导文化产业发展的当下,湖里老特区再一次肩负起了厦门产业探索、创新先行者的责任,成了充满活力与创新力的文创产业园。湖里区是厦门经济特区的起点,它见证了厦门在改革开放后的蓬勃发展。而在湖里特区初步发展稳健后,1990年,3个以"火炬"冠名的国家高新区之一的厦门火炬高新区在湖里开启了厦门高新技术产业探索发展的征程,以戴尔为代表的一批高新技术企业落户高新区,让火炬高新区成为厦门高新技术产业发展的主要载体,亦为厦门的经济发展做出了巨大贡献。厦门软件园成功孵化了一批如美图秀秀、美亚柏科等在全国领先的软件信息龙头企业,它是国家软件产业发展的见证者与助力者,2017、2018连续两年在国家软件行业综合评价中位列第七,且成长性排名第一。

第5集《船台春秋》、第8集《未来你好》及第9集《临海观澜》,分别讲述了厦门的造船业、客车工业及旅游业等行业的发展情况。作为一座滨海城市,自明朝中后叶厦门海上贸易发展迅速,其船舶工业逐步兴起,厦门成为中国造船重镇。改革开放和两岸关系的改善,为厦门造船业注入了蓬勃生机,厦门在造船业取得了多项令世界瞩目的成就。1996年厦门造船厂建造的3万吨多用途重吊集装箱船被评为世界十大优秀船型;2015年世界最大的气滚船"礼诺·目标"号建成并投入使用;2018年"福船三峡"号海上风电一体化作业移动平台达世界先进水平,开启了海上风电大容量平台的国产时代。在工业发展上,除造船业外,厦门客车工业的发展势头也较为引人关注,金龙客车在创办的第五个年头成功上市,成为国内最早上市的客车企业。进入新世纪,金龙客车开始实施全球化营销战略,如今金龙客车出口市场覆盖五大洲的130多个国家和地区。同时,金龙客车在汽车工业"智造"领域不断探索,于2017年与百度联合打造无人驾驶客车"阿波龙",并于2018年实现小规模量产。而在工业发展之外,素有"海上之城"之称的厦门,其旅游业也是厦门产业经济发展不可忽视的一块,鹭江宾馆作为福建首家涉外宾馆,是无数外商入厦的第一选择。而今的厦门,致力于打造旅游千亿产业链,厦门各类型酒店民宿总计逾6000家,其中4星级以上近40家。厦门美丽的山海及强大的旅游接待能力,让厦门成为享誉国内外的旅游城市。

第11集《大港风云》、第12集《金融里的岁月》、第13集《开门迎入大海来》,从多个角度展现了厦门经济发展开放的一面。为改变鹭江道沿线旧码头的落后面貌而建的东渡港,随着港口的不断发展,厦门开通了140多条海上航线,厦门成为辐射全球的世界性大港城市;"九八"投洽会让中国的一大批企业走向世界,也让大量的海外资金进入中国市场,厦门成为国际会展名城;与厦门经济特区一同成长的中国第一家中外合资银行——厦门国际银行,开创了中国金融改革开放的一个里程碑,亦推动了厦门对外开放的格局。历经数十年发展的厦门国际银行,以1094亿美元位居全球1000大银行榜单第165位。

通过回顾厦门各个行业的发展脉络,较为完整呈现了厦门在改革开放后40年所取得的成果。也让受众看到一个经济快速增长、产业发展均衡、不断创新、勇于探索且包容开放的厦门。

3.城市建设主题中的厦门

城市建设依据城市规划,结合城市发展需求,对城市行进改造,为市民创造良好的人居环境,服务城市经济社会的发展。随着经济的发展,厦门城市化进程加快。进入新世纪后,厦门定位为"现代化国际性港口风景旅游城市",为达成这一目标,厦门在城市建设上不断努力。

表4 城市建设主题的"碎片"分析

| 序号 | 一级碎片 | 二级碎片 |
| --- | --- | --- |
| 1 | 海沧区建设 | 海沧旧貌、海沧台商投资区建立、海沧大桥通车给海沧带来的变化 |
| 2 | 厦禾路改造 | 厦禾路旧貌、厦禾路拆迁工程 |
| 3 | 蔡塘商业广场 | 蔡塘商业广场现状、蔡塘的集体经济模式所取得成就 |
| 4 | 厦门交通建设 | 地铁、厦门海堤、跨海工程 |
| 5 | 环东海域新城建设 | 环东海域综合整治工程、滨海浪漫线概况、厦门城市框架 |

《光辉岁月》中,选取了几个较为有代表性的厦门城市建设工程,讲述了厦门改革开放40年来的城市建设。海沧在规划发展之初就肩负着交流融合的使命。1989年,全国最大的台商投资区在厦门海沧镇设立,担负起了为海峡两岸交流合作的使命;海沧大桥建成使得海沧城市化进程加快。海沧从小渔村到台商投资区再到自由贸易试验区,如今的海沧正在迈向"国际一流海湾城区"。厦禾路是厦门的城市中心,曾经这里居民与工业企业严重聚集、拥堵不

堪,厦禾路改造势在必行。这是厦门史上最大的安居工程,但厦门政府仅用1年的时间完成了改造工程。现在的厦禾路是厦门的交通主线,它见证了厦门城市交通的更迭。被称为中国建筑史奇迹的厦门海堤的建成,让厦门不再是一座孤岛;而后为了实现厦门跨岛发展的需求,厦门大桥、集美大桥、杏林大桥、海沧大桥及翔安隧道逐步建成。在这过程中,厦门攻克了一道又一道的世界级难题,也打造了一个又一个令人瞩目的世界级工程,最终形成了厦门四座大桥一条隧道的跨海发展格局。蔡塘商业广场全民参股、集资兴建的独特经营模式,让蔡塘从一个偏僻村落发展成为一个繁华的商业综合体。蔡塘是厦门城中村改造的典范,亦是厦门产业转型的一个缩影。环东海域新城,正在基于厦门已有城市建设成果的基础上,拓展厦门现有城市框架,致力于将厦门打造成国际旅游度假目的地和大型会议首选地。厦门,在不断的城市规划建设中,一步步向着现代性国际化都市靠拢。

4.文化建设主题中的厦门

城市在自身的发展过程中,逐步形成了独具特色的地域性文化。文化是促进城市发展最重要的因素之一。如果说城市产业发展与城市建设是城市发展的物质层面,那文化便是城市发展的精神动力,积极向上的城市文化氛围促进城市发展。

表5 文化建设主题的"碎片"分析

| 序号 | 一级碎片 | 二级碎片 |
| --- | --- | --- |
| 1 | 工人文化宫 | 工人文化宫的运营情况、工人文化宫宣传队的文艺创作、文化宫变革与成就 |
| 2 | 鼓浪屿万国建筑 | 习近平主导八卦楼修复、王唯山对万国建筑的修复 |
| 3 | 厦门的音乐 | 厦门南音及交响乐的发展情况 |
| 4 | 厦门国际马拉松 | 环岛路与马拉松赛、马拉松冠军黄力生与马拉松 |

厦门作为中国的大厦之门,一直是国家对外交流的主要窗口之一。厦门的文化,不仅来源于传统文化的传承,亦吸收融合了大量的外来文化。厦门是一个多元文化融合发展的城市,其丰富的闽南文化,不管是在饮食、工艺,还是艺术上都有较好的发展。受微纪录片微时长与微内容的限制,同时也为了向观众呈现厦门多元文化交融的文化特性,《光辉岁月》中选取了工人文化宫、鼓浪屿万国建筑、南音、爱乐团及厦门马拉松等几个具有代表性的碎片,讲述了厦门的城市文化建设与发展。工人文化宫见证了一代又一代厦门人的文化生

活;中国现存历史最悠久的古乐南音在政府的保护下逐步从厦门走向世界;爱乐团将源于欧洲的交响乐融入厦门人日常生活;鼓浪屿作为融合了多国建筑文化的国际社区,是世界文化遗产,对万国建筑的保护是厦门对历史文脉的重视;厦门国际马拉松带动了厦门人对健康生活的追求,也是厦门对外交流的一个重要窗口。厦门是一座重视文化传承与文化多样性发展,致力于丰富市民文化生活的城市。

5. 生态文明主题中的厦门

这里的"生态文明"由两个部分组成,分别是厦门的生态环境保护意识和城市文明风气,体现了厦门在处理人与自然、人与社会关系时的理念。

表6 生态文明主题的"碎片"分析

| 序号 | 一级碎片 | 二级碎片 |
| --- | --- | --- |
| 1 | 海上环卫队 | 厦门海上环卫站成立、海上环卫员黄腾的工作内容、黄腾徒弟欧祺达的海上垃圾清理工作 |
| 2 | 汪添法老人及他的绿色追求 | 老人在文山践行的生态模式、老人潜心研发的"微生物有机肥" |
| 3 | 陈加兴与厦门志愿者队伍 | 陈加兴的童年、陈加兴自愿进村理发活动、厦门响应国家的志愿者服务行动、陈加兴在儿童院的志愿者活动、陈加兴一家对志愿者活动的传承、厦门的志愿者队伍 |

《光辉岁月》中,选取海上环卫队及提前退休投身于环境保护的同安县委书记汪添法,来讲述厦门对环境保护的重视。因海而生,凭海而兴,守护大海是厦门发展的同时必须肩负起来的使命。在21世纪以前,厦门的护海意识已经觉醒,1997年厦门建成了海上环卫队。在岗位上坚守了18年的海上环卫员黄腾日复一日对海上垃圾的清理,是厦门对海上生态保护的守护与坚持;他徒弟欧祺达是一名"90后"青年,在他的教导下在海上环卫员的岗位上一待数年,这是厦门护海意识的延续。汪添法老人,原同安县委副书记,退休后投身于自己的绿色生态梦,在同安的文山山头打造了一条绿色生态链,他研发的"微生物有机肥"在全国推广,老人的绿色梦是厦门对绿色的执着。而陈加兴老爷子,一名四处流浪的孩童被善良的厦门人收养,因获得了善意他后来成了一名志愿者,即便腿脚不便,他依然行走于厦门的村落为人义剪。1993年,厦门开启了志愿者服务,以陈加兴老爷子为代表的厦门志愿者团队的不断壮大,让厦门成为一个有爱、有力量的城市。

### 6.民生福利主题中的厦门

人是城市生活的主体,民生是生活在城市内部的人的基本生存和生活状态,它涉及衣、食、住、行、教育、就业、就医等与人生活息息相关的各个方面。

表7　民生福利主题的"碎片"分析

| 序号 | 一级碎片 | 二级碎片 |
| --- | --- | --- |
| 1 | 厦商亿香肉类联合加工厂 | 肉联厂每天的工作、肉联厂成立背景、厦商集团成立、厦商的食品安全追溯信息化系统、厦商与金砖 |
| 2 | 镇海社区治理 | 旧镇海社会存在的问题、社工苏江圳及他的日常工作、苏江圳创建的社区治理模式 |
| 3 | 厦门公共交通的演变 | 2路公交驾驶员林晓蕾与她们的微笑服务、厦门的公交文明建设、厦门发展至今的公交网络体系 |
| 4 | 厦门与保障性住房 | 厦门率先形成保障性住房体系、厦门的保障性住房建设工作 |

《光辉岁月》的民生福利主题中,主要对厦门的食、住、行进行了讲述。亿香肉联厂的成立与发展,见证了厦门对市民食品安全的重视,也让我们看到了厦门人日益提高的生活水平;镇海社区的治理体现了厦门城市治理的创新力;2路公交驾驶员的微笑服务是厦门公交文明建设的一个缩影,厦门公交网络的不断拓展是厦门对市民出行的保证;厦门首创"社会保障性住房"的概念,在保障性住房建设上的创新,是厦门在安居工程上所做的努力。以上这些,都向我们展现了一个不断为民谋福利的厦门城市管理形象。

### (三)《光辉岁月》的微叙事对厦门形象的立体化呈现

厦门将自己的发展定位于"现代化国际性港口风景旅游城市"。国际性城市指那些经济实力较强、地理位置优越、城市服务功能良好,并对世界或区域经济有较重大影响的城市。国际性城市的基本特征有两个,一是城市的现代化;二是四个国际化:资本构成国际化、经济贸易外向化、交通和信息网络国际化、科技文化交流国际化。[①]城市现代化是城市发展水平的标志,涉及社会的政治、经济、文化、思想各个领域。《光辉岁月》中厦门的现代化在厦门不断提高的经济实力、日益成熟的生态理念、文化保护传承的加强、交通网络的逐步完善以及一栋栋现代化建筑中得以体现。《光辉岁月》通过叙述"九八投洽

---

① 刘助仁.国际性城市理论问题综观[J].城市规划汇刊,1994(5):6-13,61.

会"、玉石产品出口、无人驾驶、造船技术的发展以及南音走向世界等,向我们展现了厦门作为一个国际化城市的"四个国际化"。厦门作为 21 世纪海上丝绸之路的重要支点城市,海上航线覆盖丝绸之路的所有沿线国家,多达 143 条的海上航线辐射全球。《光辉岁月》中对厦门东渡港及海上航线的叙述,无疑厦门是一个世界性大港城市。同时,《光辉岁月》中对厦门自然风光、城市建筑,以及厦门自身旅游会展行业发展的呈现,向我们彰显了一座高颜值的生态花园城市,厦门旅游资源丰富。厦门"现代化国际性港口风景旅游城市"的城市形象在《光辉岁月》中完成了立体化呈现。

在快节奏生活的当下,《光辉岁月》这种碎片拼图式叙事对于城市形象建构无疑是有益的。它通过其自身的微观视角,从微缩的内容出发,将厦门 40 年发展的宏大内容解构为一个个小的故事,受众可以在排队或乘坐地铁等较短的碎片化时间内完成观看,获得单个完整信息,了解厦门城市某一个小的侧面;又可以通过观看多个故事后的信息整合,获得较为完整的厦门城市形象。

## 三、《光辉岁月》的微叙事特征分析

### (一)聚焦个体的叙事内容

罗兰·巴特认为:"人物是叙事的一个必要部分,世界上任何一部叙事作品都离不开人物。"由此,可以认为微纪录片作为叙事形式的一种,人物是构成它的必要元素之一。微纪录片受时长影响,无法对某一群体进行记录,往往将镜头聚焦于更细节、更具体的人和事,以具体的记录对象为核心而展开叙事。如表 8 所示,通过分析发现,《光辉岁月》中关注对象多为个人而非群体,它更多的是对个体的讲述;同时通过前一章节的分析,可以看到《光辉岁月》中对主题的叙述也是从个体的故事出发。当然,片中的人物并不是随意选择的,他们来自各行各业,但都亲身参与并见证了改革开放 40 年来厦门的发展。如第 25 集《行走的理发师》,它的主题为厦门志愿服务工作的发展。2018 年厦门志愿者注册人数超过 53 万人,厦门志愿者团队数量庞大,片中没有选择像红十字会或蓝天救援队这种志愿者群体去完成主题叙事,而是从众多的志愿者中选择了陈加兴老爷子这样一个个体,从他的故事出发,对厦门志愿者服务工作的兴起、发展及壮大进行叙述。纪录片作为记录性影像,承载着保存记忆的使命。《光辉岁月》将目光聚焦于个体,通过对个体故事的回忆,来唤起集体记忆,构成集体故事。

表 8 《光辉岁月》中主要人物分析

| 集数 | 出现人物 | 人物身份 |
| --- | --- | --- |
| 第 1 集 | 郑灿荣 | 1980 年时鼓浪屿号大副 |
| 第 2 集 | 何佳汝、何明全 | "英雄小八路" |
| 第 3 集 | 郭景隆一家 | 口腔医院院长、台胞 |
| 第 4 集 | 张玮 | 锅炉咖啡创始人 |
| 第 5 集 | 汪锦星 | 厦船重工原副总经理 |
| 第 6 集 | 何开钧 | 厦门火炬高新区筹建者之一 |
| 第 7 集 | 蔡东亮 | 厦门创新园软件管理有限公司总经理 |
| 第 8 集 | 柯志达 | 金龙汽车"阿波龙"研发经理 |
| 第 9 集 | 黄志长 | 鹭江宾馆房务部领班 |
| 第 10 集 | 许春盛 | 铂爵旅拍创始人 |
| 第 11 集 | 周梁成、冯鸿昌、王晓华 | 原海天集装箱有限公司工程部高级技师;厦门集装箱码头集团有限公司高级技师;海润码头工程部维修主管 |
| 第 12 集 | 叶启明 | 厦门国际银行副总裁 |
| 第 13 集 | 王琼文 | 厦门会议展览事务局局长 |
| 第 14 集 | 甘传辉 | 凌云玉石创始人 |
| 第 15 集 | 邵青岭 | 厦商集团亿香肉类联合加工有限公司总经理 |
| 第 16 集 | 苏江圳 | 镇海社区党委书记 |
| 第 17 集 | 林晓蕾 | 2 路公交驾驶员 |
| 第 18 集 | 郭邦川、张志菊一家 | 社会性保障住房高林社区居民 |
| 第 19 集 | 陈耕、陈健、陈以诺、施昆福、钱学予、洪卜仁 | 工人文化宫相关工作人员 |
| 第 20 集 | 王唯山 | 鼓浪屿管理委员会原副主任 |
| 第 21 集 | 杨雪莉、傅人长 | 厦门南乐团团长、厦门爱乐团艺术总监 |
| 第 22 集 | 黄力生 | 厦门马拉松公益训练营总教练、马拉松爱好者 |
| 第 23 集 | 黄腾、欧祺达 | 海上环卫站船队船长;船队驾驶员 |

续表

| 集数 | 出现人物 | 人物身份 |
|---|---|---|
| 第24集 | 汪添法 | 原同安县委副书记 |
| 第25集 | 陈加兴 | 同心义工服务中心志愿者 |
| 第26集 | 周赞家 | 海沧摄影协会主席 |
| 第27集 | 张益河 | 原厦禾路旧城改造指挥部工程处处长 |
| 第28集 | 王逞凯 | 蔡塘社区居委会主任 |
| 第29集 | 曾超 | 厦门路桥建设集团副总经理 总工程师 |
| 第30集 | 吴志坚 | 环东海域新城开发建设总部常务副总指挥 |

此外，微纪录片的小文本、小体量并不意味着微纪录片的内容浅薄，与传统纪录片的宏大场面与背景不同，它更多的是通过以小见大的方式，对叙事主题进行由点及面的叙述。《光辉岁月》中不将叙事对象放置于国家、民族或人类等宏大的主题下，不去讲空泛的大道理，而是以更为平民化、生活化的视角来记录和呈现一个个有趣而平凡的小故事，进而完成对厦门的讲述。如第23集《海上美容师》，片中将目光聚焦于海上环卫站工龄最长的员工黄腾及他的徒弟欧祺达身上，通过记录他们日常工作内容和环境，向观众讲述了海上保洁工作的辛劳以及环卫工人对海上环保的坚持。黄腾及他的徒弟是厦门海上环卫站工人的代表，而他们数十年对海上保洁工作的付出和努力可以说是厦门市环保理念的一个缩影。这种将叙事对象聚焦于普通个体的手法，打破了传统纪录片高高在上、不可触碰的形象，片中的人物就是生活在观众身边的人，更容易引起观众的共鸣，利于主题内容的传达。

### (二)围绕主题的碎片内容与拼图式叙事结构

传统的纪录片中，为了使受众能最大程度上理解内容，大多使用的是中心串联式结构或板块组合结构。而由于叙事时间短，微纪录片不得不放弃传统纪录片的叙事结构。微时长的特性，注定其无法在短短的十几分钟甚至是几分钟内将事物的前因后果做详细的记录，它更多是呈现一些具有代表性的碎片式片段。于是微纪录片便采用了微叙事的典型叙事结构——拼图式叙事。

《光辉岁月》作为一部系列微纪录片，其拼图式叙事表现出两个不同层面的碎片化和拼图化，是对城市形象的多层次、多元化建构。一方面，在单集微纪录片中选取事件产生发展过程具有典型性的某些片段，通过非连贯的片段组合来完成主题叙事。例如,第二集《彼岸的凝望》,围绕何厝村从两岸对峙前沿到改革开放前沿的转变这一主题,片中借助几个片段的组合,向观众展示了何厝的这一变化。第一个片段,1958年厦门与金门之间爆发的大规模炮战;第二个片段,20名从金门抱养到何厝的女孩在停战后回金门寻亲;第三个片段,何厝村现代化的建筑;第四个片段,当年的小八路走进英雄小八路历史纪念馆,并为雕塑系红领巾、为学生讲述何厝历史。这一个个片段间相互独立且不连贯,它们是一个个碎片式的片段。但在片中,通过何厝身份转变这一条隐含的叙事线,将这些片段进行拼图完成叙述:厦金炮战时,何厝是战争前线,战争阻断了两岸人民的往来;战后抱养到何厝的20名女性返金寻亲,两岸关系揭开新的篇章。战时的何厝贫穷落后,人民生活困难;而今的何厝,已然成为国际会议中心、商务中心和金融中心。何厝是两岸的见证者,它从战争中走来,乘着改革开放的春风,褪去身上的硝烟烽火,成为现在发展快速、人民幸福生活之地。

另一方面,就系列微纪录片而言,通过多个篇章的内容拼图,完成了对同一主题的立体化叙述。如果说单个篇章的叙事是对宏大叙事的解构,那么多个篇章的拼图叙事从一定意义上来说,是某种程度上宏大叙事的回归。如《光辉岁月》中的前三集,它们都涉及了一个共同的主题——两岸关系。第一集《踏浪台海》中,通过讲述厦门海域全面封禁到厦台海上航线开通历程,呈现了两岸关系的演变。第二集《彼岸的凝望》中,因为战争而隔岸相望无法相见的两岸人民,在战争结束后得以团聚。通过历史见证者小八路对两岸和平统一的期盼,传递出两岸同胞对国家统一的愿景。第三集《归来》中,讲述与福州女孩结婚定居厦门的台湾人郭景隆,他在厦门拥有自己的诊所,惠台政策让他的孩子在厦门安心学习成长。郭妈妈也来到了厦门,两岸共同的饮食、风俗文化,让她快速融入厦门生活。这个两岸共同组成的家庭,正是现在两岸同胞融合的一个缩影。这三个篇章,从不同的侧面,向观众展现了两岸关系的变化给厦门的发展带来的影响,也说明了厦门在沟通两岸中的重要地位,同时也看到厦门为实现两岸和平统一所做的努力。

### (三)弱化情节性的快节奏叙事

微纪录片要在短时间内将故事完整地呈现,往往需要直接进入叙事并快速推进。《光辉岁月》中对主题的讲述,多采取"开门见山"式,开篇直接点明叙述对象。如第30集《梦之城》,微纪录片开始,就讲述了环东海域新城的规划布局,以此来说明新城将作为厦门规划的一座环湾大城而崛起。再如第7集

《二十芳华》，开始便以"4000多家企业，超10万从业人员，三大园区，造就了一个千亿产业链和一座智慧之城"这样的解说词对厦门软件园做出了评价，然后再对软件园一、二、三期的发展情况进行讲述。

同时，《梦之城》中对环东海域新城的发展，并未采用起因—经过—结果这样的线性叙事模式，而是运用了碎片化的非线性叙事模式。片中先讲述了新城建设规划的布局，然后是新城建设的开始，接着是新城已有的产业规模与发展潜能，最后是新城建设的原因——实现厦门的跨岛发展。在第13集《开门迎入大海来》中，也同样采用了这样碎片化的非线性叙事模式。片中先讲述了"九八投洽会"对厦门而言的意义，而后对"九八投洽会"的发展历程做了回顾，最后是"九八投洽会"所取得的成就与未来发展。在这样快节奏、非线性的叙事中，故事情节被弱化，故事的发展不再是情节化而是细节化的。

## 四、厦门"神话"解读：碎片化符号对城市形象的拼图式建构

《光辉岁月》将厦门定位为"现代化国际性港口风景旅游城市"，这是一个整体的厦门城市形象。但城市形象是一个内涵丰富且较为复杂的集合体，它由多个子形象系统构成。按照城市细分理论，梅保华认为城市形象由外及里分为三个层次，分别是物质层、管理层和思想层。物质层是第一层次印象，也是最为直观可感的一层；管理层及思想层分别是城市形象的第二、三层，[①]具体内容见表9。

表9 城市形象层次划分

| | 物质层 | | 管理层 | 思想层 |
|---|---|---|---|---|
| 城市形象类别 | 视觉景观形象 | 经济形象 | 政府形象 | 文化形象 |
| 包含内容 | 自然景观、房屋建筑布局、基础设施 | 商业及产业发展状况 | 公共事务、管理体制 | 市民素质、社会风气 |

---

① 梅保华.关于城市形象问题的思考[J].城市问题，2002(5):14-16.

## （一）作为符号系统的《光辉岁月》

索绪尔的符号学说中，将语言符号分为能指和所指。①在索绪尔语言符号学基础上，罗兰·巴特提出了二级符号系统：神话。在罗兰·巴特看来，索绪尔语言符号的能指与所指之间的关系并不是固定的，而是人们在长时间的生活中约定俗成的。因是约定的，能指指代的意义（所指）可能会随着时间的变化而变化。正是因为这种可变化性，罗兰·巴特的二级意指符号系统中，能指与所指并不只是物体对应的音响形象和概念，而是二者结合走向一个更深的层次——能指转化，使得符号能从语言以外的社会文化中获得更深的意义。②比如"玫瑰"，在索绪尔看来"玫瑰"代表"这种植物的花"，这是符号表意的第一个层次，即符号的明示意义。而在罗兰·巴特的二级符号系统中，"玫瑰"具有了社会性和文化意义，它代表"爱情"，这是符号表意的第二层次。

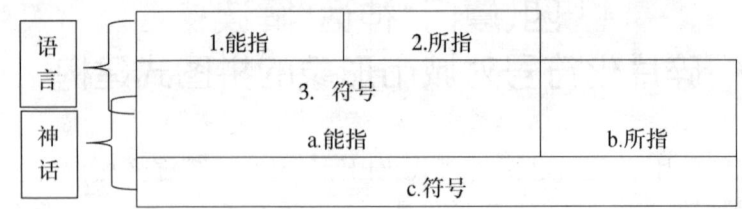

**图2　"神话"二级符号模式图**

注：罗兰·巴特.神话修辞术[M].上海：上海人民出版社，2016.

"神话"二级符号模式包含两层能指与所指。这里1、2、3是索绪尔语言层面上的符号体系，能指＋其所指＝符号，这构成符号的一级系统。巴特认为这一级是符号的"外延"意义，a、b、c则是神话的二级系统，第一级系统中的符号，作为能指进入二级系统，与二级系统的所指构成新的符号，巴特称之为"意指"。"意指"产生符号的"内涵"意义，神话在不断意指过程中产生。

微纪录片是一种影像叙事文本，通过语言符号（同期声、解说词）和非语言符号（画面、音乐、字幕、色彩等）编码来完成叙事。而画面是构成微纪录片的最基本单位之一，画面作为一种视觉符号，也是受众最为直观可感的符号。这些符号是传递信息、塑造形象以及体现精神的重要载体。《光辉岁月》作为一部主旨鲜明的微纪录片，因其主题叙事明确以及"微"的特性，使得厦门城市形

---

① 罗兰·巴特.符号学美学[M].沈阳：辽宁人民出版社，1987.
② 罗兰·巴特.神话：大众文化诠释[M].上海：上海人民出版社，1999.

象各子系统以碎片化的符号形式包含于多个主题下,以较具代表性的厦门城市符号进行符号设计,全面建构了厦门城市形象。由此,可将《光辉岁月》看作一个符号系统,用"神话"系统来分析其对厦门城市形象各子系统的"神话"呈现。

表10 《光辉岁月》中的城市符号

| 画面呈现符号 | 主要呈现方式 |
| --- | --- |
| 视觉景观符号 | 大海、海上航行的邮轮、鼓浪屿、建筑(包含大厦和住宅)、跨海大桥、公路(包含环岛路)、码头、城市绿化、鹭江宾馆、沙滩、公园、渔船、日出 |
| 经济符号 | 现代化生产线、中山路、国际会议现场、火炬高新区、软件园、阿波龙、美图、美亚柏科、美柚、4399、戴尔、柯达、鹭江宾馆、铂爵旅拍、厦门国际银行、金龙客车、凌云玉石、"礼诺·目标"号 |
| 政府符号 | 台胞政策、在厦台胞、公务员(苏江圳)、社会保障性住房(高林社区、观音山公寓) |

### (二)厦门"神话"的编织

1.厦门的视觉景观形象

视觉景观符号是城市形象影像宣传中较为重要的一个组成部分,亦是受众对于一座城市形象感知最直观的部分。视觉景观由自然景观与人文景观组成。自然景观指自然景象,如山川河流、气候、野生动植物等;人文景观包含办公大楼、居民住宅等建筑,公园等公共活动场所,交通水利等基础设施。

在《光辉岁月》中,大海、鼓浪屿、海上航行的邮轮、环岛路以及建筑是其最为着力刻画的符号元素。这些符号不仅是片头的主要内容,且在片中多次出现。鼓浪屿与鹭江道分列鹭江海域两岸,沿鹭江道向前延伸是环岛路,而大海环绕着厦门,海上邮轮往来不断。在以大海为主体的符号系统中,大海是厦门独特的自然景象;进一步的意义是:大海展现的是厦门的海洋文化。最后编织的"神话"是:海纳百川,大海带给厦门的是博大的胸怀与宽广的眼界,厦门是一座包容且充满潜能的城市。在以鼓浪屿为主体的符号系统中,鼓浪屿是一座传统建筑与南洋、欧美建筑融合,绿意盎然的小岛;进一步的意义是:鼓浪屿展现的是厦门的多元文化融化;编织的"神话"是:厦门是一座拥有独特文化底蕴的绿色之城。在以海上航行的邮轮为主体的符号系统中,邮轮是厦门作为一座滨海城市的交通工具之一;进一步的意义是:扬帆起航,航行的邮轮带着厦门走出国门走向世界;编织的"神话"是:乘风破浪,厦门是一座拥有远大志向、勇往直前的开放型城市。而各式各样的楼群建筑与环岛路编织着相同的厦门"神话",临海而建的高楼大厦、错综复杂却又井然有序的交通、干净整洁的道路及两旁郁郁葱葱的树。高楼大厦及有序的交通,象征着厦门城市现代化建设的发展;整洁的道路和树,传达出了厦门良好的城市环境形象。

  以上这些符号,编织着独属于自身的厦门神话。但作为厦门视觉景观符号中较为突出的符号群,这些符号的组合完成了厦门"海上生态之城"的神话编织。"大海"与"海上航行的邮轮"组合作为新的能指,指向了一个共同的厦门神话——"海上之城"。厦门因海而生,凭海而兴,海纳百川的海洋文化,让厦门包容且开放。"鼓浪屿"、"环岛路"与"房屋建筑"组合作为新的能指,指向一个共同的厦门神话——"生态之城"。生态之城:"从广义来说,是按照生态学原则建立起来的社会、经济、自然协调发展的新型社会关系,是有效地利用环境资源,以实现可持续发展的新的生产和生活方式。"① "鼓浪屿"、"环岛路"与"房屋建筑"向受众呈现了厦门的国际化、现代化与多元化,外来文化与本地文化融合发展;山青水绿,往来的车辆行驶于高楼大厦间。厦门,这是一个绿色生态、包容开放、社会秩序良好的现代化国际化城市。

  2.厦门的经济形象

  城市经济形象,反映的是一个城市在经济发展上的总体表现,是对城市内部各经济体的生存状况、发展水平及开放程度的综合评价。

  不同于视觉景观形象呈现的分散性,《光辉岁月》中对厦门经济形象的刻画更为细致具体。火炬高新区和软件园的园区全貌呈现,本身就是厦门经济发展的两个象征符号。而为了表现这两个符号,又呈现了多个符号系统:自动化的生产线,美图、美柚、4399、美亚柏科等。在以"自动化生产线"为主体的符号系统中,自动化的生产线呈现的是厦门高新技术产业发展的一部分;进一步的意义是自动化的生产线让厦门的技术发展更加现代化;编织的"神话"是厦门是一座与时俱进的城市。美图、美柚、铂爵旅拍等知名企业,拥有相似的符号系统,这些企业是厦门本土较具代表性的企业;进一步的意义是:厦门在新兴产业所取得的成就;编织的"神话"是:厦门是一座注重多元产业发展,充满无限潜能的城市。

  戴尔、柯达作为外资企业在改革开放的早期被厦门引进,落户厦门,也见证了厦门作为经济特区在吸引外资方面所作的努力。在以戴尔、柯达为主体

---

① 刘俊娟.生态城市:理论、国外建设经验及其启示[J].长江大学学报(社会科学版),2013,36(9):69-71.

的符号系统中,戴尔、柯达是厦门引进外资企业的代表;进一步的意义是:戴尔、柯达象征着厦门的发展已和国际接轨;编织的"神话"是:与国际接轨的厦门,是一座开放发展的城市。此外,"九八"投洽会现场也编织着相似的神话,"九八"投洽会现场来自世界各地的投资者齐聚在厦门;进一步的意义是:厦门的经济发展已然融入世界;编织的"神话"是:作为国际经济发展的一个部分,厦门是一座充满了无数商机与变化的城市。

无人汽车"阿波龙"、码头、"礼诺·目标"号轮船虽是反映厦门不同产业的发展,但都是厦门在自主创新上的代表符号,编织着相同的厦门神话。这三个符号是厦门在无人驾驶、智慧码头、造船方面的代表成就;进一步的意义是厦门的自主创新水平已走在前列;编织的"神话"是不断创新让厦门的未来拥有无限可能。

中山路是厦门经济发展中一个不可忽视的代表符号。在老厦门人看来,中山路是老厦门的城市中心,虽然在城市化建设的进程中厦门早已不知扩大了多少倍,但中山路对今天的厦门依然意义重大。独特的建筑——骑楼、车来车往的马路、人潮涌动的街道以及纷繁多样的商铺,无不彰显着现在中山路的繁华。在以中山路为主体的符号系统中,中山路是厦门商业中心中的一个;进一步的意义是中山路是厦门经济发展的见证者;编织的"神话"是中山路在厦门不断的经济发展中充满活力,厦门市一座具有生命力、经济欣欣向荣的城市。

这些符号,共同建构了一个无限发展的活力城市经济形象,它开放、勇于探索,它与时俱进、不断创新,它活力四射。

3.厦门的政府形象

政府形象是指政府公务人员、政策和公共职能等形象的总和,主要从城市管理水平及公共服务中得以体现。

在厦安居的台胞、公务人员以及民生工程(如保障性住房)是《光辉岁月》中刻画厦门市政府形象所选取的符号。安居厦门的台胞是厦门政府形象刻画不可或缺的一部分,在以在厦生活的台胞为主体的符号系统中,台胞选择在厦生活;进一步的意义是:厦门政府为台胞制定了较好的惠台政策,让台胞对厦门有归属感,台胞愿意留在厦门生活;编织的"神话"是:厦门政府是一个包容开放的政府。

以社会性保障住房为代表的一批民生工程,又从另一个角度刻画着厦门政府形象。在以社会性保障住房为主体的符号系统中,保障房是厦门政府建设的民生工程之一;进一步的意义是:厦门政府想民所想,急民所急,办民所需;编织的"神话"是:厦门政府是以人为本的服务型政府。

而在《光辉岁月》的第16集《金色梦想》中,以社区党委书记苏江圳在改造老旧社区时的作为——拿着笔记本认真记录社区问题、组建群众自治管理小组等作为符号,向观众建构起了一个较为完整的厦门政府形象。在以认真记录问题的苏江圳为主体的符号系统中,苏江圳主动发现社区问题;进一步的意义是:苏江圳作为厦门市公务员的一个代表,厦门市公务员贴近实际;编织的"神话"是:厦门政府是务实肯为的政府。在以组建群众自治管理小组的苏江圳为主体的符号系统中,苏江圳依靠群众的力量来管理社区;进一步的意义是:政府相信群众,赋权于民让群众自治;编织的"神话"是:相信群众,依靠群众的厦门政府是民主型政府。

除此之外,在《光辉岁月》中,还呈现了厦门政府对鼓浪屿万国建筑、对南音的保护,对市民食品安全的管控等等。这些政府符号的拼接,建构起了一个开放、务实、民主且以人为本的服务型政府形象。

4.厦门的市民形象

生活在城市内部的居民是城市形象的重要载体。属于城市形象系统最高层级的市民形象,是城市形象建构的重要元素,是城市文化和城市精神得以形成的基础。

人作为城市生活的主体,城市发生的所有事件与变化都由一个个人串联着。在《光辉岁月》中我们看到了追求健康生活的马拉松爱好者黄力生、数年奔波于海上清理垃圾的海上环卫员黄腾、执着于绿色生态的汪添法老人以及数十年奔走于城乡的理发师陈加兴……这些人物,作为厦门城市的一个部分,在纪录片中拥有一样的符号系统,在这个符号系统中,他们是厦门市民中的一员;进一步的意义是:他们对工作、对生活、对梦想的坚持象征着厦门人有毅力、有热情、不断进取的性格;编织的"神话"是:热情、坚定的厦门人,让厦门成为一座有爱、有力量的城市。

而交通文明是厦门一张重要的名片。早在20世纪90年代,厦门就率先形成了公交车"让座之风",厦门的公交礼让也获得多家媒体报道,并对全国的公交文明产生了影响。而后,厦门逐步形成了小黄帽交通志愿者、斑马线礼让、微笑公交等交通文明,《光辉岁月》中对此也进行了刻画。在以交通文明为主体的符号系统中,文明出行是厦门人的一种生活理念;进一步的意义是:文明出行反映了厦门人的谦逊有礼;编织的"神话"是:谦逊有礼的厦门人,让厦门成为一座有品格的城市。

热情、坚毅而又谦逊有礼,是厦门人的写照。众多的厦门人一起,共同建构了一个有爱、有品格、有力量的厦门城市形象。

综上,对于城市形象的建构,不管是作为整体的城市形象,还是整体下的各个形象子系统,本身就是一个复杂的工作。城市历经数十年甚至数百年、数千年的发展沉淀,形成了自身的独特韵味。在城市宣传中,传播者有时会力图将城市全面地呈现给受众,但快节奏的社会,已经无法再让城市传播者将城市故事娓娓道来,于是微纪录片成为承载城市记忆、建构城市形象的重要载体之一。在《光辉岁月》中,通过一个画面、一个人物,抑或是一个小小的事件作为城市形象符号,让受众在心中一点点地建构起自己关于厦门这座城市的印象。而这些一个个的碎片化符号通过拼图式整合,相似符号形成符号集群,建构起较为完整的厦门城市形象。

# 五、探讨与总结

## (一)《光辉岁月》建构厦门城市形象的特点

第一,凸显现代性和国际化。纵观《光辉岁月》全系列,不管其叙事内容还是其符号呈现,无不在彰显厦门城市发展的现代性和国际化。高大明亮的商务办公大厦、快捷轨道交通、繁华的商业中心、璀璨的夜景、纵横交错的立交桥都在展现厦门作为现代都市的一面。而一个个外资企业、外国工作人员、聚集多国人员的国际会议现场以及一项项令世界瞩目的成果,又呈现了一个与国际接轨的厦门。

第二,强调经济发展活力与潜能。厦门作为中国四大经济特区之一,且《光辉岁月》为献礼改革开放40周年而作,经济发展是极为重要的城市传播内容。在《光辉岁月》中,以厦门各个产业体系所取得的成就,如"礼诺·目标"号的建造、以"阿波龙"为代表的一批厦门高新技术发展以及不断提高的产业值,这些都向受众建构起了一个有朝气、有活力的厦门城市形象。厦门作为中国改革开放的探路者之一,多个经济产业主体都走在国内经济发展前列。而在展现厦门经济发展成果的同时,也看到了厦门经济发展的潜能。

第三,重视精神内涵传达。《光辉岁月》中呈现的人物,不管是安居厦门的台胞,还是为民服务的公务员,抑或是普通的厦门市民,在他们的脸上都洋溢着笑容,这是他们对厦门这座城市的认同。而在讲述他们的事迹时,我们看到了他们对岗位的坚守,也看到了他们对梦想的追求。正是这样一群厦门人,在不断的坚持与探索中,让厦门不断向前发展。片中所展现的人物精神可以说是厦门城市精神内涵的具体化呈现。

### (二)《光辉岁月》建构厦门城市形象的不足

第一,叙事雷同,缺乏个性化。《光辉岁月》中对各个主体的呈现,都做了一种历时性的讲述。从两岸关系的改善到厦门产业经济的发展再到厦门生态意识的觉醒等方面,都在围绕中国改革开放前后的变化来进行叙事。其中以厦门产业经济的发展最为显著,不管是厦门的工业发展、还是厦门的旅游业发展,都遵循着一条相似的叙事线:先讲述主体改革开放前的模样,再讲述发展过程中取得的成果,最后是未来发展的期望。

厦门将自身定位于"现代性国际化风景旅游港口城市",《光辉岁月》为呈现现代性这一定位,在片中大量展现了厦门的现代化建设:川流不息的车辆、高楼大厦、人潮涌动的商圈……这些现代性的城市符号在许多的城市宣传中都有体现,对城市现代化的展现似乎是现代城市宣传的通用方式。

第二,文化内涵呈现不足。厦门的地方文化历史悠久,仅地方剧种在海内外就有较高的声誉,其中包含较为熟悉的南音、歌仔戏、高甲戏等。此外还有被列入国家级非物质文化遗产的漆线雕、闽台送王船、闽南童谣、讲古、中秋博饼等等。作为闽南地区厦漳泉核心位置的厦门,是闽南文化发展传播的重要城市。同时作为著名侨乡,华侨文化也是厦门文化的重要组成。而《光辉岁月》中并未对厦门丰富多元的文化做足够的讲述。或许是受微纪录片"微时长"这一特性的限制,《光辉岁月》中虽然对南音、爱乐团等进行了阐释,但明显侧重于发展情况的展现,对它们背后的文化内涵挖掘不足。

### (三)微纪录片构建城市形象的优势

在微时代,人们花费在媒介上的时间严重碎片化。微纪录片体量小、主题单一明确、表达个人化、视角微观等"碎片化"特征,为城市形象在新的传播语境下提供了多重传播优势。

首先,微纪录片的短小精悍高度契合了当下受众"碎片化"阅读的需求,有利于城市形象传播。随着个人移动终端的高度普及,使得人们花在手机、电脑等上的时间远超于传统媒体,受众能随时随地接受信息。而现代快节奏的生活,让受众碎片化阅读加深,微纪录片的视听属性和微时长对受众而言都具有较大吸引力。借助于互联网和移动媒体传播的微纪录片,在为城市形象的传播提供新的传播途径的同时,也让其传播覆盖范围更广、传播速度更快,碎片化的内容让传播更为便捷,而多个碎片内容的传播,又完成了城市形象的拼图式立体呈现,这使得城市形象在潜移默化中影响受众对城市的认知。

其次,微纪录片以真实为基础,借助小故事对城市进行讲述,内容贴近受众,传播效果好。片中选择的景物和故事,对生活在城市内的受众而言是熟悉的,这增强了受众对城市的归属感;而对城市之外的受众而言,解构了宏大叙事的微纪录片,能从更为微观化、细节化的视角对城市进行讲述,在体现城市真实面貌的同时,也向受众展示了城市的独特韵味。

最后,微纪录片传播的强互动性,拉近受众与城市的情感距离。当下的观众对于媒介的使用更加注重互动,微博微信作为集聚开放性、即时性、互动性为一体的社交平台,正好契合了受众的媒介使用需求。在微博微信等网络平台上,对于喜欢的信息,受众会乐于去进行分享转发并予以评价。借助移动互联网传播的微纪录片,具有较高的开放性和互动性,而这样的特性使得受众不仅可以点播、回放,还可以与他人进行互动,了解别人对城市的看法,并将自己对城市的想法、情感表达出来。在这样的互动中,受众对城市的了解更为深入,城市形象也实现了裂变式传播。

### (四)微纪录片建构城市形象的困境

以辩证的眼光看,微纪录片在为城市形象建构带来积极意义的同时,其在建构形象的过程中存在的不足亦不可忽视。

首先,故事情节弱化,受众注意力易分散。情节是故事发生、发展和结束的基本结构,它包含着线索的铺设、悬念设置、矛盾冲突的展现和细节的描写等等方面。微纪录片的碎片拼图式叙事,使得它的故事情节性弱化,虽然微纪录片单集时长较短,但缺乏情节点,无法让受众进行沉浸式视听阅读,受众在视听过程中易被打断。

其次,关联性弱,受众黏性差。就系列微纪录片而言,它的每一小集都可看作一个独立的故事,集与集之间并无直接的承接关系或间接的过渡关系。微纪录片单集故事完整,受众在观看完一集之后并不会有遗憾缺失感。同时,微纪录片当下更多是借助网络平台进行传播,而网络传播的最大特性之一便是信息的海量化,微纪录片集与集之间的关联性较弱,使得受众在观看完某一集后易受到其他内容的吸引,无法形成持续关注效应。

# 想象的国家与可见的认同：基于中国国家主席新年贺词（1991—2021）的研究

◎ 刘方洁　史冬冬

## 一、时代背景：互联网、全球化浪潮冲击下的国家认同危机

当前社会发展日新月异，在多元思潮冲击之下，人们陷入对自身"多元身份"的思考与追问。"认同"也随之成为不同群体竞相争取的重要资源，国家作为一个庞大的集体，亦要通过凝聚广泛认同来维系自身的发展。然而，新时代发展的浩荡潮流对世界各国的国家认同产生了巨大的冲击，诸多国家的国家认同危机随之而来。

20世纪90年代，东欧剧变、苏联解体，美苏两大意识形态阵营的对立随之终结，世界多极化格局由此加速演进。商品经济的蓬勃发展，科学技术的飞速进步，使人类世界进入了一个新时代——"全球化"与"互联网"是这个时代最重要的关键词，它们深刻改变着人类生活的方方面面，人与人、国与国之间的联系比以往任何时期都更加紧密。而这带来的结果就是国际流动的频繁与国家认同感的削弱。

全球化将所有国家和地区联结为一个整体，大大削弱了国家的自主性。如今，每个国家都是全球市场要素流通中的一环，任何国家都不能"独善其身"。曾经国家作为"独立行动者"的地位也在全球化进程的冲击下一去不复返。一方面，国际大市场的蓬勃发展使得全球生产网络迅速形成，各类跨国组织机构、跨国公司等获得了更大的自主权。主权国家在国际经济事务上的控制权明显受到国际经济环境的影响与限制，2008年爆发的全球金融危机便是最深刻的例证。另一方面，全球生态环境问题、非传统安全问题等全球性问题的出现也削弱了国家权力，国家必须让渡一部分权力以形成国际性联盟或组

织去解决全球性问题。国家主权的削弱也造成了国家回应并满足社会成员多元需求能力的下降,社会成员的认同感与满意度自然受到消极影响。①

互联网联通了世界,在全球互联、交往便捷的同时,文化价值观输出、意识形态渗透的形势也愈演愈烈。意识形态可以通过文化产业、媒介平台等多种方式渗透,影视作品、文学作品乃至跨国公司的企业理念等,时时刻刻都在向世界各地传输着多元的价值观,在无形中影响了国民的思想与行为,瓦解着国民对本国的信任与认同。在这种无声的侵袭下,许多公众或对政府话语漠不关心甚至充满质疑,或通过各种新媒体对政府话语进行调侃、戏谑与解构。这无疑冲击了本民族的认同根基,对民族团结和国家凝聚造成了极大的威胁。

全球化进程的深入、互联网革命所带来的现代性价值多元与离散、现代通信和交通技术的发展,都延展了人们交往的范围与想象的边界,多元的文化价值与意识形态更侵蚀了各民族的文化认同和国家政治共同体的稳定,新时代的发展引发的认同危机给民族国家带来了巨大挑战。

在上述全球化、互联网、融媒体交织发展的时代背景下,人们思想观念更加多元、身份界限日益模糊、"政治去中心化"也随之加剧。各国对此展开一系列调整与创新,以重塑国家认同。其中,国家话语成为一种修辞策略,在"劝说"国民、争取认同的过程中显示出重要作用。此时,面向国内民众和国际社会的国家话语代表——新年贺词,成为研究的焦点。

放眼全球,英、美、法、德、印度等很多国家的主要领导人都会在辞旧迎新的元旦前夕向国民发表新年致辞,新年贺词不仅具有记录总结重大事件的载储功能,还具有凝聚民心、获取人民拥护和认同的社会整合功能与激发国民的国家自豪感、促使他们继续自觉为国家建设而奋斗的激励功能。②

在中国,新年贺词亦成为一项国家惯例。每年12月31日,国家主席会通过新闻媒体平台发表新年贺词,向全国、全世界人民发出中国声音。层次清晰、言语精练的新年贺词充分体现了中国话语言约而义丰的特征,而且新年贺词在形式和内容上都具有"建构认同"这一共同的诉求。

首先是形式上作为仪式话语的新年贺词:在每年元旦来临之际,国家主席

---

① 周光辉,刘向东.全球化时代发展中国家的国家认同危机及治理[J].中国社会科学,2013(9):40-54.

② 蒋春丽,杨可.政治话语视角下的俄语新年致辞话语功能分析[J].中国俄语教学,2019,38(01):29-35.

对内面向全国人民发表贺词:总结去年的成就,表达来年的愿景,送出诚挚的祝福。这一过程传达的不仅仅是贺词文本的表面内涵,更具有鲜明的仪式属性。仪式作为文化符号,从一开始就是一种集体(原始部落、族群、民族、特定社会群体)认同意识和情感的象征性表达。① 在辞旧迎新的特定时刻,国家主席通过新闻媒体发表新年贺词,全国人民都被邀请参与到这一仪式之中,无形中强调了参与者的中国公民身份,增强了个体对所属集体的认同。

其次是内容上作为国家话语的新年贺词:国家话语是国家意志的体现,具有极高的权威性。国家话语发挥着对外传递国家意志、阐明国家立场、展现国家形象,对内争取人民共识、巩固国家认同、凝聚各界力量的重要作用。在当前动态多元的全媒体话语生态中,国家话语的内容、方式、渠道也在经历转型,吸引受众注意力,培养受众认同感与忠诚感俨然成为建构国家话语体系的核心。②

因此,新年贺词如何在辞旧迎新、万众瞩目的契机下通过自身的仪式属性与话语方式来角逐公众认同和对抗认同消解是一项值得研究的议题。

## 二、文献综述

在上述背景下,有必要对"国家认同"与"国家主席新年贺词"两个关键词进行文献综述,以梳理当前学界研究进展,并在前人研究的基础上寻找本研究的切入点。

### (一)国家认同研究

在国家认同的研究中,安德森所著的《想象的共同体》一书无疑有着举足轻重的作用。安德森认为"民族"是一种想象的而非虚构的享有主权的政治共同体,是一种与历史文化变迁相关、根植于人类深层意识的心理的建构。③ 资本主义、印刷术、语言使民族的想象成为可能,语言作为想象的媒介使人们产生了强烈的凝聚与认同。④

---

① 武瑷华.话语的仪式性[J].外语学刊,2014(3):84-87.
② 冯春梅.全媒体语境下国家话语体系建构的双重转向[J].西南交通大学学报(社会科学版),2018,19(4):73-78.
③ 安德森.想象的共同体[M].上海:上海人民出版社,2011:序言.
④ 梁新芳.安德森的建构论及其对当代民族理论的影响[D].武汉:武汉大学,2019.

从现今民族国家的角度来看,安德森所定义的"享有主权的民族共同体"就是国家,因此"想象的共同体"理论使诸多学者关注到意识形态、历史文化、语言文字等软实力在民族国家建构、国家认同建构过程中的重要性。尤其是20世纪90年代以来,东欧剧变、苏联解体等国际事件使得政治学、历史学、人类学等诸多学科纷纷将视线转向国家认同研究,不同学科的研究者就国家认同的概念定义、内容维度、国家认同与民族认同和文化认同的关系以及国家认同的建构路径等几个方面展开理论探讨。

1.国家认同的定义

由于国家认同理论涉及多学科、多维度,因此至今没有一个公认的权威的定义。当前对于国家认同的概念研究,多从归属性和差异性两个视角对国家认同进行定义。

第一,归属性视角下的国家认同即公民确认自己属于哪一个国家、这个国家具体怎么样的一种心理活动。① 持该观点的研究者主张:共同体成员对于政治、语言、历史文化等多重因素的认同催生了一种对于共同体的归属感,这种归属感是国家认同的主要根源。

其中,语言是想象民族最重要的媒介,②共同的语言代表了一种历史与文化的共享和归属。共同语言的使用常被认为是催生和巩固国家认同的重要因素,学者王苍柏就曾提出以语言、种族和地缘等共同点为纽带,以加强华人移民群体对祖国的归属感和认同感。③ 此外,共同的历史文化传统、价值理念、集体记忆等也是国家认同的重要内容。苏晓龙在研究中指出,国家认同就是国民对共享的历史文化的认同和对制度、法律等公共形态权威的认可,这种认可是国家认同得以形成的基础。在此基础上国民才能产生对于国家的归属感,并进一步发展为对国家的奉献与效忠。④

以上关于国家认同的诸多论述主要侧重于将其视为一种历史文化共同体认同,也有学者将其视为一种法律上的政治共同体认同⑤,在此共同体中,公

---

① 江宜桦.自由主义、民族主义与国家认同[M].上海:扬智文化事业股份有限公司,1998.
② 安德森.想象的共同体[M].上海:上海人民出版社,2011:66-78.
③ 王苍柏.重塑香港华人的族群地图:华人移民认同和族群建构的再认识[J].社会学研究,2004(6):76-86.
④ 苏晓龙.当代中国国际意识的变迁与国家认同的重构[D].济南:山东大学,2009.
⑤ 高永久,朱军.论多民族国家中的民族认同与国家认同[J].民族研究,2010(2):26-35,108.

民认同并效忠于国家的政治权力、宪政制度和政治权威[1],国家则需要承担保护公民的生命、安全以及其他基本权利的责任[2]。

第二,差异性视角下的国家认同是指将自我与他者明确区分开的界限,含有排斥他者的意味[3],英国学者戴维·莫利曾说"差异构成认同"[4],"自我"与"他者"是相伴而生的。因此差异性视角下的国家认同可以称作一种"国家认异",即一个国家及其公民确认自己与其他国家、其他国民之间存在不同的特性。[5] 安东尼·史密斯在研究中发现欧洲公民现存的国家认同与欧盟认同之间存在矛盾和排斥[6],这也表明认同与排斥是共生的。

2.国家认同的内容维度

学术界对于"国家认同"的定义之论百家争鸣,因此对国家认同的具体内容维度也未有定论。吴玉军认为,政治、文化、民族认同三个基本维度在国家认同中不可或缺。[7]曾竞主张,历史认同、文化认同、经济福利认同和政治法律认同是一个国家认同感和凝聚力的重要体现。[8] 周坤鹏通过分析国外学者关于少数民族国家认同内容的研究现状并综述国内学界的各种论述,提出学界关于国家认同的内容维度研究是不全面的,国家认同可分政治认同、经济认同、文化认同、社会认同、国家地理认同五个维度。[9]

国家认同不仅仅是对历史文化认同、民族认同或政治认同的简单呈现,而是由多维度、多范畴、多层次的认同要素复合而成的,是人们在身份、制度、文化、历史等多方面认同的融合与统一。[10] 个人的自我认同、历史文化、治理绩

---

[1] 陈茂荣.论"民族认同"与"国家认同"[J].学术界,2011(4):56-67,282-283.
[2] 徐则平.试论民族文化认同的"软实力"价值[J].思想战线,2008(3):87-91.
[3] 李艳霞,曹娅.国家认同的内涵、测量与来源:一个文献综述[J].教学与研究,2016(12):49-58.
[4] 戴维·莫利,凯文·罗宾森.认同的空间:全球媒介,电子世界景观与文化边界[M].南京:南京大学出版社,2001.
[5] 张汝伦.经济全球化和文化认同[J].哲学研究,2001(2):17-24,79.
[6] 许法明,武庆玲.民族特征与欧洲统一观[J].欧洲研究,1994(1):77-79.
[7] 吴玉军.论国家认同的基本内涵[J].中国特色社会主义研究,2015(1):48-53.
[8] 曾竞.国家认同:爱国主义的内核[J].辽宁行政学院学报,2012,14(2):62-65.
[9] 周坤鹏.国家认同的指涉内容初探[J].才智,2012(19):185.
[10] 彭斌.理解国家认同:关于国家认同的构成要素、困境与实现机制的思考[J].社会科学战线,2018(7):203-209.

效、政治文化建构、民族认同都会影响国家认同的形成①,因此国家认同的内容维度是不断发展的。

3.国家认同与其他认同

国家认同常由历史文化认同、政治认同、地理认同等多层次认同交织而成,其多元多维的内涵使其与其他层面的认同联系十分紧密,其中最主要的是民族认同和文化认同。

首先,"民族"和"国家"是两个紧密联系的概念。民族是指在历史、文化、语言、宗教等方面具有共性的族类共同体;国家常由不同的族群或民族组成,是具有独立主权的政治共同体。因群体范围指向相近,国家认同与民族认同的关系是学界争论的焦点。在当前的研究中,国家认同与民族认同之间的关系存在三种模型:第一,"矛盾冲突论",该观点认为民族独立与国家整合相互交错,独立的民族自我意识可能削弱对整体国家的认同,因此,要实现统一的国家认同,就要压制甚至消除独立的民族认同;②第二,"调试共生论",持该观点的学者常通过对某个民族的个案研究后得出民族认同与国家认同可以并存不悖的结论;③第三,"权力关系论",该观点强调国家通过权力关系来塑造民族认同,同时族群也会主动利用国家的权力关系来实现本民族的身份建构与国家统一之间的积极互动。④

其次,"文化认同"是民族认同和国家认同形成过程中的关键要素,因此在调节二者关系中具有举足轻重的作用。构造、扩大共同的文化基础,增加民族认同、文化认同、国家认同三者之间的重合内容是统一民族认同与国家认同的有效路径。⑤ 在文化认同的基础上,促进各民族的融合交往,把国内各民族整合为一个统一的民族共同体,形成国族,进而将各民族的认同统一到国族认同中是多民族国家增强国家认同的关键路径。⑥

---

① 李艳霞,曹娅.国家认同的内涵、测量与来源:一个文献综述[J].教学与研究,2016(12):49-58.
② 高永久,朱军.论多民族国家中的民族认同与国家认同[J].民族研究,2010(2):26-35,108.
③ 袁娥.民族认同与国家认同研究述评[J].民族研究,2011(5):91-103,110.
④ 袁娥.民族认同与国家认同研究述评[J].民族研究,2011(5):91-103,110.
⑤ 韩震.论国家认同、民族认同及文化认同:一种基于历史哲学的分析与思考[J].北京师范大学学报(社会科学版),2010(1):106-113.
⑥ 周平.国家建设与国族建设[J].社会科学研究,2010(2):6-7.

4.国家认同的建构

对于国家认同的定义与内涵、关系的争议与探讨最终是为建构国家认同服务。国家认同的定义与内涵覆盖多个层面,因此国家认同的建构也要从多方面入手。当前具有共识性的建构路径主要包括以下几个方面:

第一,国家认同涵盖民族认同。在发展中加强各民族的融合,淡化族际异质性,强化国家同质性,把国家认同放在高于民族(族群)认同的地位,[①]构建具有统摄性的国家认同建设战略。[②] 第二,强化公民身份认同。统一公民身份可以运用法律原则将具有不同民族认同的成员联系起来,强化了其公民共性,弱化了其民族身份特性,在此基础上进一步强化其国家共性意识,淡化其民族差异意识。[③] 同时,还要鼓励民族成员以国家公民的身份积极参与政治生活与公共事务,在参与中建立起对公共准则与国家统一的认同。第三,构造共同的文化基础,吸纳不同民族的文化符号、典礼仪式、传统节日等到国家整体文化系统之中,扩大民族认同与国家认同的重合范围。第四,构建国族认同。所谓国族就是取得国家形式的民族,是一个国家内各民族凝聚而成的共同体。国族并非民族群体自然演进的结果,而是政治构建的产物。[④] 如果国族凝聚力得到进一步的巩固,对国族的认同得到进一步提升,就可以通过国族认同整合并强化不同民族对国家的认同。第五,经济激励。经济激励与各民族共同的利益也是国家认同的重要基础,经济激励可以成功地给予个体在例行生活中的本体性安全,从而显著提升个体对于国家认同的程度。[⑤]

## (二)中国国家主席新年贺词研究

对"国家认同"的研究综述既厘清了国家认同的定义与内涵,又为国家认同的建构指明了方向,其中,不论是对"中华民族"共同体意识的凸显还是对"中华人民"这一身份的强调,抑或是对历史文化的重温和对经济发展成就等共同利益的呈现,都在新年贺词中得到了充分体现,新年贺词建构国家认同的

---

[①] 韩震.论国家认同、民族认同及文化认同:一种基于历史哲学的分析与思考[J].北京师范大学学报(社会科学版),2010(1):106-113.

[②] 周平.国家建设与国族建设[J].社会科学研究,2010(2):6-7.

[③] 高永久,朱军.论多民族国家中的民族认同与国家认同[J].民族研究,2010(2):26-35,108.

[④] 周平.国家建设与国族建设[J].社会科学研究,2010(2):6-7.

[⑤] 金太军,姚虎.国家认同:全球化视野下的结构性分析[J].中国社会科学,2014(6):4-23,206.

目的和功能不言而喻。然而,根据文献梳理,当前国内对"中国国家主席新年贺词"的研究少有探究建构国家认同的功能,而是集中于从语言学视角、传播学视角、政治学视角等视角出发,运用文本分析、话语分析和内容分析来分析新年贺词的语言系统与结构主题。

1. 语言学视角

作为意涵丰富、词汇考究的政治语篇,诸多语言学领域研究者以韩礼德系统功能语言学为理论基础对国家主席的新年贺词进行概念、语篇、人际功能的分析。概念元功能下的及物性理论常被用来分析新年贺词中各种过程类型的分布和主要参与者的使用情况,探究贺词所传达的概念意义和国家主席的演讲风格;① 从人际元功能视角入手则可以分析新年贺词中语气系统、情态系统、人称系统的使用情况及发挥的功能,并且可以通过对比不同国家领导人的演讲语篇探究其异同。② 在人际元功能基础上发展出来的评价理论(Appraisal Theory)由 James R.Martin 创立,是对系统功能语言学人际元功能下语气系统的新发展。语言在该系统中是"手段",透过对语言的分析评价语言使用者对事态的立场、观点和态度,也是诸多学者分析国内外领导人新年致辞的有力工具。王薇以人称指示词"我们"为分析中心,以近十年中国国家主席的新年贺词为语料,来说明人称指示词也可以成为介入系统之"借言"的手段。③ 刘文静等研究者运用评价理论,对比分析中国与美国、英国等其他国家领导人的新年致辞,探讨不同国家领导人在评价资源的使用上有何种分布特征与差异,以及导致评价资源使用差异的社会文化原因。④

总体而言,语言学视角下的语篇分析或揭示了贺词文本的表层结构⑤与概念意义;或结合社会历史语境进行批判话语分析,进一步揭示语言深层结构

---

① 马笑清.从及物性视角分析习近平主席 2015 年新年贺词[J].兰州工业学院学报,2016,23(4):119-122;吴巧玲,胡晓琼.习近平主席 2014 年新年贺词的及物性视角分析[J].三峡论坛(三峡文学·理论版),2014(3):102-105.
② 李丰华.习近平主席 2018 年新年贺词的人际意义[J].青年记者,2018(21):31-32;蒋夏添.中英领导人新年贺词中人际意义的解读[J].汉字文化,2018(14):98-99,101.
③ 王薇.指称词"我们"对介入系统之"借言"的意义:以近十年国家主席的新年贺词为例[J].海外英语,2019(10):110-113.
④ 刘文静.基于评价理论的中美英三国领导人重大节日致辞的对比研究[D].西安:西安外国语大学,2019.
⑤ 丁素萍.中国新年贺词的话语宏观框架与功能研究[J].时代文学(下半月),2010(1):95-96.

中隐藏的主流意识形态①、国家立场②和权力关系。

2.传播学视角

传播学视角下的研究集中于对新年贺词传播语境、传播策略以及国家主席的口语传播艺术③的探讨。新年贺词中大量加入的情感因素④和稳定的结构框架、自然亲民的官方话语、多样的修辞手法⑤等多种因素,使得新年贺词在传播内容、方式、渠道等各方面更加适应融媒体时代的传播特点,有效促进了传播效果的提升及受众认同的增强。陈钇瞳等研究者基于框架理论对1991—2016年国家主席的新年贺词进行了高、中、低三个层次的分析,发现在新的传播环境和政治生态下,作为政府话语传播载体的新年贺词,逐渐从信息传递仪式走向意义建构仪式,实现了从"传递"到"传播"、由被动接受到主动认同的转变。⑥

3.政治学视角

政治学视角下的研究多探讨新年献词的政治隐喻和政治功能,尤其是中国与英美德等其他国家的政治隐喻对比研究。⑦借助隐喻、论证等政治修辞⑧手段,新年贺词所具有的载储功能、社会整合功能、寒暄功能、激励功能和美学功能得以表达。⑨

综上,根据对国家主席新年贺词的研究梳理可见,既有主要从微观视角进

---

① 王艳玲,张帅.从习近平主席的新年贺词解读主流意识形态的话语表达[J].新闻爱好者,2019(3):4-6.

② 周琼英.国家立场:对二十五年来中国国家主席新年致辞的批评话语分析[D].福州:福建师范大学,2018.

③ 李亚铭,巨梦.从新年贺词看中国国家主席的口语传播艺术[J].青年记者,2018(8):23-24.

④ 李艺轩.从"传递"到"认同":从传播仪式观看国家领导人新年贺词的演变[J].青年记者,2015(14):16-17.

⑤ 童清艳,刘嘉雯,LiangTao Shan.融媒体时代中国官方话语意义传播研究:以中国领导人新年贺词(2014—2018年)为例[J].新闻记者,2018(2):4-13.

⑥ 陈钇瞳,董韫,蓝灿,等.从国家主席新年贺词看政府传播机制的变迁——基于框架理论视角[J].重庆行政(公共论坛),2016,17(4):42-44.

⑦ 郭熙.中美领导人新年贺词中的概念隐喻对比研究[J].湖北科技学院学报,2012,32(12):193-196.

⑧ 彭楠.政治修辞视角下国家主席新年贺词的演变[J].青年记者,2018(11):34-35.

⑨ 蒋春丽,杨可.政治话语视角下的俄语新年致辞话语功能分析[J].中国俄语教学,2019,38(1):29-35.

行语义学层面的研究,分析文本中的符号、隐喻、遣词造句与修辞技巧等语言功能并从中探讨新年贺词的传播机制与传播策略。除少数话语分析的文章外,当前研究普遍较少探究语篇之外折射出的社会实践、社会事实以及话语所具有的建构功能,而当前的几篇话语分析文章着重于从国家主席的贺词中探究国家立场和国家身份形象塑造,对新年贺词如何建构国家认同并未深入探讨。

对于国家认同的研究大多集中于从政治学、民族学、历史学、社会学视角进行宏观理论分析或个案研究;[1]研究方法上也以宏观性的阐释性研究为主,较为单一。综合来看,少有从微观层面切入探究国家认同建构的研究。

所以,本文以国家话语的典型代表——国家主席新年贺词为研究对象,借鉴框架理论,运用文本分析、话语分析等方法,研究中国国家领导人的新年贺词如何建构国家认同。

## 三、问题、对象与理论方法

### (一)研究问题与对象

在当前全球化与互联网势头汹涌的背景下,"国家认同呈现出消解与重构、削弱与强化并行的特征,各民族国家也在冲击之下对自身的结构功能做出调适和创新,强化国家认同,推进民族国家的再构建"[2],在此背景下,新年贺词作为国家意志的"传声筒",充分发挥其仪式属性的团结凝聚功能与政治话语属性的整合激励功能,从多个方面对国民进行"劝说",以达到争取认同拥护并激发政治行为的目的。基于此,本文提出以下两个研究问题:第一,中国国家主席新年贺词文本中体现了哪些方面的国家认同?第二,中国国家主席新年贺词文本如何从不同层次构建这些认同?

针对上述两个问题,本研究的对象是 1991—2021 年间中国国家主席发表的新年贺词。1990 年及之前,报纸、广播均主要以播发人民日报《元旦社论》

---

[1] 李艳霞,曹娅.国家认同的内涵、测量与来源:一个文献综述[J].教学与研究,2016(12):49-58.

[2] 王卓君,何华玲.全球化时代的国家认同:危机与重构[J].中国社会科学,2013(9):16-27.

作为新年的开篇;1990年12月31日,国家主席杨尚昆通过中国国际广播电台向海外听众发表新年讲话,这是国家主席首次对外广播讲话,至今已有三十余年的历程。这31篇新年贺词记录了中国的发展变迁历程,亦呈现了不同时期的国家意志与国家立场,有鉴于此,本文旨在探究31篇贺词如何传递国家意志、构建国家认同。

### (二)理论依据

首先,本研究涉及和基于认同理论。心理学研究表明,"认同"(identity)是人类的基本特性之一。一般而言,认同是指人们在社会生活中产生的一种感情和意识上的归属感。① "认同"是社会经验的产物,个人在社会交往的过程中确认"自我"的概念,并逐渐与他人、群体在心理、情感上趋同。"认同"具有心理与行为两方面的特性,不仅体现为群体成员心理意识上的一致性,也体现在群体成员为了共同利益而实施团结一致的集体行动。② 人总是同时属于不同的群体,因而拥有不同的"自我"与不同的群体认同。民族、国家都是群体范围,国家认同即是对国家这一群体范围的规则、意志的肯定及心理上的归属与认同。

其次,本研究拟使用台湾学者臧国仁提出的三层框架理论来分析新年贺词文本的框架建构。框架理论是新闻传播学科广泛使用的理论方法,国内外学界对框架理论的起源、内涵、方法等研究可谓蔚为大观。

框架理论起源于社会学家对真实的解释以及认知心理学家对基模(schemata of interpretation)的说法,③著名社会学家戈夫曼认为,框架就是一种认知结构,人们用它来感知、认识、解释生活中的那些无穷多的、具体的事实。④ 在当前的新闻传播学领域,对框架分析的应用主要有三方面:(1)探究新闻生产过程中媒体框架以怎样的方式被建构;(2)分析文本并探究其中包含的媒体框架;(3)分析受众如何接受媒体赋予的框架并对其进行重构。⑤

---

① 车文博.弗洛伊德主义原著选辑[M].沈阳:辽宁人民出版社,1989:375.
② 钱雪梅.从认同的基本特性看族群认同与国家认同的关系[J].民族研究,2006(6):16-25,106-107.
③ 臧国仁.新闻媒体与消息来源:媒介框架与真实建构之论述[M].台北:三民书局股份有限公司,1999.
④ E. Goffman. Framing analysis: an essay on the organization of experience[M]. New York: Harper & Row, 1974:21.
⑤ 陈阳.框架分析:一个亟待澄清的理论概念[J].国际新闻界,2007(4):19-23.

想象的国家与可见的认同：
基于中国国家主席新年贺词(1991—2021)的研究

关于框架分析的路径，甘姆森提出的"诠释包裹"(interpretive package)①成为一种重要的研究应用方法。他认为新闻中都包含一个主线——叙事框架。在新闻中，一些显性的短语、描述、比喻、图像影像等元素共同组成了一个"框架装置"，还有一些隐藏的元素诸如事件起因、造成的后果或影响、其中反映的道德原则与价值观念等，这些元素共同结合为"推理装置"。"推理装置"中隐含着新闻的主旨与新闻生产者的价值观念和态度立场，在中心主旨的引导下，所有显性的"框架装置"都指向同一的核心概念。一显一隐，框架装置与推理装置共同组成一个诠释包裹，这个包裹中蕴含着事件的核心框架和核心立场，如表1所示：

表1 甘姆森"诠释包裹"结构图

| 框架组成 | 显隐 | | 定义 |
|---|---|---|---|
| 框架装置 | 显 | 隐喻 | 将本体和喻体联系起来以说明事物某一方面属性 |
| | | 描述 | 事物前的修饰语，展现事物的层次和特点 |
| | | 短语 | 以只言片语捕捉事物本质 |
| | | 论据 | 引用实例来说明 |
| | | 视觉影像 | 显示框架的图标或可视化图像 |
| 推理装置 | 显或隐 | 根源 | 事件的起因 |
| | | 后果 | 事件已经或者可能导致的后果 |
| | | 道德原则 | 关联归因和方案背后的道德准则 |

注：潘霁.编辑部文化在框架效果研究中的体现[J].国际新闻界,2012,34(02):87-90；Gamson W.A.The Political Culture of Arab-Israeli Conflict[J].Conflict Management & Peace Science,1981,5(2):79-94.

台湾学者臧国仁、钟蔚文等继承和发展了西方框架理论层面的认识，在追溯了戈夫曼经典分析、梵迪克"新闻基模"、甘姆森"诠释包裹"的基础上，提出了高中低三层框架理论，分别对应文本的主题、内容、语言层面。

(1)高层框架：在各种真实的内在结构中，均有高层次的意义，往往是对某一事件主题的界定。如要了解一则新闻的内涵，可透过分析各新闻语句所组合而成的高层意义，高层意义总体比较抽象，而且更容易被人记忆。

① Gamson W.A.,Lasch K.E.The political culture of social welfare policy[M]//S.E.Spiro,E.Yuchtman-Yaar Evaluating the welfare state:social and political perspectives. New York:Academic Press,1983.

(2)中层框架:包含历史事件、先前事件、主要事件、结果、归因、影响、评估七个方面,概括了文本的主要内容,如图 1 所示:

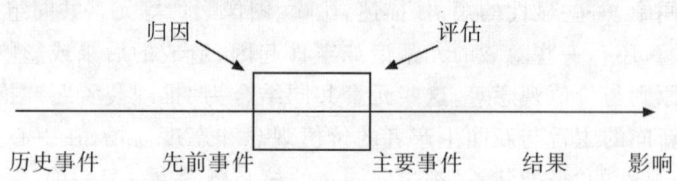

图 1　臧国仁的三层框架理论之中层框架图

注:臧国仁.新闻媒体与消息来源:媒介框架与真实建构之论述[M].台北:三民书局股份有限公司,1999:38.

(3)框架的低层次结构:新闻生产的过程是一个"创造真实"的过程,文字、情节、符号的组合使用并非任意为之,而是作者真实世界的转换框架,排列组合之间显现的是作者的世界观,即作者的框架。

臧国仁指出:"框架主要牵涉了选择与凸显两个作用。框架一件事的意思是将对这件事所认知的某一部分挑选出来,在沟通文本中特别处理,以提供意义解释、归因推论、道德评估以及处理方式的建议。"①从框架理论角度来看,新年贺词也是一种建构的真实,每年的新年贺词通过稳定的篇章结构(框架)与不同的议题设置建构起国民对国家的认识,通过对某些议题的强调与凸显潜移默化地影响国民的思想与行为。利用三层框架可以从微观到宏观层面对文本进行由具体到抽象的考察,探究文本背后的高层框架与主旨目的。

### (三)概念界定

国家认同是包含民族认同、文化认同、地理认同等多层面、多维度的综合体,至今学界未有统一分类标准。通过对多位学者相关研究的梳理与整合,本文将"国家认同"的内容层次归纳如下:

第一,政治认同。包含制度认同、政党认同、政治价值系统认同、②国家象

---

① 臧国仁.新闻媒体与消息来源:媒介框架与真实建构之论述[M].台北:三民书局股份有限公司,1999:26.
② 金太军,姚虎.国家认同:全球化视野下的结构性分析[J].中国社会科学,2014(6):4-23,206.

征认同①等。

第二，经济认同。② 包含对经济的发展模式、发展道路、改革开放成果、生活水平和生活质量逐步提高的认同。

第三，文化认同。包含文化符号、精神信念；③语言文字、历史传统、集体记忆。④

第四，民族认同。⑤ 包含对民族族称、民族历史文化、民族性格、民族精神、民族利益、民族象征、民族符号、民族梦想、民族疆域的认同。

第五，地理认同。⑥ 包含对国家生存的幅员、山河地貌、气候条件、物产能源、人口等表示国家地理形象的认同。

### (四)研究方法

首先，本文在探讨第一个研究问题，即中国国家主席新年贺词文本中体现了哪些方面的国家认同时，主要采用语义网络分析进行高频词提炼，并利用ROSTCM 6软件形成语义网络，结合文本分析将高频词汇组还原到具体语境中，识别诸多高频词汇组的认同指向。

语义网络分析是一种基于共词分析的方法。文本中的关键词、核心词以节点的形式相互联系，形成一个相互交织的共现语义网络。与词频分析这一仅呈现词汇频率的简单量化方法相比，语义网络分析不仅可以统计词频并以"字号"大小展现词频高低之外，还更加注重各个关键词间的联结关系，并体现它们共现关系的强度，进而揭示关键词之间的语义关系。

其次，"诠释包裹"是框架理论分析的一种重要路径，可以通过隐喻、描述、短语等元素传达出的深层含义归纳框架核心与上层意涵，因此拟用"诠释包裹"方法提炼系列新年贺词文本的高层框架，并借助隐喻、短语等元素辅助低层框架中的语言、句法分析。

---

① 王海洲.想象力的捕捉:国家象征认同困境的政治现象学分析[J].政治学研究,2018(6):16-25,126.
② 周坤鹏.国家认同的指涉内容初探[J].才智,2012(19):185.
③ 韩震.论国家认同、民族认同及文化认同:一种基于历史哲学的分析与思考[J].北京师范大学学报(社会科学版),2010(1):106-113.
④ 高永久,朱军.论多民族国家中的民族认同与国家认同[J].民族研究,2010(2):26-35,108.
⑤ 周平.中华民族:中华现代国家的基石[J].政治学研究,2015(4):19-30.
⑥ 周坤鹏.国家认同的指涉内容初探[J].才智,2012(19):185.

再次，文本分析法是由浅入深、由表及里探究文本深层含义的分析方法，主要包含符号学分析、叙事学分析、修辞学分析、互文法等。符号学分析是针对符号性资料进行分析并从中发现意义的方式；叙事学分析主要是故事分析（包括故事序列分析、故事类型分析等），与叙述视角分析（包括叙述者的人称、视角、可信度、叙述者的声音、叙述的速度等）；修辞学分析法是一种对于修辞，即加强言辞或文句效果，通过修饰自己的语言、文字，达到吸引别人的注意力、加深别人的印象、增强抒情效果的目的的艺术分析方法；互文法强调特定文本与其他文本之间的相互影响和相互联系，文本的意义并不是作者直接传授给读者的，而是由其他文本传给作者和读者的符码，各类文本相互参照、彼此牵连而形成共享的意义空间。新年贺词中涉及多种民族文化符号与国家象征，在叙事方式、修辞技巧等方面也有独到的特色，使用文本分析可以更深入地探究贺词文本的深层含义，可用于低层框架的语义分析。

最后，话语分析是以话语理论、符号互动理论为基础，结合传播语境与社会背景对传播交往活动中的文字、语言、视觉符号等进行深入剖析，探究隐含其中的意识形态与权力关系，包含文本特征的描述、话语实践的阐释、社会实践的解释三个层面，①即从文本的形式结构扩展到社会现实，从政治社会层面审视话语，分析文本的社会文化实践，揭示塑造话语的结构制度、价值观和意识形态。

本文的总体研究问题和方法应用如表 2 所示：

表 2　研究设计汇总表

| 研究问题 | 理论基础 | 研究方法 |
| --- | --- | --- |
| 研究问题 1：中国国家主席新年贺词文本中体现了哪些方面的国家认同？ | 认同理论 | 语义网络分析＋文本分析 |

① Fairclough, Norman. Discourse and social change[M]. Cambridge: Polity Press, 2006:73.

续表

| 研究问题 | 理论基础 | 研究方法 | |
|---|---|---|---|
| 研究问题2：中国国家主席新年贺词文本如何从不同层次构建这些认同？ | 框架理论 | 高层框架 | "诠释包裹" |
| | | 中层框架 | 归因→ ←评估<br>历史　先前事件　主要事件　结果　影响 |
| | | 低层框架 | 文本分析（符号学分析、叙事学分析、互文法、修辞分析） |

# 四、高层框架：情感认同的建构

高层框架对应的是文本的主题意义，即对某一事件主题的界定。文本的内容、语言都指向这些主题并为意义的阐发服务，因此高层框架的提炼要建立在对文本内容的话语分析之上。

依托"诠释包裹"模型，笔者对文本进行了要素提炼与分析，归纳出五个框架："内外有别"框架，"同心同德"框架，"忠于国家"框架，"激励斗志"框架，"统一立场"框架。

从"认同"的发端来看，"国家认同"的本质是一种心理意识的反映并进而影响、指导主体的行为，故而国家认同的建构即是对国民心理意识的建构与强化的过程，有研究认为国家认同包含"异同感、归属感、忠诚感、理想感、立场感"五个方面[①]，而上述的五个框架分别通过凸显差异、共性、成就、愿景和立场，来建构并强化了国民对他国与我国差异的异同感意识，因"中国人"的诸多共性而产生的归属感意识，为祖国成就自豪并愿为之奉献的忠诚感意识，对国家美好发展蓝图充满期待的理想感意识，对国家立场认同的立场感意识。这些多元意识共同组成了国民对"中国"的认同与热爱。

## （一）内外有别：以"他者"区分"自我"

"自我"只有在"他者"存在时才能存在，"认同"亦需要以"求异"为前提，恰

---

① 苏晓龙.当代中国国际意识的变迁与国家认同的重构[D].济南：山东大学，2009.

如矛盾的一体两面。因此,在新年贺词中对"他国""世界""其他地区"的描写可以更加直观地展现出在众国林立的世界中,"我国"的国际坐标与国家特色。

  一个人只有确认自己与他国的国民在某些方面"不一样",才能更加明确自我的定位与归属,获得一种"我是谁""我属于哪个国家"的身份感与界限感。① 这种"不一样"既包含民族、地域、语言、历史、文化等客观实在的不同,也包含一种主观上的想象与推论中的差异——人们常常并不是在发现了"我"与"他"各自的特点并进行比较后才产生差异感;而是在没有事实对比的情况下,根据对"他"的既有观念和印象去"逻辑地"推论出"我"有哪些相反特点。"关于自己的定位不是通过比较而是通过想象和推论,这是形成自身认同的关键。"②

  1. 以"他国"差异想象"我国"本体

  在历年的新年贺词中,"国际友人""世界各国"从未缺席,正是他们的存在让我们更加明确国"内"与国"外"的边界与差异。

> 中国的大门是向全世界敞开的,我们热情地欢迎各国朋友。(1991年)③
> 
> 中国人民对世界上仍陷于战火、冲突、饥饿、贫困等苦难的人民怀着深切同情。(2005年)
> 
> 任何搞霸权主义、强权政治的行径,都是不得人心的。(1995年)

  "大门""朋友"的比喻清晰地展示出"我们"与"各国朋友"并非"一家人","我们"同"他们"有显著的差异,如种族、宗教、信仰等。

  除了一些客观实在的差异,新年贺词还展现了"他国"的许多面貌,以此作为"想象我国"的模板。通过描写世界上部分地区仍苦于战乱贫困,可以"想象"出我国发展成绩斐然、人民安居乐业的景象;通过展现部分国家推行霸权主义、强权政治,可以推论出我国在国际上秉承独立自主、和平共处的外交理念;通过对单边主义、贸易壁垒的批驳,可以"想象"出我国积极推进人类命运共同体、践行大道为公的包容形象。对国外景象的呈现,让国民可以在战争贫苦、霸权强权的基础上"想象"出一个安定小康、正义担当的中国形象,这使得

---

① 苏晓龙.浅论中文语境中的国家认同[J].科学社会主义,2008(6):76-79.
② 赵汀阳.没有世界观的世界:政治哲学和文化哲学文集[M].北京:中国人民大学出版社,2005:63,65-66.
③ 此处"1991年"是指该句出自1991年中国国家主席新年贺词原文,下文同。

国人对"中国"的想象更为清晰明确,对"我国"与"他国"的差异的认识更加深刻。

2.以"他国"赞扬强化"我国"认同

国家认同不仅包含国民对本国的认同,更包含其他国家的认可与肯定。其他国家对中国的高度评价使得每个中国人都成为被赞扬的主体,不仅可以强化国人的自豪感,而且可以加深这种异同感。

> 在我见到的外国来宾中,不少人同我谈起,他们亲眼见到的中国,同他们想象中和原来了解的中国是如此不同。(1994年)
>
> 我同有关各方深入交换意见,大家都赞成共同推动构建人类命运共同体。(2018年)

在20世纪90年代,通过国外友人亲眼所见的"不同"来彰显我国发展所取得的巨大成就及我国如今的崭新面貌,大大加深了国人的满意度;20多年后,中国在国际上的话语权越来越强大,中国方案与中国智慧为各国所认可,这种认可体现的是中国的迅速崛起,在国际舞台上承担着愈发重要的责任,不论是积极参与各类国际组织促进合作共赢,还是担起大国责任共克世界难题,中国成就世界瞩目,来自他国的肯定充分体现了中国国际地位的提升,"强大负责"的大国形象更加深入人心。

## (二)同心同德:以共性凝聚个体

一个集体要形成集体认同,首先要通过对外求异来明晰"我们"与"他们"的差异与边界,即上文论述的"异同感",但要进一步深化认同,还需要转向集体内部确认"我们"之间的相同点,即对内求同,这一过程是个体依据自身特点寻找拥有共同特征的群体的自我归类过程,亦是产生集体归属感的过程。因此,新年贺词通过展示中国人共同的身份与性格品质、共同的心理意识及共同的期待愿景来将所有符合条件的个体归入国家群体之中,通过彰显中国人的共性来增强国民的归属感。

1.共同的身份——中国公民,华夏儿女

新年贺词对于国民身份的表述多以"中国人"的公民身份和"中华儿女"的民族身份的形式出现。

> 中华民族历史上曾经为人类的文明与进步做出过重要贡献。(1995年)

> 我们希望海内外所有中华民族的子孙,共同致力于完成祖国统一大业。(1996年)

中国自古以来就是统一的多民族国家,各民族共享一个族称——中华民族。这里的"民族"并非种族(族群)意义上的民族,而是与国家结合在一起并取得国家形式的民族,既是一个文化共同体又是一个政治共同体,这一共同体中的成员既有着中华民族儿女的民族身份,又有着中国公民的政治身份。

"中华民族"并非民族群体自然演进的结果,而是政治构建的产物。[①] 1902年,中国内忧外患,在民族存亡之际,梁启超先生首次提出"中华民族"一词,广泛凝聚了各民族的共识。"多元一体"的中华民族的形成对近代中国产生了重要影响,成为动员国民、形成共识、凝聚力量的重要精神力量和民族标识。[②] 1949年,新中国的成立构建起一个保障中华民族全体人民拥有国家政权的框架,实现了民族和国家的统一。在31篇新年贺词中,"中华民族"被提及28次,并以"骨肉同胞""骨肉兄弟"等比喻加深了国民对"中华民族大家庭"的强烈归属感,更为国民之间连接起一条"亲缘关系"的纽带。无论是中华民族的伟大成就,还是中华民族的共同希冀,都将所有国民团结到这一个情感-政治共同体中。

> 全国军民万众一心,顽强拼搏……展示了中华民族不怕困难、坚韧不拔的英勇气概。(1999年)
> 中国人民热爱和平与自由……永远站在人类正义事业的一边。(2001年)

与此同时,中华民族的卓越品质也在每个成员身上得以体现,在历年贺词中,"中国人民"的精神品质集中体现了中华民族传承千百年的美好品德。"勤劳勇敢""坚忍不拔""意气风发""热爱和平与自由""重视友谊与合作""正义热情"等美好的品质令每个中华民族共同体成员都成为被鼓舞、激励的主体,在增进个体自豪感的同时也强化了个体对集体的归属感。

2.共同的意识——集体记忆,精神相通

认同是从已然存在的特征、性质或者关系中寻求"同一性"与"归属"的过

---

① 周平.民族国家与国族建设[J].政治学研究,2010(3):85-96.
② 周平.中华民族:中华现代国家的基石[J].政治学研究,2015(4):19-30.

程,辨析与识别的过程直接关乎记忆的过往。① 因而,在凝聚共识的过程中,重现所有成员共同的记忆与过往是增强国家归属感的有效途径。

> 中国是一个有着五千年文明史和十一亿多人口的东方大国。(1994年)
> 中国在近代历史上有着长期被侵略被压迫的遭遇,深知独立与和平的可贵。(1996年)

中华上下五千年历史跌宕起伏,秦皇汉武,唐宗宋祖,中国几千年的封建王朝虽频频经历改朝换代但民族的历史文化传统从未中断,中华民族一直作为一个"自在的民族实体"②而存在,这种稳定性与连续性离不开坚实的历史传统和文化认同基础。在代代相传的过程中,虽然每个个体并未全部亲历所有时刻,但是文明与历史的延续使每个个体都可以"共享过去",存在于每个成员脑海中的记忆材料使得这个集体的自我意象和共同记忆通过代代相传保存下来。

在新年贺词中,无论是对"中国五千年文明史"、古代各项辉煌成就的多次再现,还是对"百闻不如一见""有朋自远方来,不亦乐乎"等俗语诗句的引用,都能触发个体对千年前的繁华盛景的回忆与想象。而"遭受列强欺凌的半殖民地半封建社会"这段百年屈辱史,更是能激起国民心中最痛苦的记忆与最强烈的爱国之情。"集体记忆是个体身份认同与群体归属的基础,一方面集体记忆帮助个体找到群体归属形成身份认同;另一方面集体记忆帮助个体把握未来,帮助人们定义对于未来什么是有意义的。"③因此,贺词中对历史与文明的重申,不仅可以加深个体的身份认同和群体归属感,更能唤起个体心中对群体未来的憧憬。

3.共同的愿景——国富民强,天下大同

集体记忆可以使个体"共享过去",实现情感融通,而集体的愿景则可以进一步激发个体融入群体共同奋斗的意志。

---

① 曾楠.政治仪式的记忆再生产向度:国家认同的生成考察[J].青海社会科学,2020(3):9-15.
② 费孝通.中华民族的多元一体格局[J].北京大学学报(哲学社会科学版),1989(4):3-21.
③ 权福军.构建新时代青年"强国一代"的集体记忆:生命历程视角[J].当代青年研究,2021(1):33-39.

> 实现台湾与祖国大陆早日统一,是包括台湾同胞在内的全体中国人民的共同心愿。(1997年)
>
> 摆脱贫穷落后,使祖国早日实现繁荣昌盛,是全中国人民和整个中华民族梦寐以求的共同愿望。(1994年)

安德森认为,民族的想象能在人们心中召唤出一种强烈的历史宿命感,因而集体的梦想在把个体未来与集体未来融为一体的同时赋予了个体一种历史责任感与使命感。国家统一的愿望、世界和平的愿望、脱贫致富的愿望、民族复兴的愿望……每年的新年贺词中都不乏"希望""愿望""要"等祈使词和"追梦人""中国梦"等新概念,充满激励作用。

### (三)忠于国家:从归属服从到热爱奉献

异同感与归属感是国家认同形成的基础,但国家认同不仅仅体现在个体对国家边界的明晰与归属感的确立上,因为这种"归属"可能是囿于血缘、地域等客观因素限制的无奈、被迫之举。因此,国家认同还体现为对这个国家制度法律的支持和对历史文化的热爱,以及愿意为了国家利益而努力奋斗甚至牺牲自我的精神。归属感的进一步发展就是对国家的热爱、奉献和效忠。[①] 在中华民族历史上,每当民族危亡之际,总有勇士"捐躯赴国难,视死忽如归",这正是忠诚感的真实写照。这种忠诚感对凝聚国民力量,促进国家发展有着至关重要的意义,因而塑造并强化国民的忠诚感是构建国家认同不可或缺的环节。新年贺词主要通过拉近距离、展示成就、树立榜样三方面来培育国民的忠诚感。

1.以亲切问候拉近距离

历年的新年贺词都以国家主席的亲切关怀与祝福作为开头及结尾。对"全国各族人民、港澳台同胞、海外侨胞、世界各国朋友"的祝贺将所有国人、朋友邀请至这一盛大的仪式之中,共同倾听来自中国的声音。

> 在岁序更新之际,我通过中国国际广播电台,向海外各位朋友致以亲切的问候,衷心祝愿大家新年快乐,合家幸福,万事如意!(1992年)
>
> 惟愿山河锦绣、国泰民安!惟愿和顺致祥、幸福美满!(2021年)

---

[①] 苏晓龙.浅论中文语境中的国家认同[J].科学社会主义,2008(6):76-79.

"合家幸福,万事如意","山河锦绣,国泰民安",这些美好的祝愿既包含了对每个共同体成员的关切,又饱含对祖国的祝福。中国自古以来就秉承家国情怀,因此这些祝福的话语不仅抚慰了每个个体的心灵,亦在国家与个人之间形成了情感的联结,让每个成员都能感受到来自"国家"的关怀。情感上的交流不仅可以拉近国家与个体的距离,更使国家凝聚成一个情感共同体,大大增强了个体对国家的信任感与忠诚感。

2.以伟大成就获得认可

在新年贺词中,对过去一年成绩的总结占据了一半篇幅,这些成绩的取得既源于人民群众的苦干实干,也得益于中国共产党的领导。

> 2019年,高质量发展平稳推进……三大攻坚战取得关键进展。京津冀协同发展……北京大兴国际机场"凤凰展翅"……。(2020年)
> 无数人以生命赴使命、用挚爱护苍生,将涓滴之力汇聚成磅礴伟力,构筑起守护生命的铜墙铁壁。(2021年)

贺词以"硬骨头"比喻前进过程中的重重困难,脱贫攻坚、深化改革、国际风云变幻,一场场硬仗、一块块"硬骨头"都在党的领导下顺利攻克;以"快进键"比喻发展速度之快,无论是领先世界的国之重器还是区域协调发展日新月异,都见证了迅猛发展的"中国速度";以"铜墙铁壁"展现伟大的抗疫精神,不仅有冲在一线的医护人员,还有坚守家家户户的社区工作者,他们以英勇无畏的气概和夜以继日的奋斗守人民安危,护山河无恙。

1991—2021年,31篇新年贺词徐徐展开,中国发展的轨迹一目了然。从20世纪90年代专注于坚定执行改革开放政策,"把中国的经济搞上去"(1995年)、把香港和澳门重新拥入怀抱、把中国的外交事业和国际地位提上去;到20世纪初"精神文明建设和民主法治建设以及各项社会事业取得新的进展"(2002年),"坚持以经济建设为中心,坚持全面、协调、可持续的发展观"(2004年),中国的综合国力与国际地位大幅提升;再到如今,全方位、高质量发展成为广泛共识,国际领先的科技成果竞相涌现,全面建成小康社会胜利在望,中国在国际舞台上尽显大国担当——三十年的发展史波澜壮阔,三十年的奋斗史历历在目,国家的进步是人民苦干、实干的结果,是领导集体正确领导的结果,这些成就的取得是执政党执政本领的有力证明,是我国制度优越性的鲜明体现。新年贺词就像一张国家交给人民的答卷,答卷的优异成绩让人民群众对政党、制度、政策更加信任,也大大激发了民众的国家自豪感与荣誉感,更激起每个人矢志报国、接续奋斗的动力——这种动力便是对国家的忠诚。

3. 以榜样力量激发忠诚

在中国历史上,不乏名垂青史的忠义之士,英雄岳飞被传诵千古,而奸佞秦桧则遗臭万年,"人们对战争中'叛徒'行为的痛恨,对日常生活中'媚外'行为的不齿,都从反面证明了忠诚对于国家的重要意义"[①],而培育忠诚感的有效途径就是树立榜样。榜样的精神可以超越时空,令广大群众在耳濡目染中树立忠诚奉献的价值观。

> 天上多了颗"南仁东星",全军英模挂像里多了林俊德和张超两位同志。我们要记住……为国为民捐躯的英雄们。(2019年)
>
> 一辈子深藏功名、初心不改的张富清,把青春和生命献给脱贫事业的黄文秀……(2020年)

贺词中的榜样有守岛卫国的王继才、深藏功名的张富清、献出生命的黄文秀,他们对国家的热爱与忠诚,对岗位的认真与负责,对人民的关切与奉献,都极具感染力与号召力,无数普通的群众见贤思齐,无形中加强了对国家的忠诚感。与此同时,贺词中出现了更多"无名英雄"——快递小哥、环卫工人、社区工作者等,他们虽普通,但是他们离我们最近,他们在平凡的岗位上兢兢业业、脚踏实地的作风亦是我们每个人都可以做到的"小目标",因此更具感染力与号召力。

### (四)激励斗志:以美好蓝图凝聚信心

对于国家的认同不仅包含对国家现状的肯定,还包含对国家未来的期许,正如学者江宜桦所言,国家认同同样可以指"一个人对自己所属的政治共同体的期待"[②],这种期待就是国家认同中的理想感。

在新年贺词中,对过去一年取得成绩的总结为整个国家、政党、政策塑造了良好的形象——经济上高质量发展稳中有进,政治上民主法治建设成果丰硕,科技上大国重器勇攀高峰,外交上坚守正义勇于担当,这样的良好国家形象满足了人民的期待,使人民形成一种我国全面发展、国富民强的心理印象。

---

① 苏晓龙.浅论中文语境中的国家认同[J].科学社会主义,2008(6):76-79.
② 江宜桦.自由主义、民族主义与国家认同[M].上海:扬智文化事业股份有限公司,1998:12.

在此基础上,贺词提出来年的规划与愿景,会使人民对国家发展更有信心,对国家的形象更认可。

  我们要让全面深化改革、全面推进依法治国如鸟之两翼、车之双轮,推动全面建成小康社会的目标如期实现。(2015年)
  一艘小小红船……成为领航中国行稳致远的巍巍巨轮。(2021年)
  我们要继续全面推进从严治党,高举反腐的利剑,扎牢制度的笼子。(2015年)
  我们将积极推动共建"一带一路",继续推动构建人类命运共同体。(2019年)

贺词以"鸟之两翼、车之双轮"形象地强调全面深化改革和全面依法治国的重要性,使人民对国家的经济发展和法治建设更有期待;"巍巍巨轮"展现出中国共产党百年来发展壮大行稳致远的卓越能力,同时,"高举反腐的利剑,扎牢制度的笼子"则表明了从严治党的决心,让人民群众对党的先进性与纯洁性更有信心;积极推动建立公正合理的国际新秩序、秉持命运与共的理念推动构建人类命运共同体等目标也让人民看到了一个强大、自信、正义、负责的大国形象。从重点发展经济到五位一体,从脱贫攻坚战攻城拔寨到全面建成小康社会胜利在望,从积极参与国际事务到"国际社会期待听到中国声音、看到中国方案,中国不能缺席"(2016年),每年的新年贺词都为来年的发展描绘了蓝图,这幅蓝图符合人民的期待,增强了人民对国家发展的理想感与信任感,也更好地凝聚起了促进国家发展的人民力量。

### (五)统一立场:人民意志与国家立场的统一

  归属并忠诚于所属国家体现着一种选择、代表一种立场,选择的是所属国家背后的价值取向及文化传统,代表的是对于这种价值理念、政治立场的认可与支持。① 这种立场感是国家理念的展示和国家意志的体现,不同的立场感决定了一个国家在国际社会中的不同视角、不同姿态,以及处理国际事务时的不同措施,也决定了一个国家在国际社会上的盟友和敌人。②

---

① 田圆.互联网时代国家认同面临的挑战及其应对[J].宁夏党校学报,2016,18(6):60-64.
② 苏晓龙.浅论中文语境中的国家认同[J].科学社会主义,2008(6):76-79.

1.国内立场:人民至上

在关于国内的表述中,"人民"始终是贺词的核心内容。这既符合中国千百年来"以民为本"的治国理念,又能体现出党和国家的宗旨。经济的发展,制度的完善,生态的优化等方方面面的进步都是为了提高人民群众的生活水平和幸福感。

> 我们以人民至上、生命至上诠释了人间大爱,用众志成城、坚忍不拔书写了抗疫史诗。(2021年)

尤其是面临"天灾人祸"时,更能显示出"以人为本"的宗旨与社会主义制度集中力量办大事的优势。1998年面临的洪涝灾害和金融危机,2008年发生的冰冻灾害、汶川特大地震、国际金融危机,2020年的新冠肺炎疫情和南方洪灾,这些重大灾害给国家和人民带来沉重灾难和巨大损失,但是这些灾害也是对国家治理体系和治理能力的巨大考验,顺利应对这些考验可以极大增强人民对国家的信任感与归属感。

新年贺词中对重大灾难的回顾在唤起人民内心沉痛记忆的同时,也再次展示了国家对人民的关切以及国家强大的动员能力、组织能力、应急能力和制度的优势。不论是2020年政府工作报告中提"一季度经济出现负增长,生产生活秩序受到冲击,但生命至上,这是必须承受也是值得付出的代价",还是2021年新年贺词中的"人民至上、生命至上",都鲜明阐释了"人民立场"。人民是社会历史的创造者,人民立场符合民众的期盼,因而可以更好地加强认同、凝心聚力。

2.国际立场:正义担当

在外交活动与国际事务方面,中国展示出独立自主、正义担当的立场。

在31篇贺词中,有15篇强调中国坚持独立自主的和平外交政策,并且"坚决反对霸权主义和强权政治,自己也永远不称霸,不参加军备竞赛,不搞扩张"(1996年),"永远站在人类正义事业的一边"(2001年),这一外交政策充分展示了中国不卑不亢、与人为善的气度。经历过近代百年屈辱史的中国人民深知"弱国无外交"的痛楚,因而在国家独立自强后这种不卑不亢的外交原则无疑增强了人民的自尊与自信。

在参与国际事务的过程中,"中国始终关心和同情世界上一切仍在忍受战火、饥饿、贫困煎熬的人们"(2004年)并"一如既往向他们提供力所能及的帮助"(2010年),不仅如此,中国还"推动构建人类命运共同体"(2019年)以兼顾全人类的视野促进世界和谐发展、共同繁荣。在1999年、2008年、2014年、2016年、2021年的新年贺词中,都将地球比喻为我们共同的"家园",呼吁世界各国携手维护世界和平,促进共同发展,2016年的贺词中提到"世界大同,天下一家",2021年的贺词中重申"大道不孤,天下一家",这种心怀天下、共同发展的格局亦彰显了中国传统文化中提倡的"美美与共,天下大同"之胸怀。

不论是独立自主的外交政策,还是互利共赢的世界视野,中国在对外活动中展现出的"正义担当"立场让国民看到了一个"强大而不强权,正义且忧天下"的中国形象,恰如中国古代崇尚的"君子之风",因而必然能得到国民的支持与赞誉。

综上,31篇新年贺词总共包含五个高层框架:"内外有别"框架、"同心同德"框架、"忠于国家"框架、"激励斗志"框架、"统一立场"框架,接下来将五个框架的"诠释包裹"进行整合呈现,具体如表3所示。

"内外有别"框架着重于体现中国与中国之外的国家、地区之间的差异,塑造国民"异同感"。框架装置通过隐喻、短语和描述等要素展现了"我国"与"他国"种族宗教、发展道路、发展成果、外交原则等方面的差异,推理装置则展示出希望世界各国兼容并包、求同存异的诉求,并强调了中国在维护世界和平、促进共同发展中的重要作用。

"同心同德"框架以突出"中国人"的共性为目标,增强国民的"归属感"。框架装置通过"同胞""子孙"等隐喻及中华文明、中华民族等短语突出了中国人在身份、品质、历史等方面的共同之处,推理装置进一步显示出对于凝聚国人共识以达到祖国统一、国家进步这一目标的呼吁与号召。

"忠于国家"框架主要以展现国家发展成就来强化国民对国家发展道路、执政党的认同,并激发国民"忠诚感"。框架装置通过隐喻、短语、论据呈现出国家的巨大成就与国家英雄的事迹,推理装置则通过重点突出"人民"和执政党的重要作用,获得国民的信任并激发出国民矢志报国的奉献感与责任感。

"激励斗志"框架多以展示未来规划为主,以美好的蓝图增强国民的"理想感"。框架装置描绘蓝图,推理装置呼吁国民共同期待并为之努力。

"统一立场"框架则重点突出国家理念与国家立场与人民意志相吻合,以深化国民"立场感"。框架装置展现了中国在国内、国际上的诸多作为,推理装置为此阐述了理由并进一步表明立场以获得人民的支持。

表3 新年贺词高层框架的"诠释包裹"矩阵

| 装置<br>框架 | 框架装置 | 推理装置 |
|---|---|---|
| 内外有别：以"他者"区分"自我" | 隐喻：朋友,大门,桥梁<br>描述：展现当今世界格局与国际形势,中国的外交成果<br>短语：世界各国,国际友人,南北差距,霸权主义,强权政治,战乱贫困,种族宗教,东方西方,南方北方<br>论据：中国奉行和平共处五项原则与各国交往合作并欢迎各国友人来华,中国大局稳定而世界上仍有部分地区动荡不安 | 解决方案：中国坚持中国特色社会主义发展道路、坚持独立自主和平外交<br>呼吁：各国和平共处,中国积极参与世界和平发展事业并为困难中的国家地区提供帮助 |
| 同心同德：以共性凝聚个体 | 隐喻：骨肉同胞,子孙<br>短语：我们,中华民族,中国人民<br>论据：中华民族的历史文化,中国人民共同的精神品质,中国人民的美好愿景 | 呼吁：中国人民团结一致,维护祖国领土和主权完整,共同创造美好未来 |
| 忠于国家：以成绩博得忠诚 | 隐喻：硬骨头,快进键,欢乐的海洋,铜墙铁壁,巍巍巨轮<br>短语：巨大成绩,安居乐业,繁荣昌盛,胜利,蓬勃发展,牺牲奉献,英雄<br>论据：中国在各方面取得的成就及国际地位的提升,诸多英雄为国奉献 | 影响：人民生活水平提高,中国综合国力增强、国际地位提升<br>归因：全体人民团结奋斗,领导集体坚强有力,坚定贯彻改革开放<br>呼吁：万众一心加油干,同心共筑中国梦 |
| 激励斗志：以美好蓝图凝聚信心 | 隐喻：鸟之两翼,车之双轮,利箭,笼子<br>短语：全面建成小康社会,全面深化改革,全面依法治国,全面从严治党,人类命运共同体<br>论据：贯彻落实"四个全面"的诸多举措 | 归因：人民的期待,世界各国共同利益<br>呼吁：一起拼搏,一起奋斗,坚定信心,迎难而上 |
| 统一立场：人民意志与国家立场的统一 | 隐喻：霸主,家园,朋友圈<br>短语：独立自主,正义事业<br>论据：中国坚持和平共处原则开展外交活动以及在促进世界和平发展中所做的贡献 | 后果/影响：发展不平衡加剧<br>解决方案：各国携手,共同发展<br>归因：不合理的国际秩序<br>呼吁：中国站在正义一方积极促进世界和平与发展,各国携手解决世界难题,建立国际新秩序,构建人类命运共同体 |

## 五、中层框架:叙事认同建构

如果说高层框架揭示了文本的目的与意义——增强人民对国家的异同感、归属感、忠诚感、理想感与忠诚感,从而将人民凝聚为一个情感共同体,那么中层框架的主要作用在于为主旨框架提供充实的内容基础。历年贺词言约而义丰,其内容并非随意选取且简单堆砌,而是经过精挑细选并有一套逻辑清晰、层层递进的叙述结构,这种在内容、结构上的设置便是一种叙事策略,亦是一种广义上的修辞策略。

叙事,在本质上是一种人与人之间沟通和交流的方式,即一个主体"讲故事"的过程,这一过程的目的在于寻求情感上的共鸣与认同,进而影响对方的决策与行为。叙事可以影响受众的思想观念进而指导其行动,作为思想与行动连接的桥梁,叙事在认同政治建构过程中的作用不言而喻。[1] 自20世纪60年代"叙事学"学科建立以来,经过几十年的发展与范式转换,叙事学研究不仅着重于对叙事文本做技术分析,而且更关注读者和社会历史语境,同时开始注重跨学科研究并探讨文本形式结构与意识形态的关联,叙事在"劝说读者,建构认同"中的作用愈发凸显。

美国著名思想家肯尼斯·博克曾在《动机修辞学》《动机语法学》等多部著作中提出"认同说"思想与三种认同形式——同情认同、对立认同、误同,来阐释说话者如何通过语言在听众或读者身上唤起情感、形成态度、诱发行为。因此这一部分将结合叙事学相关理论、肯尼斯·博克的修辞认同理论[2]与臧国仁的中层框架,从叙事语境、叙事方式、叙事内容三个方面着手,探究在当前"讲好中国故事"的背景下,作为政治话语与国家叙事典型代表的新年贺词讲述了哪些故事,建构了哪些认同。

### (一)仪式:群体在场的叙事语境

叙事的效果不仅由叙事内容与叙事技巧决定,更受到叙事主体、叙事情境

---

[1] 王强."春晚"的台湾叙事与两岸"叙事共同体"的建构[J].新闻与传播评论,2020,73(1):85-94.

[2] 肯尼斯·博克,等.当代西方修辞学:演讲与话语批评[M].北京:中国社会科学出版社,1998.

等因素的影响。因此,新年贺词的叙事语境——群体在场的仪式有着得天独厚的优势。

**1.仪式的本质是认同**

仪式源自人类原始宗教活动,是强化宗教信仰、增强集体认同的重要载体。在世俗化的发展过程中,仪式类型也更加丰富,主要分为"通过仪式或'生命危机'仪式,历法的与纪念的仪式,交换与共享的仪式,折磨的仪式,宴会、禁食与节日的仪式,政治的仪式"六种形式。① 发表新年贺词这一活动既属于"历法的与纪念的仪式"(新年到来之际的庆祝活动),又是"交换与共享的仪式"(共享国家的发展成就与共同愿景),也是一种"政治的仪式"(展现国家形象,表达国家立场)。

在这一仪式中,国家主席作为国家的代表、人民的代表,将所有国民召集到一个共享的意义空间之中,在群体参与的仪式化情境之下唤醒集体的共同记忆并将当下的事实建构为新的集体记忆,以增强群体的心理共同基础。"集体记忆是族群存在与发展的历史证据,也是国家认同的重要来源。"②故而"发表新年贺词"这一活动本身就具备增强认同的功能。

**2.仪式巧借时空东风**

自1991年开始,每年的新年贺词都发表于12月31日这一承前启后的特殊时间节点。在新旧两年的时间交汇点,人们本来就对上一年的经历有着颇多感怀,同时又对新年的到来有诸多期许,因此12月31日这一天也被人们赋予了辞旧迎新的重要意义。首先,新年贺词在这个特殊的时间节点发表,本身就容易引发更多关注且让人印象更深刻;其次,贺词向所有国民展现了"我们共同的家——祖国"这一年来的发展进步以及新一年的目标,自然而然地搭乘了群众"期盼"心理的顺风车,让人民对国家的前途也有了期待。这样一来就顺利地将国民对个人的回忆展望与对国家的过往、前途的关注结合到一起,将个人的自我认知与共同的群体身份结合到一起。与此同时,国家主席发表新年贺词这个延续三十多年的惯例使得新年贺词本身也成了"跨年之夜"的一个重要环节,加强了其仪式性意义。

由于"国家"这一群体太过庞大,以至于无法将所有成员聚集到一处共同

---

① Bell,Catherine.Ritual:perspectives and dimensions[M].Oxford,New York:Oxford University Press,1997.
② 曾楠.政治仪式的记忆再生产向度:国家认同的生成考察[J].青海社会科学,2020(3):9-15.

参与仪式,因此,大众传媒在克服空间阻碍的过程中发挥了重要作用。20世纪90年代初期,广播电台是主要传播媒介,1996年增设了电视传播渠道,而至2017年,互联网的加盟使得新年贺词的传播网络更加发达迅速,每个个体都可以随时随地借助移动终端参与仪式。这一传播过程的目的并非简单地传递信息,而是要将国民共同的身份——中华民族、共同的理想——国富民强,作为重点加以突出,使受众在被动接受信息传递的同时主动认可信息的意义与价值。美国传播学家詹姆斯·凯瑞曾从传播仪式观的角度出发,认为传播的核心是将人们以团体的形式聚集在一起的神圣典礼,是要建构并维系一个有秩序、有意义,能够用来支配和容纳人类行为的文化世界。[①] 新年贺词的传播过程便是"传播的仪式观"的充分体现。

新年贺词克服了空间的阻碍,搭上了"时间节点"的快车,为所有群体成员营造出一种"天涯共此时,人人共参与"的群体在场仪式感。时间的在场性将每个观众和听众都邀请到叙事过程中,每个人都成为叙事的主体,这场"'新闻事件'就变成一场我们大家参与的演出"[②],叙事效果也因群体的参与而大大增强。

这一项政治仪式"借助一种力量秩序形塑'世俗时空'与'神圣时空'的区隔,使被吸引'神圣典礼'中的个体均获得一种精神品性的更新与再生"[③]。这为后续的文本叙事营造了群体参与的语境,更容易引发群体成员的情感共鸣。

### (二)对话:亲切交谈的叙事方式

在叙事学理论中,对文本的叙事研究主要包含方式和内容两方面。叙事方式一般包括叙事主体、叙事情境、叙事角度、叙事声音等。本节将从叙事主体、叙事视角两个环节入手,分析新年贺词如何巧用叙事方式拉近与受众之间的距离进而增强国家认同。

1.叙事主体:第一人称,拉近距离

叙事的本质是叙事主体与客体就某一对象进行交流的行为。叙述主体是叙事文本的讲述者,是体现在文本中的"声音",亦称叙述者。"长期以来,人们

---

① 詹姆斯·W.凯瑞.作为文化的传播[M].丁未,译.北京:华夏出版社,2005.
② 赵毅衡."叙述转向"之后:广义叙述学的可能性与必要性[J].江西社会科学,2008(09):30-41.
③ 曾楠.国家认同的生成考察:政治仪式的观念再生产视域[J].安徽师范大学学报(人文社会科学版),2021,49(1):33-39.

主要用第一人称、第三人称划分叙述者类型(有些作品偶尔采用第二人称)。"①

> 我在北京向大家致以新年的美好祝福!(2019年)

在新年贺词中,国家主席以第一人称参与叙事,全程以"我"的口吻发言。首先,国家主席是国家意志的最高代表,因此国家主席作为叙述者,体现出该贺词的重要性,体现出对叙事客体——国民的高度重视,让人民群众感受到国家的关怀与重视,大大增强了国民满意度与信赖感。贺词总是以对人民的问候祝福开头,阐明了"我"最关注的对象。

> 在新世纪里……中华民族将在完成祖国统一和建立富强民主文明的社会主义现代化国家的基础上实现伟大的复兴!(2000年)

其次,国家主席的身份体现了发言内容的权威性,更能让受众信服。在2000年这场跨世纪的新年贺词中,江泽民主席对人类文明发展史、中华民族发展史进行回顾,并对未来世界、未来中国提出了美好愿景,这让所有国民深受鼓舞,对国家与世界的美好未来充满信心。

> 成绩来之不易,我向大家表示衷心的感谢!(2014年)
> 我始终惦记着困难群众。(2019年)

此外,第一人称叙事可以更加直观地展示国家主席的思想情感,建立起国家主席与人民之间平等、亲切的对话关系,拉近了国家整体与人民个体的距离,营造出一种面对面交谈式的叙事情境。国家主席对"大家"的感谢、对困难群众的挂念等情感的流露使得"主席"这一高高在上的人物形象更为立体、亲切。贺词更多次以"我们"指代全体国民,使受众自然而然地被纳入一个国家集体之中,增强了对集体的认同感与归属感。

2.叙事视角:两种聚集,相辅相成

在叙事过程中,受众看到或听到的并非本初的、完全的事实本身,而是经过叙述者的主观加工与转述的事实。因而,事件面貌的塑造和呈现与叙述者

---

① 胡亚敏.叙事学[M].武汉:华中师范大学出版社,2004:38.

的眼光、角度密切相关,这种眼光和角度,就是叙事视角,又称叙事聚焦。叙事理论学者热奈特将叙事聚焦分为:无聚焦叙事、内聚焦叙事和外聚焦叙事。无聚焦(零聚焦)是一种无所不知的视角类型,叙述者可以从所有的角度观察被叙述的故事,故被称作"上帝的眼睛";在内聚焦型视角中,每件事都按照一个或几个人物的感受和意识来呈现;在外聚焦型视角中,叙述者只提供人物的行动、外表、客观环境,而不告诉人物的动机、目的、思维和情感。①

在新年贺词的叙述中,杨尚昆、江泽民、胡锦涛、习近平四位国家主席主要采用无聚焦型叙事与内聚焦型叙事,将宏观的国家叙事与微观的个人情感经历结合起来,立意高远且语言平实,以达到相得益彰的叙事效果。

> 我国经济继续保持快速发展的势头……全国政治稳定,民族团结,人民安居乐业。(1997年,江泽民)
> 世界正处在大变革大调整之中……国际热点问题此起彼伏,世界和平与发展面临各种严峻挑战。(2009年,胡锦涛)

贺词中对于国家经济、政治、文化、民生等各方面发展情况的展示,对未来发展方向的规划以及对当前国际形势的把握与判断,都是以一种宏观的零聚焦视角纵观前后、环顾全球。这样的视角为受众展现了一个明朗的世界,将各种事实摆在眼前,既便于读者迅速对国内外局势了然于胸,又切实增强了叙事的客观性与真实性。

> 我已是八十多岁的老人了,我们这一代人当年以命相许,执著追求,就是希望中国有朝一日能够富强、统一,自立于世界民族之林。(1991年,杨尚昆)
> 我始终惦记着困难群众……在山东济南三涧溪村,我和赵顺利一家围坐一起拉家常。(2019年,习近平)

与此同时,叙述者将个人视角穿插其中,直抒胸臆展现个人的情感与期望,这种内聚集型叙事更加贴近每个群众,增进了与受众间的心理情感接近性。杨尚昆主席"以命相许,执著追求,希望中国有朝一日能够富强"(1991年),习近平主席"惦记着困难群众"(2019年)。这种平实真挚的情感表达和

---

① 胡亚敏.叙事学[M].武汉:华中师范大学出版社,2004:24-34.

真实个人经历的表述拉近了"国家主席"与"普通个人"的距离,增强了叙事内容的真实感,让受众可以跟随叙述者的脚步进入叙述者的情感世界,从而产生一种感同身受的效果。

### (三)内容:"前后内外"的情节框架

叙事可以分为内容和表达两大部分,前文对新年贺词的表达语境与表达形式进行了分析,接下来则重点分析贺词文本的内容框架建构。

纵览31年的新年贺词,文本具有内容与形式上的继承性与连贯性。笔者参考前人的内容元素分类①,将新年贺词内容元素归纳为:标题,称呼,问候,国内的成就,国际合作与贡献,感谢国际友人,发展计划与目标,对特别行政区的政策,对台湾的政策、趋势和挑战,中国的和平发展政策和外交立场,国际友谊,提出希望,送出祝福,欢迎外国友人等,归纳梳理31篇新年贺词文本的内容框架。

经过分析后,得出了四个主要内容框架:成就框架、规划框架、港澳台框架、外交框架。"成就框架"是指在贺词发表之前国内发展成就;"规划框架"是指贺词发表之后对国内发展的目标与规划;"港澳台框架"则指对港澳台的政策等;"外交框架"则指国际、外交事务。这四个内容框架分别从"前后内外"四个方面全方位展现了中国的外在形象与内在精神,让国民更加清晰地了解自己所在的国家。与此同时,方方面面的内容呈现亦从不同层面对国民进行"劝说",以使其在了解国家之后,进一步认同国家的意志与行为。因而,新年贺词的内容框架下隐藏着哪些层面的国家认同值得探讨。

1.成就框架

从四个阶段综合来看,新年贺词的成就框架从经济、政治、社会、科技等多方面展现了国家发展情况,且随着时间推移,视角愈加细致全面。巨大的成就首先增强了经济认同,其次在归因环节又折射出政治认同与民族认同。

第一,经济认同。发展是解决我国一切问题的基础和关键,因此在新年贺词中,"发展"是当之无愧的关键词。其中,"经济"发展是重中之重,经济认同也是新年贺词中的重要环节。具体如下:

首先,是经济发展模式认同。在成就框架的主要事件环节,经济成就的变迁展现出清晰的经济发展模式转变脉络。20世纪90年代的中国,"集中力量

---

① 周琼英.国家立场:对二十五年来中国国家主席新年致辞的批评话语分析[D].福州:福建师范大学,2018.

把经济建设搞上去,已成为11亿中国人的共识和行动"(1993年),经过十余年的高速发展,许多负面影响例如环境破坏、能源资源依赖、精神文明滞后等问题开始显现。进入21世纪,"经济结构的战略性调整顺利部署实施"(2001年),粗放型经济增长方式向集约型经济增长方式的转变,"以人为本、全面协调可持续的科学发展观"(2005年)开始树立和落实。随着中国经济基础的不断增强,经济发展效益不断提高,"推动经济高质量发展,加快新旧动能转换"(2019年)成为发展潮流。三十年来,经济发展质量和效益的提升充分说明经济发展模式的转变是极为有效的,可以得到人民的广泛理解与认可。

其次,是经济发展道路认同。三十年的经济成就也展现出中国特色经济发展道路的形成与发展。"社会主义市场经济体制的确立、完善和发展过程,也就是中国特色社会主义经济发展道路的确立、完善和发展过程。"①自1978年党的十一届三中全会以来,中国开始进行社会主义经济体制改革,20世纪80年代末、90年代初期,中国的经济体制改革与对外开放实践面临严重的困境。国际上,东欧剧变、苏联解体,国际共产主义运动走入低谷;在国内,经济出现了"过热"和"滑坡"趋势,改革步伐放缓,政府开始治理整顿。② 当此迷茫紧要之时,邓小平同志于1992年发表南方谈话,提出要建立社会主义市场经济体制,推动中国改革进入新的阶段。在此背景下,1993—1996年的新年贺词强调了"建立社会主义市场经济体制取得重大进展",1997—1999年"国有企业改革、金融改革、机构改革等各项改革进展顺利"。这些经济体制改革成果无疑为社会主义市场经济体制的建立与发展进一步凝聚了共识,打消了90年代初国内对社会主义道路和改革开放大局的各种疑虑,增强了人民对这一体制的认同与支持。

再次,是改革开放成果认同。在成就框架中,多次提到1978年改革开放。主要是因为"1978年开始的改革开放,是决定当代中国命运的关键抉择,使社会主义中国的面貌发生了历史性变化"(2008年);经济发展态势良好,政治、民生、科技事业蓬勃发展,国家经济实力、科技实力、综合实力跃上新的大台阶,人民生活幸福,国家安定和谐。对历史事件的重提可以唤起民众的集体记忆并与当下的繁荣盛景形成呼应,有力增强了人民对改革开放以来国家取得的巨大成就的认同。

---

① 王寿林.中国特色社会主义经济发展道路论纲[J].观察与思考,2020(12):16-27.
② 武力.转折时期的关键推动:邓小平南方谈话意义再认识[EB/OL].http://cpc.people.com.cn/n/2013/0819/c367209-22616971.html,2018-08-19.

最后,是生活水平提高的认同。"作为国家共同体中的'政治人',公民希望通过国家这一机制获得市场交换无法实现的利益。因此,国家要获得公民的认同,满足公民个人和族群的利益诉求至关重要。"① 提高生活水平是人民群众最基础、最重要的利益诉求,经济发展水平则是最直观的衡量指标。因此,新年贺词中交代的"国内经济发展态势向好、国内生产总值逐年攀升"等经济成就,是让"人民生活水平显著提高"的物质基础。除了物质生活水平的提高,民生成就展现了国家在教育、医疗、住房等民生领域的进步,让人民生活更有幸福感、获得感。与此同时,科技成就彰显综合国力的增强,有助于更好地维护国家和人民的利益,大大提高了人民生活的安全感。

第二,政党认同。成就框架除了包含经济成就、科技成就、社会成就,还涉及政治成就。政治成就主要集中于政治大局稳定、各项制度政策的制定与完善、党的全国代表大会的召开和发展计划的制定以及中国特色社会主义理论体系的不断完善与发展。展现这些政治成就可以增进人民对国家政治建设的了解与信任,进而增强对执政党的认可。

政党认同是政治认同的一种,是政治主体在政治和社会生活中对政党所产生的一种思想、情感和意识上的归属感,政党认同的主要形成基础有政党意识形态、政党组织、政党领袖、政党绩效等。

政党意识形态:在成就框架中,"人民生活水平提高"是高频表述,这体现了中国共产党的宗旨——全心全意为人民服务;历年贺词都强调"勤劳勇敢的中国人民"是取得各项成就的关键力量,这体现出中国共产党的唯物史观——人民群众是社会历史的创造者。"人民"是新年贺词中的高频词亦是中心词。

政党组织:在成就框架中常提及国际形势变幻与各类自然灾害,这些困难与灾难成为直接影响国家发展的因素,如2009年的贺词中写道"2008年,(我们)成功抗击南方部分地区严重低温雨雪冰冻灾害和四川汶川特大地震灾害",2021年的贺词更是用大篇幅描写了"突如其来的新冠肺炎疫情"。这些困难更加突显出种种发展成就的来之不易,亦彰显了"党的领导是坚强有力的"(1991年),党员干部都是"蛮拼的"(2015年)。

政党领袖:政党认同与政党领袖的个人魅力密切相关。在革命时期,中国共产党浴血奋战,带领人民建立新中国,这样亘古未有的巨大功绩和献身精神

---

① 王卓君,何华玲.全球化时代的国家认同:危机与重构[J].中国社会科学,2013(9):16-27.

为其政党认同奠定了坚实的基础。在成就框架中多次提到党的主要领导人及其理论思想成果对当前发展成就的重要指导作用。毛泽东思想、邓小平理论、"三个代表"重要思想、科学发展观等理论成果体现了领导人的卓越能力,也反映出领导集体的执政智慧。

政党绩效:各项成就的取得都是在党的领导下实现的,因此整个成就框架都是政党绩效的体现。"以毛泽东同志为代表的中国共产党,领导全国各族人民经过艰苦奋斗,终于在1949年创建了中华人民共和国"(1995年),"以邓小平同志为代表的中国共产党,终于找到了建设有中国特色社会主义的正确道路"(1995年),"2020年,全面建成小康社会取得伟大历史性成就,决战脱贫攻坚取得决定性胜利"(2021年)。这些伟大成就是政党绩效的有力证明,是政党执政合法性的重要支撑。

第三,民族认同。在归因环节,民族精神是支撑国家克服重重困难取得巨大成就的重要法宝。勤劳勇敢、富有创造力的进取精神(1991年),不怕困难、坚忍不拔的伟大抗洪精神(1999年),构筑起民族的脊梁的爱国主义精神(2020年),人民至上、众志成城的伟大抗疫精神都是自强不息的民族精神的真实写照。贺词对民族精神的高度赞扬既激发了广大人民的民族荣誉感,又增强了民族凝聚力。

2.规划框架

在规划框架中,包含贯彻各项政策、坚持党的各项指导思想、发展中国特色社会主义,分别从政策认同、政党认同、制度认同三个方面增强政治认同。

第一,政策认同。20世纪90年代,"坚决执行邓小平同志提出的改革开放政策","集中力量把经济搞上去"是规划框架的重心。进入21世纪,"深化改革,扩大开放"成为发展的总基调,调整经济结构,促进经济增长提质增效成为发展目标(2006年)。经济发展方式的转变需要政策的发展完善为其提供保障,但政策的落实需要社会各界的支持与配合。此前的成就框架证实了政策的合理性与可行性,奠定了政策认同的基础,因此,规划框架既对未来发展提出了要求,也对所有群众理解支持并配合政策的实施提出了期待。

第二,政党认同。首先是政党意识形态。1998年"高举邓小平理论伟大旗帜",2002年"决心全面贯彻'三个代表'要求,继续坚定不移地走建设有中国特色社会主义的道路",2005年"树立和落实以人为本、全面协调可持续的科学发展观",2017年"全面建成小康社会、全面深化改革、全面依法治国、全面从严治党要继续发力"。规划框架中对这一系列理论和指导思想的继承与发展丰富了党的意识形态内涵,也深化了人民对党的思想理论体系的理解与认同。其次是政党组织。规划框架中对政党组织的发展要求主要集中在"全面推进从严治党,毫不动摇转变作风,高举反腐的利剑,扎牢制度的笼子",通过"打虎拍蝇"纯净政治生态,使人民群众始终对党的先进性与纯洁性抱有信心。

第三,制度认同。20世纪90年代初期的贺词中,"建设有中国特色社会主义"的目标,标志着对马克思主义基本原理同中国具体实际相结合的进一步探索,但还处于"摸着石头过河""走一步看一步"的阶段。经过十余年的发展,中国的社会主义制度通过不断改革而更加巩固和完善,2003年的新年贺词中,"中国特色社会主义"正式取代"有中国特色社会主义"。仅一字之差,体现的是"中国特色"与"社会主义"具体如何结合的问题,也体现出中国特色社会主义道路的明朗、中国特色社会主义理论体系的完善和中国特色社会主义制度的确立。中国特色社会主义制度取得的辉煌成就和显著绩效证明了这一制度的优越性,奠定了制度认同的基础。"所谓制度认同,指的是人们由于认可某项制度而生发出一种积极肯定的情感状态和持续稳定的心理归属感,在实践中表现为人们对某种制度的支持与拥护。"① 在规划框架中继续坚持中国特色社会主义制度,强化制度认同与制度自信,对凝心聚力继续完善中国特色社会主义制度、继续推进中国发展进步有着重要意义。

3.港澳台框架

港澳台地区自古以来就是中国的领土,因此港澳台问题属于中国内政,与此同时,我国奉行"一国两制"政策,因此港澳台问题又具有特殊性,所以本文将新年贺词中的港澳台问题列为"港澳台框架"。港澳台地区在中国近代史上有着特殊的地位,在每个国人心中也有着独特的意义,香港、澳门的回归洗刷了百年国耻,让国家统一、民族团结更进一步,因而在新年贺词中港澳台的身影不可或缺。就篇幅而言,2000年是港澳台问题的分水岭。20世纪90年代对港澳台问题的论述篇幅远高于21世纪之后,这与1997年、1999年香港澳门相继回归后发展稳定有一定关系,也与海峡两岸关系始终没有实质性进展有一定关系。在这一框架中,主要体现了政策认同、民族认同、地理认同。

第一,政策认同。20世纪90年代初,中英曾因香港回归问题发生过摩擦,因此贺词中对"一国两制"方针的论述可以为中国恢复对香港行使主权提供合理可行的支持,在鲜明展示中国的立场的同时有效增强了国民对港澳如期回归的信心。港澳回归后繁荣稳定,用实践证明"'一国两制'完全行得通、

---

① 刘昊.制度何以自信?:基于制度认同维度的分析[J].理论导刊,2021(2):53-57.

办得到、得人心"(2020年),进一步增强了大陆、港澳人民对这一政策的认同,从而为争取海峡两岸和平统一奠定政策基础。

第二,地理认同。"地理认同是国家认同最原始的起点,是衡量一个人国家认同感最为重要指标之一,是最具稳定性的因素。"[①] 因此,不论是主张"台湾是中国神圣领土不可分割的一部分"(1996年),还是声明"台湾自古就是中国的领土,全体台湾同胞都是我们的骨肉同胞"(1999年),都是通过唤起中华儿女对祖国疆域的认同来增进团结意识,以期促进两岸关系和平发展,早日实现祖国统一大业。

第三,民族认同。因长时间的分隔,部分台湾民众可能无法对中国的国家认同和政治认同产生共鸣,因此,新年贺词的"台湾叙事"常从"中华民族"视角出发,构建中华民族认同,以促进两岸同胞的心灵契合。具体分为民族族称认同:"中华民族的子孙"(1996年)、"中华儿女"(2003年)等称呼都是建立在海峡两岸对"中华民族"这个统一族称的认同基础之上的。这些称呼可以拉近两岸同胞的距离,唤醒"中华民族"同根同源的集体记忆,为两岸人民建立情感联结和历史联结。民族利益认同:在唤起"中华民族共同体"成员的身份认同基础上,贺词进一步阐述中华民族的共同利益——"海峡两岸的和平统一是大势所趋,人心所向,符合整个中华民族的根本利益"(1995年)。贺词通过构建起涵盖全体"中华儿女"的民族利益认同,呼吁"台湾当局顺应潮流和民心,以民族大义为重,为祖国统一大业多做些实事,共创中华民族的昌盛"(1994年)。

4.外交框架

外交框架是展示外交成果与国家形象的重要环节,切实关系到人民的国家自豪感。在新年贺词中主要阐述当时的国际形势、阐明中国奉行"独立自主的和平外交政策"推动建立国际政治经济新秩序的立场以及展示中国的外交成果。无论国际风云如何变幻,中国始终坚持独立自主的和平外交政策和正义立场,集中体现了对外交政策的肯定与对和平正义理念的坚守。

第一,政策认同。三十多年来国际形势变幻不断,但新年贺词中坚定表明中国始终"奉行独立自主的和平外交政策"(1992年),"高举和平、发展、合作旗帜"(2008年)。中国"朋友圈"的扩大以及在国际事务中地位的提升说明中国的外交政策是公平正义且坚定有力的。

第二,文化认同。不合理的国际政治经济秩序和霸权主义、强权政治的存在是威胁世界和平发展的主要原因。面对这些不稳定、不确定因素,中国在国

---

① 周坤鹏.国家认同的指涉内容初探[J].才智,2012(19):185.

际舞台上的作为展现出爱好和平、坚守正义、勇于担当的价值理念,这是中华文化"以和为贵""天下一家"的深刻体现。由20世纪90年代承诺"中国永远不称霸,不参加军备竞赛,不搞扩张"(1996年),到21世纪前十年积极关注并推动国际热点、难点问题解决,再到近年来举办各类国际盛会,积极推动"一带一路""人类命运共同体"建构,展现出中国"和合共生"的天下观。中国的外交理念根植于中华文化,一脉相承的文化精神有力凝聚起国民文化共识。

上述三部分从叙事语境、叙事方式、叙事内容层面分析了新年贺词在叙事过程中建构了仪式认同、政治认同、经济认同、民族认同、文化认同、地理认同,这些认同亦可与肯尼斯·博克的三种认同形式相对应。

同情认同是指说话者与受众在情感、态度、观念、利益等方面相似或相同,进而达到"同一"的目的。贺词中,成就框架中的各项国内成就、港澳台框架中对国家统一的诉求以及外交框架中展现的国际成就都是全体国民共同利益的体现,而始终坚持的人本思想、不断改进的发展理念、坚持如一的外交政策都能体现共同的态度立场,此外,对新年到来的欢庆、对港澳回归的欣喜体现了共同的情感。通过展现这些共同之处,新年贺词可以达到同情认同的效果,这与高层框架中"同心同德"框架的功能不谋而合。

对立认同是一种由于大家共有某种反对的东西而形成的联合。这种认同方式在政党认同与地理认同中的体现尤为明显。在政党认同方面,近些年来,部分党员干部贪污腐败,严重损害了人民利益,因此新年贺词多次使用对立认同的修辞策略,将腐败问题当作党和人民共同的敌人,可以进一步增强人民对政党的信任。在地理认同方面,新年贺词将"台独势力"当作大陆两岸的共同敌人且严重损害了两岸的发展和情谊,可以起到对立认同的效果。

误同是一种"无意识"的模糊认同,"认同的神秘莫测和千奇百怪都集中在这个整天挂在嘴边的却鲜为人们注意的人称代词'我们'上"[①]。在新年贺词的叙事中,"我们"一词共计使用288次,"人民"使用374次,"群众"使用21次,这些模糊的群体代称让所有读者将自己代入叙事情境之中,在无意识间被拉入国家集体中,极大地产生了共鸣与模糊的"误同"。

---

① 肯尼斯·博克.当代西方修辞学:演讲与话语批评[M].北京:中国社会科学出版社,1998:165.

## 六、低层框架：修辞认同的建构

《新闻媒体与消息来源：媒介框架与真实建构》中曾指出，文本作者在写作之前及写作过程中，"目标设定"的活动一直在持续发生。在写作前，作者会先分析事件，找出重点，然后决定各段落写些什么，文章主体如何铺陈。因此，这个"目标"就是写作文本的"巨命题"，其后的段落（微命题）随着写作展开而次第发展。同时，作者也根据此"巨命题"决定新闻修辞的使用策略，有时"记实"，有时"避祸"。由此可见，文本中的字词组合并非雕虫小技，而是决定辩论情境、定义议题、引发读者心智再现、启动讨论的重要利器。透过句法与文字的选用，作者完成了赋予读者特定框架的任务。[①]这里说的就是低层框架，旨在通过遣词造句等符号设计来组织事实形成文本。因此这部分将从用词分析、句法结构、情节结构、修辞结构四个方面探究新年贺词的修辞使用策略及如何为文本的中高层框架服务。

### （一）用词分析

笔者使用 ROSTCM 6 软件将 1991—2021 年的 31 篇中国国家主席新年贺词文本进行分词，并经人工校对过滤人称代词、连词等虚词后，得出 31 篇新年贺词的高频词表。在词频排名前 300 位的词汇中，以名词、动词、形容词、人称代词为主。名词涵盖中国、港澳台、世界各国，动词以发展、促进、推动等动作行为动词为主，形容词则以美好、繁荣、稳定等勾画出国内发展的图景，人称代词以"我们""我"为主，拉近距离。高频词是文本主旨的反映，为进一步探究新年贺词文本高频词之间的联系以及文本用词的主要特点，笔者使用 ROSTCM 6 软件生成了 31 篇新年贺词的语义网络图（见图 2）。

由词频和语义网络图来看，贺词文本的用词有以下特点：

1. 视野高远，内外兼顾

新年贺词是面向国内民众与国际友人展示国家形象的重要媒介，是具有强烈政治性的国家话语，因此站位较高，视野高远。由图 2 可以看出，"中国"是当之无愧的核心词，"人民""发展"两个核心词展示出国内工作的重心，"各

---

[①] 臧国仁.新闻媒体与消息来源：媒介框架与真实建构之论述[M].台北：三民书局股份有限公司，1999：67-148.

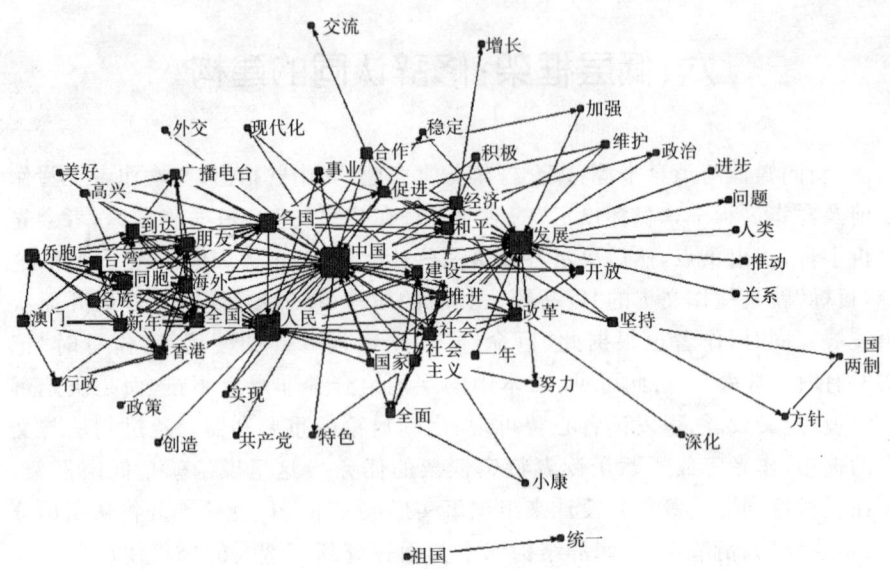

图 2　1991—2021 年中国国家主席新年贺词语义网络图

国"则展现出贺词在国际问题上关注的重心。

在国内,"中国""人民""发展""港澳台""经济""社会主义"等关键词交织成网,宏观呈现了国内发展图景,有助于强化国民对经济发展道路、政治制度、国家地理疆域的认同。国际上,"人类"是中国的关切对象,"各国"是交往对象,"和平"是中国期许,"友好合作"是共促和平发展的手段,这些高频词传递了中国的国际视野与外交法则,展现了一个"内外兼顾、胸怀天下"的中国形象,可以深化国民对国家政治、外交理念的共识,也能唤起国民对"以和为贵""天下大同"等传统价值观念的认同。

2.立场鲜明,积极务实

"人民"是紧跟"中国"之后的第二大高频词,这直观表明了中国的国家立场——人民至上,也最能赢得人民的认同。因此,围绕"人民"展开的话题是国家意志的直接体现。笔者进而利用 ROSTCM 6 软件生成了"人民"的个体网络图谱(见图 3),以及与"人民"共现频率最高的词汇矩阵(见表 4)。

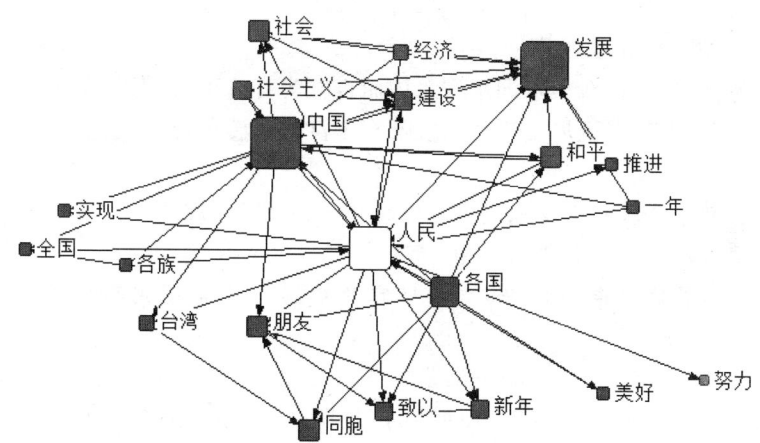

**图 3　1991—2021 年国家主席新年贺词中"人民"的个体网络图谱**

表 4　1991—2021 年国家主席新年贺词中"人民"与其他高频词的共词矩阵

| 共词矩阵 | 中国 | 发展 | 和平 | 建设 | 美好 | 经济 | 社会 |
|---|---|---|---|---|---|---|---|
| 人民 | 159 | 92 | 60 | 33 | 33 | 29 | 28 |

人民生活水平继续提高。(2009 年)

中国人民建设了自己的伟大国家。(1999 年)

中国人民爱好和平,向往美好生活。(2006 年)

结合"人民"为中心的语义网络图谱与贺词原文可见,"发展""经济""社会"等高频词强调了一切发展都是为了人民、社会发展成果由人民共享。"和平"突出了人民共同的愿望与期许。"建设"则展现出人民是国家发展与建设的主力,可以增强国民的主人翁与建设者意识。将"人民"置于中心地位可以鲜明展示政党的执政理念,大大提高国民对政党的信任感与认同感。

我坚信,中国人民必将创造出新的辉煌。(2014 年)

此外,动词和形容词在展示主体行为、描绘国家图景中发挥了重要作用。"发展""推动""维护""促进"等动作行为动词揭示了中国社会发展进步的主线,"美好""繁荣"等积极意义的形容词反映了国家发展的显著成果,动词和形容词的大量使用传递出积极务实的情感态度,有利于提高人民对国家发展成果与未来的认同。

3.形象生动,平实易懂

作为官方话语,新年贺词用词总体而言较为官方正式,但是在涉及人民群众的话题上,用词则更加灵活生动且带有丰富的情感色彩。

勤劳勇敢的中国人民用自己的双手和聪明才智在短短的十年里取得了举世瞩目的新成就。(1991年)

不管你们走到哪里,热情好客的中国人民都会用微笑迎接你们。(1991年)

在新年贺词中,中国人民是热情的、勤劳的、勇敢的、自信的、追梦的、善良的、爱好和平的,他们用双手开拓了伟大成就,迎来了幸福生活。这些形容词生动展示了中国人民的精神面貌,也体现出领导人对人民的热爱与尊敬,既增强了人民对"中华民族"的民族身份认同,又凸显出对"中国人民"这一公民身份的认同,还有效激起了情感的共鸣。而且贺词所用的词汇多为日常字词,语言平实朴素,少有非常专业化、文学化的字词,偶尔引用古诗词,也会使用"每逢佳节倍思亲""有朋自远方来,不亦乐乎"等人人耳熟能详的词句,唤起人民的文化记忆。这是因为贺词的接受对象是全体国民,要让所有人民都能明白其内容。这样的表达更直白、接地气,既能得到人民的理解与支持,又能加强文化认同。

### (二)句法结构

句法结构是指文本中使用主动词态或语态以表示语气强弱或对事件、过程及参与者的安排。根据语气,句子一般被划分为陈述句、疑问句、祈使句和感叹句四类。笔者以句号、问号、感叹号作为划分句子的标志性符号,将31篇新年贺词进行了句子统计,结果如表5:

表5 1991—2021年国家主席新年贺词句类分布统计

| 句子总数 | 陈述句 | 感叹句 | 祈使句 |
| --- | --- | --- | --- |
| 1080 | 949 | 89 | 11 |

1.句类分析:陈述为主,沉稳郑重

由表5可见,在新年贺词中,陈述句占绝大部分,新年贺词的主要内容是对国内发展现状与计划的陈述及对国际形势的描述和呼吁,是以提供信息和观点为主的语篇,因而情感色彩较少,总体基调客观沉稳。陈述句的使用更符合官方话语严肃认真的特点,也符合国家领导人稳重平和的气质。在国家主席的身份背书下,陈述句更显内容真实客观,可以增强内容的说服力,为叙事权威性提供保障。

感叹句常用于表示快乐、惊讶、悲哀、厌恶、恐惧等浓厚的感情。在贺词开头与结尾部分表达祝福时感叹句较多,可以有效拉近与读者的距离。此外,感叹句还用于表达对国家发展成就的自豪之情,以彰显成就的不凡,有效地强化了国民对政党绩效的认同。在事关主权与领土问题时,感叹句可以更好地表现国家和人民的意志与心声,对外可以展示维护国家主权和领土完整的坚定立场,对内可以强有力地凝聚利益认同。

2006年的新年钟声即将敲响……致以新年的祝贺!(2006年)

我为伟大的祖国和人民而骄傲,为自强不息的民族精神而自豪!(2021年)

我们坚决捍卫领土主权和海洋权益。谁要在这个问题上做文章,中国人民决不答应!(2017年)

祈使句主要用在外交框架中,表示对共建美好世界的期许与呼吁。此外,在台湾问题上祈使句使用较多,以表达对分裂势力的禁止与对祖国统一的期待。台湾问题是切实关系到国家统一的领土和主权问题,因此对台湾问题的呼吁可以更好地强化海峡两岸的地理认同与民族认同,以促进两岸关系进一步发展。

为反对霸权主义和强权政治,推动多极化进程,创造世界美好的未来而共同奋斗!(2000年)

任何制造"两个中国"、"一中一台"和"台湾独立",蓄意把台湾从中国分裂出去的图谋……注定是要失败的!(1996年)

整体而言,新年贺词中陈述句的大量使用奠定了理性、冷静的基调,富有情感色彩的感叹句、祈使句相对较少。但是在表达祝福、表明主权领土立场、表达国际呼吁的环节使用感叹句和祈使句可以更鲜明地展示中国的态度立场,也有助于让贺词文本的整体表达更丰富,并且能与读者产生情感互动。

2.句式分析:语言凝练,简洁有力

经过统计,31篇新年献词语料库共有字数43018个,包含句子1080个,平均句长约为40字。句式总体简短明快,这样的句式安排主要是因为新年贺词的发表多以广播、视频等形式发布,因此句式简短更符合口语表达的习惯,而且更便于受众理解内容,以免语法结构复杂的长句给听众(观众)造成理解压力。尤其是一些评价性、判断性的句子,都十分简明,使受众极易获取关键信息。例如:

> 2020年是极不平凡的一年。(2021年)
> 这是一个值得中国人民自豪的了不起的成就。(1999年)

此外,贺词常用三字、四字词语并列,不仅在内容叙述上简洁凝练,而且在语言表达上更加铿锵有力、富有韵律,大大减少了言语表达的冗杂,提高了语言表达的简洁性与高效性。

> 在冷战结束以后,求和平、求稳定、求平等、求发展,已成为世界人民的共同心声。(1997年)
> 中国各族人民坚定信心、迎难而上、万众一心、共克时艰……统筹做好保增长、保民生、保稳定各项工作。(2010年)

"求和平、求稳定、求平等、求发展"四"求"并列,全面简明地突出了世界人民的共同诉求;"坚定信心""迎难而上"等四词共现,展现了中国人民在面对困难时的精神风貌,继而以"三保"阐述国内工作的主要成就。这样的表述在篇幅简短的新年贺词中比比皆是,读来表意清晰、易于理解,且韵律和谐、朗朗上口。

### (三)情节结构

情节结构亦称"故事文法",指文本故事、内容、情节的组织主轴,是文本中的"主心骨",故事内容该如何安排,故事情节该如何出现,故事素材放在哪个位置,都由情节结构决定。在前文中,笔者已经论述过新年贺词中的主要情节——成就、规划、港澳台问题、外交,因此,这里将具体阐述在这四个主要情节框架中,新年贺词选择了哪些具体情节作为支撑。

1.情节选择:因时而异,人民中心

新年贺词要面向全国人民和世界友人展示发展成果和规划,并对重要的国际议题阐明立场,由于篇幅所限,情节的选择往往是较为宏观的议题。

## 想象的国家与可见的认同：
### 基于中国国家主席新年贺词(1991—2021)的研究

在成就框架中,20世纪90年代,发展经济,提高人民生活水平是头等大事,因此贺词主要展示经济建设成就以回应人民最关切的问题;步入21世纪,随着经济基础增强,精神文明建设、民主法治建设、民生建设成果、科技建设成果等逐渐走进贺词,显示出对人民生活质量的保障。成就框架中内容维度的不断完善体现出国家全方位的发展进步,亦体现出政党绩效的提升,可以在增强经济认同的同时强化政党认同。

规划框架也跟随着发展形势和人民需要而发生改变,始终展示以人民为中心的发展思想,始终注重强化对"以人为本"的政治理念的认同。

在港澳台问题方面,1997年之前,香港、澳门、台湾三地基本每年都会同时出现在贺词中,可以强化人民对祖国统一的情感认同。随着1997年、1999年香港和澳门相继回归,贺词中对香港、澳门的提及频次减少,对台湾方面的论述篇幅也大大降低,主要陈述一国两制的方针,以突出对该政策的认同与支持。

就外交框架而言,2014年之后篇幅较此前明显降低,对国际形势的论述和外交政策的论述减少,主要强调中国在国际事务中的担当作为。这也从侧面展现出国内发展成就丰富,中国的国际地位日益提升,成为国际舞台上的中坚力量,增强了国民的国家地位认同。

总体来看,新年贺词的情节框架稳定统一,但在具体情节选取上的变化反映出国家自身和国际角色的变化,这些可喜的变化是国民忠诚感的重要基础,亦是强化国家认同的重要基础。

2.情节顺序:层层递进,结构完整

在2014年之前,贺词的情节安排相对稳定,大致呈现为"问候/祝福—国内发展成就—国际外交成果—国内发展规划—港澳台问题—国际形势—中国外交政策—发出呼吁—祝福致谢"的线性结构。2014年以来,情节安排更加灵活,比如港澳台偶尔"缺席",但整体上仍符合这一结构顺序。这一顺序层层递进,过渡自然。下面以2005年的新年贺词为例。

贺词开头:"2005年新年钟声即将鸣响……致以新年的祝福!"通过亲切的问候既可以拉近与受众的距离,又可以点明背景——新年来临,在这个承前启后、辞旧迎新的特定时刻,首先要从国内、国外两方面总结过去一年的发展成就:"2004年,……国民经济保持良好发展势头……各项社会事业有新的发展……在一系列涉及世界和地区安全和发展的重大问题上发挥了建设性作用。"过去的成就为明年的发展指明了方向:"2005年,我们将认真落实科学发展观……把中国特色社会主义事业继续推向前进。"在发展大陆中国特色社会主义事业的同时,亦不能忘记一国两制下的香港、澳门:"坚持'一国两制''港人治港''澳人治澳'、高度自治的方针……维护香港、澳门长期繁荣稳定。"对于台湾问题:"我们将坚持'和平统一、一国两制'的基本方针……为早日完成祖国统一大业而共同努力。"到此,国内的发展成果与规划已经交代清楚,目光转向世界:"国际形势正处在深刻变化之中……人类和平与发展的事业也面临着严峻挑战。"面对这样的国际形势与挑战,中国应该表明立场:"共同推动建立公正合理的国际政治经济新秩序……共同创造人类的美好未来。"至此,贺词已经从"前后内外"多维度呈现出中国与世界的图景,并提出了方案与期许,贺词也进入尾声,以真挚的祝福作为结尾:"祝大家在新的一年里幸福安康!"

这样的结构内容全面,逻辑清晰,层层递进,国民既能看到国家在自身发展历程这一纵坐标上的进步,又能看到国家在整个国际世界这一横坐标中的角色。国民对国家的认同也随情节发展而逐步从认同国内发展成就到认同国家地理疆域,再到认同国家的国际地位与外交理念,认同的范围愈发全面,认同的层次也愈加深刻。

### (四)修辞结构

修辞有狭义与广义之分,狭义修辞就是人们在使用语言的过程中,利用多种语言手段以收以尽可能好的表达效果的一种方法,例如汉语中常用的比喻、拟人、排比等修辞格。而广义修辞学则指一种以语言或符号为传播媒介的言语交际行为,在此过程中"一些人对另一些人运用语言来形成某种态度或引起某种行动"[①]。从广义修辞来看,整个新年贺词的发表过程就是一种修辞活动——国家主席通过阐述贺词文本来达到构建国民认同的效果,国家主席的语言、神态、动作、讲话环境等都是一种修辞。本节则侧重于从狭义修辞入手,具体分析贺词文本中修辞手法的使用,以探讨贺词文本的语言风格及其在增进国民情感中的作用。

1.排比

排比是把结构相同或相似、意思密切相关、语气一致的三个及以上的词语或句子成串地排列的一种修辞方法,可以达到"增文势""广文义"的修辞效果。排比在新年贺词中是出现频率最高的修辞方法,而且形式灵活丰富,包含词组排比、单句排比、复句排比、段落排比。

---

① 肯尼斯·博克.当代西方修辞学:演讲与话语批评[M].北京:中国社会科学出版社,1998:16.

## 想象的国家与可见的认同：
### 基于中国国家主席新年贺词(1991—2021)的研究

中国各族人民正在为实现国家富强、民族振兴、社会和谐、人民幸福而团结奋斗。(2005年)

进步终究要战胜落后,科学终究要战胜愚昧,正义终究要战胜邪恶。(2000年)

我们将继续深化改革,扩大开放……我们将采取更加积极有效的措施……我们将进一步加大工作力度和改进工作方法……(1999年)

这一年,我们隆重纪念了……

这一年,北京获得第24届冬奥会举办权……

这一年,我们有欣喜,也有悲伤……(2016年)

在词组排比的句子中,"国家富强、民族振兴、社会和谐、人民幸福"四个词组构成排比,由大到小阐明了中国各族人民的奋斗目标,内容全面、层次清晰;2000年的新年贺词将视野转向整个人类文明史的发展过程,从"进步""科学""正义"三个角度总结历史发展的真理,以三个单句构成排比,具有高度的概括性;1999年的新年贺词则通过三个"我们将"的复句排比,表明了接下来的发展计划:促进经济发展、化解金融危机影响、着力保障民生;2016年的新年贺词则通过三段"这一年"并列展示了2015年的发展成就,一个排比项就是一个段落,整体内容更加充实,段落层次也更加清晰。清晰的排比结构可以使听众(观众)更容易识别这是一个整体,便于划分内容层次,可以大大提高接收信息的效率,达到更好的信息传递效果。

排比手法的使用不仅使语言更加凝练,结构更加工整,还有助于加强语势,使文章的节奏感加强,更有利于表达强烈的感情。尤其是在成就框架中,排比句式的使用更有利于突出成就的全面性与显著性;规划框架中的排比句也能体现出规划的明确性与条理性。一气呵成的排比句充分显示出当前国家制度的优越性、政策的有效性以及政党卓越的领导能力,可以强有力地凝聚起广泛的政治认同。

2.比喻

比喻亦是常用的修辞手法,主要分为明喻、隐喻(暗喻)、借喻等。在新年贺词中,隐喻出现的频率最高。

让全面深化改革、全面推进依法治国如鸟之两翼、车之双轮,推动全面建成小康社会的目标如期实现。(2015年)

2300万台湾同胞是我们的骨肉兄弟,我们十分关心他们的利益和福

祉。(2004年)

中国将永远向世界敞开怀抱,让我们的"朋友圈"越来越大。(2016年)

明喻是指本体和喻体之间通过"像""如"等比喻词语连接起来,以表达二者之间相似关系的一种比喻手法。例如,将全面深化改革和全面依法治国比作鸟之两翼、车之双轮,这种比喻直接明朗,鲜明地凸显了本体和喻体的相似之处,形象地表达出这二者在全面建成小康社会过程中的重要作用,起到了增强政策认同的功能。

隐喻则是用"是"、"成为"、"比作"、"变成"、"等于"和"当作"等喻词连接本体和喻体,例如,将台湾同胞喻为骨肉兄弟,这是一种贺词中常见的家庭隐喻。中国传统文化中"家国同构"的理念对于维系社会凝聚力发挥了重要作用,"所以新年贺词中'国家是家庭'的概念隐喻较多,'同胞'是'家庭'成员,映射到香港、澳门、台湾、海外每位公民,具有很高的亲和力,喻示全世界华人骨肉相连,关系亲密"①。这种家庭隐喻的使用引发了读者对传统历史文化与价值观念的思考与认同,亦在国民之间建构起一种"亲缘关系",进而增强对民族、国家的归属感。此外,贺词中还多次将社会发展的进程喻为"征程"(2001年)、"征途"(2021年);将一些发展过程中的困难喻为"战争"和"荆棘",例如"反腐败斗争"(2015年)、"脱贫攻坚战"(2018年)、"披荆斩棘"(2021年);将中国共产党喻为"一艘小小红船"和"巍巍巨轮"。这些隐喻形象地传达出我国当前成就的取得十分不易,而得益于人民的力量与政党的领导,这些困难终究被克服,因此隐喻的使用更好地显示出对发展成果的认同以及政党领导合法性的认同。就语言表达效果而言,这些隐喻的概念在我们的日常生活中经常应用,词句通俗易懂又富有生机与活力,得益于源远流长的文化根基,它们在很大程度上与人民群众的理解和认知相吻合,因此具有很强的吸引力与感染力。

借喻是指本体、喻词均不出现,直接用喻体代替本体的比喻。2016年的新年贺词就以"朋友圈"这一符合时代潮流的词汇比喻中国与他国的外交往来。一个恰当生动的喻体"朋友圈"的使用,既可以点明主体——国际交往活动,又反映出时代背景——互联网社交媒体蓬勃发展,实乃一举两得。贺词中还多次出现以"中国的大门向全世界敞开"(1991,1992,2019年)代指中国的开放战略,以"春天的故事"(2021年)代指改革开放创造的发展奇迹,简明生动地显示出我国政策的显著优势,强化对改革开放政策的认同。

---

① 邵一鸣.习近平新年贺词语料中的概念隐喻分析[J].汉字文化,2018(7):1-3.

## 想象的国家与可见的认同：
### 基于中国国家主席新年贺词(1991—2021)的研究

新年贺词充分运用比喻手法,将一些抽象的、宏观的、专业化的概念和事物具象化、生动化,把一些陌生专业的政治术语变得浅显易懂,将事物表面之下的深刻内涵呈现出来,使得文本语言亲切平实且生动深刻。形象的比喻为国家与个人之间搭建起思想沟通的桥梁,成为国家传递政治理念,构建意识形态,说服、感染和激励人民的有效手段。

3.引用

引用是指在阐述自己观点时通过引经据典来增强自己观点的说服力与哲理性。新年贺词中不乏对古诗词、俗语的引用,一方面赋予贺词更丰富的文化底蕴与内涵,另一方面也唤起人民的文化记忆,增强文化认同与历史认同。

"每逢佳节倍思亲",我要向台湾同胞、港澳同胞和海外侨胞表示衷心的问候。(1991年)

有朋自远方来,不亦乐乎!(1997年)

安得广厦千万间,大庇天下寒士俱欢颜!(2018年)

宇宙浩瀚,星汉灿烂。(2014年)

这正像中国一句老话所说的:"百闻不如一见。"(1994年)

前事不忘,后事之师。(1995年)

对古诗词的引用可以为贺词文本增色,还可以恰当地抒发感情,优美凝练的古诗词一字可抵千言万语,这是独属于中华民族的浪漫与记忆。不论是辞旧迎新之时表达对港澳台及海外同胞们的思念之情,还是抒发对民生冷暖的关切之情,诗词的使用都能达到言简义丰的效果。古诗词是专属于中国古代的文化瑰宝,因此引用古诗词可以营造出一个特殊的文化语境,再次共享传统的文化记忆,更容易引发情感共鸣与文化认同。

俗语的引用,不仅使语言表达更加精炼准确、言简意赅,还能使庄严沉稳的贺词更加近民生、接地气,在激发受众兴趣的同时给受众留下深刻的印象,提高了信息传达的接受度与认可度。"百闻不如一见"短短六字就反映出"亲眼见到的中国"与"想象中和原先了解的中国"是有很大差异的,也勾起了各国友人来中国走一走、看一看的想法。"前事不忘,后事之师"传达出中国希望各国以史为鉴,珍惜和平,加强合作,不要再重蹈两次世界大战的覆辙。

在一篇正式严肃的官方话语中,恰当使用引用这一修辞格既能为自己的观点征引论据,又可以让受众更容易接受讲话者的态度观点与价值理念,还能使讲话者的语言表达形象生动而不枯燥乏味,从而达到更好的传播效果。此外,古诗词与俗语是中华文化的结晶,在整篇贺词中是最具标识性的文化符号,对于传递精神信念、增强文化认同有重要意义。

4.其他

除排比、比喻、引用三种使用频次最多的修辞手法外,贺词还运用拟人、对偶、回环等手法,以增强说服力,增加生动性。

拟人手法多用于形象化表示中国、中华民族。赋予国家和民族以人的精神、品质——中华民族是不屈不挠的,中国是负责有担当的,这样的表达手法使得国家形象更加立体,仿佛是一个鲜活生动的人,可以使人民更容易对国家、民族产生心理上的亲切感与接近感,加深对民族共同体的热爱与认同。

> 中华民族没有屈服,而是前仆后继地进行艰苦卓绝的斗争。(2000年)
> 中国作为一个负责任大国,也有话要说。(2020年)

对偶手法的使用最能展现出汉语的对称美和音韵美。"回顾"对"瞻望","既往"对"前程",两个短句使用反对手法,贴切地描绘出人们在新旧交替之际的所思所想。正对手法的使用可以体现出"艰难"与"磨砺"虽苦,但是终能"彰显勇毅,玉汝于成"。对中国人来说,对称整齐的对偶句不仅传递了文章表意,更包含着汉字文化的精神意象,这种语言文字的美感让读者在接受信息的同时感受到汉字文化的魅力,增强了文化自信与认同。

> 此时此刻,最能引起人们回顾既往,瞻望前程。(2000年)
> 艰难方显勇毅,磨砺始得玉成。(2021年)

回环手法使用得较少,主要用于阐述中国与世界之间的辩证关系。中国离不开世界,世界也离不开中国,中国的发展与世界的发展是相互促进、相辅相成的,借此可以表达中国的立场:中国期望和平繁荣的世界为中国的发展提供稳定的发展环境,同时,中国也会积极促进世界的和平与发展。回环的使用可以明确展示中国在世界格局中的重要性,可以增强国民对中国国际地位与国际贡献的认同,亦能凸显中国在世界版图中的"边界",营造异同感。

> 中国的稳定与发展离不开世界的和平与发展,世界的和平与发展也离不开中国的稳定与发展。(1994年)
> 中国的发展离不开世界,世界的繁荣也离不开中国。(2003年)

综上，主要从微观入手，分析了贺词文本在用词、句法结构、情节结构、修辞结构四方面如何构建低层次框架的修辞认同。文本在用词和情节结构方面平实朴素，立场鲜明，重点突出了国家发展成就和成就归因，以凸显政党能力、制度和政策优势及政治理念，全面融合并强化了政治认同。句法结构方面则通过不同话题下句类的选择实现情感与立场的表达，实现强调政治认同与地理认同的目的。在修辞结构中，增进文化认同成为重中之重，汉字文化的魅力通过修辞结构被展现得淋漓尽致，尤其是排比、对偶、回环、互文等手法的运用，让共享中华文化记忆的中国人尽享文化意蕴之美。

## 七、结语：递进的国家认同

以上高层框架、中层框架、低层框架分别阐述了新年贺词对情感认同、叙事认同、修辞认同的建构，此三者共同构成了全方位的国家认同。

高层框架以情感认同为目标，重点通过五个高层框架——"内外有别""同心同德""忠于国家""激励奋斗""统一立场"塑造国民的心理异同感、归属感、忠诚感、理想感、立场感。

"内外有别"框架通过展现中国与"中国以外的"国家、地区的差异来突出国家界线，营造了"中""外"有别的异同感。"同心同德"框架则通过强化国民的共同身份、共同历史文化记忆、共同愿景目标来彰显国民的共同之处，扩大心理认同的基础，增强国民对集体的归属感。"忠于国家"框架以亲切的话语拉近国家与人民间的距离，以伟大的成就博得民众的认可，以光辉的榜样发挥示范作用，以强化国民对国家的热爱并进一步转化为奋斗的动力。"激励斗志"框架通过重温中华民族赓续千年的民族梦想并描绘新时代的美好愿景来营造出一种"国家滤镜"，强化国民对国家的理想感。"统一立场"框架通过强调国内"人民至上"的立场与国际上"正义担当"的立场达到与人民意志相统一的目标，以得到国民对国家意志的支持与认可。

中层框架需要为高层框架提供充足的事实论据，立足于贺词的主要情节，通过展现成就框架、规划框架、港澳台框架、外交框架来呈现国内国际形势，凸显国家的经济发展绩效、政治制度优势、政党执政能力与政治理念。其中，对经济发展模式与经济发展绩效的强调是展现中国特色社会主义市场经济体制优越性的重要例证，也是强化国民制度自信、道路自信，增强经济认同与国民忠诚感的重要方式。将社会各方面的发展成就归因于党的领导和人民的努力,既体现了政党执政本领,又强化了执政理念,成为增强政党认同的有力论证。在港澳台框架中,通过强调民族身份与地理疆域范围,唤起了两岸的民族认同与历史认同,可以有效增强两岸对于中华民族的归属感。外交框架通过列举中国的外交成就与外交政策体现出中国国际地位的不断提升,增强了国民自豪感与立场感。

低层框架从微观层面为中高层框架打下了扎实的言语基础。亲切平实的用词、凝练简洁的句式,在拉近距离的同时大大提高信息接收效率;因时而变的情节选择展现了不同阶段的发展情况与国家意志;各类修辞手法的使用不仅增强了文本的文学艺术性,还为历史认同、文化认同奠定了基础。

由微观层面的遣词造句,到中观层面的情节设置,再到宏观层面的情感表达,新年贺词充分发挥其仪式属性与话语属性的功能,不仅展现了中国之风采、世界之大观,更是由表及里、由低到高、层层递进地建构起全方位、多层次的国家认同,充分展现出言约而义丰、处处显认同之特点。

# 后 记

  这本书是本人近两年来在学习研究上的一个阶段性汇总,主要是围绕国家话语叙事、国家形象建构与传播等相互关联的议题展开的思考与研究。

  本书的另外合作者是倪洋、张琴娅和刘方洁,她们是我指导的三位硕士研究生,在读期间,她们有意以国家、城市的形象建构与传播认同为题,展开研究生阶段的专业性学习,于是在多次的交流探讨中,我和她们一道,试图将上述议题结合当下的重大事件及其国内外语境而具体化。从国际的视角,时值中美贸易摩擦尚在持续当中,于是我建议倪洋以此为切入点,考察这一重大国际事件所引发的媒介国家形象问题;就国内而言,2017年9月3日至5日,金砖国家领导人第九次会晤在福建厦门举行,这也是厦门近年来最重大的一次主场外交活动,为此厦门推出了多项外宣活动,其中也包括厦门广电大规模精心制作的系列微纪录片《精彩闽南》,其中对厦门这座海滨城市的多元文化进行了系统梳理和多维展现,内容涉及民俗、信仰、戏曲、工艺、建筑、美食、海丝等。我于是建议张琴娅可以此微纪录片为对象,以全球本土化的视角考察厦门城市形象的媒介形象问题,而城市形象本身也是国家形象构成的一部分;此外,近年来我关注的一个议题是,每年元旦来临之际,我国领导人都会通过官方媒体平台向全国人民直播发表新年贺词,它既是一种官方意志的直接体现,更重要的也是作为一种国家话语对过去一年的总结性叙事,作为一种典型的政治传播,这些文本并非随意而为之,而是经过精雕细刻、字斟句酌,清晰而深刻、言约而义丰,在相应的社会历史语境下具有丰富多元的国家内涵与意义结构。因此,这种新年贺词也是国家话语叙事研究的适宜对象,从中可以探究如何构建共同体意识及其层次,这是我与刘方洁共同研究的议题。此后便是我与她们围绕研究的思路框架的设计、相关理论与研究方法的应用、具体文字的撰写等展开反复多次的探讨与实施,并且几易其稿。由于她们的勤奋与悟性,在师生的共同努力下,最终较为顺利地完成了这三项研究。于她们而言,这是读研期间专业知识的一次系统学习和学术训练;于我而言,则是在新时代、新形势下中国形象及其认同研究的一些个案式思考。总体而言,这些合作研究不仅是师生之缘的良好体现，而且在与她们的交流学习中，我也进一步加深了对该领域的认知，在此特别对倪洋、琴娅和方洁三位小友表示感谢。

最后，要感谢厦门大学出版社的编辑兼朋友刘璐，在几次合作中，关于出版的相关事宜和细节，刘璐编辑都给予了友好而坚定的支持，从出版流程到全书的细节校对，她都体现出一如既往的专业与负责，在沟通过程中不厌其烦地给我答疑解惑，没有她最后一道的把关，此书也无法顺利出版，在此同样对刘璐编辑表示衷心的谢意。

史冬冬

2025 年 4 月